Rainer Patzlaff
Die Sphinx des digitalen Zeitalters

Rainer Patzlaff

Die Sphinx des digitalen Zeitalters

Aspekte einer Menschheitskrise

Verlag Freies Geistesleben

1. Auflage 2021
Verlag Freies Geistesleben
Landhausstraße 82, 70190 Stuttgart
www.geistesleben.com

ISBN 978-3-7725-2956-6

ⓔ auch als eBook erhältlich

© 2021 Verlag Freies Geistesleben
& Urachhaus GmbH, Stuttgart
Satz: Thomas Neuerer
Druck: Neografia, a.s., Martin-Priekopa
Printed in Slovakia

Inhalt

Geleitwort *von Edwin Hübner*. 11
Vorwort 15

Einführung: Vom Schöpferwort zum
«Achten Schöpfungstag». Der Weg zur digitalen Technik 21
   Telegraphie 22
   Telephonie und Grammophon 24
   Von der analogen zur digitalen Sprachübertragung 26
   Das Ziel: Den Anschein von Echtheit erzeugen 28
   Das geheime Potenzial digitaler Reproduktionen 30
   Kritische Fragen 32

Teil I: Außenansicht der Menschheitskrise **35**

1. An der Schwelle zu einem neuen Zeitalter 37
   Vorzeichen eines welthistorischen Umschwungs
      in der Antike 40
   Das Rätsel der Sphinx 43
   Die Ausbildung des neuzeitlichen Denkens 45
   Denkstrukturen, geronnen im Computer 47
   Die Universalmaschine unserer Zeit 49
   Eine Leere, die nicht leer bleibt 52
   Die Neigung der Intelligenz zum Bösen 54

2. Schöne neue Welt der Medien 56
   Fernsehen als Fenster zur Welt 58
   Computergestützte Medien 60
   Das Internet 61

Das Smartphone 62
Künstliche Intelligenz (KI) 63
Ein böses Erwachen 64
Überwachungskapitalismus und Enteignung der Menschenrechte 66
Internetnutzer in der Skinner-Box 67
Milliarden Menschen in den Fängen der Suchtmaschinen 71
Was ist der Preis, den ich zu zahlen habe? 73

3. Die unauflösliche Ambivalenz digitaler Medien 76
Der gutgläubige Nutzer wird zum «Nutzvieh» 77
Die lichte Seite des Smartphones: Werkzeug weltweiter Protestkultur 80
Die dunkle Seite des Smartphones: Das Ich im elektronischen Kokon 83
Das Sphinx-Rätsel der Gegenwart 84
Die Ohnmacht des überkommenen Denkens 86
Die Suche nach einem neuen Ansatz 88
Eine epochale Herausforderung. Was tun? 90

Teil II: Innenansicht der Menschheitskrise **93**

4. Das Nadelöhr und der Hüter der Schwelle 95
Keine Entwicklung ohne Metamorphosen 96
Urbanisierung – ein Megatrend unserer Zeit 98
Die Folgen der Neolithischen Revolution 101
Wie kann die Entwicklung weitergehen? 102
Der Gang durchs Nadelöhr – nur eine Hypothese? 105
Ob bewusst oder unbewusst – die Schwelle wird überschritten 107
Das Zurückschrecken vor der Schwelle 109
Die Begegnung mit dem Doppelgänger 110

Die fortgesetzte Abkapselung und ihre Folgen 112
Die elektronische Lösung des Problems – bestechend elegant 114
Online-Kommunikation und virtuelle Freunde 116
Gregor Samsa und die Hikikomori 118
Einsamkeit wird zur Epidemie 120
Gemeinsam einsam – ein lukratives Geschäftsmodell 121

5. **Ahrimanische Gegenbilder zum Schwellenübergang** . . 125
Die Ausstülpung der seelisch-geistigen Kräfte als Zeitschicksal 127
Technikschöpfung in drei Schüben 129
Kraftmaschinen auf dem Weg zur Schwelle 130
Computertechnik auf dem Weg zur Schwelle 133
Medientechnik und die Aufhebung von Raum und Zeit 136
Ahrimanische Aporie 138
Erste Runde des Kampfes: Unentschieden 141

6. **Die Gespenstergalerie** 144
Scheinzugänge zur geistigen Welt 144
Der Weg zur neuen Imaginationsfähigkeit 146
Erwachender Hunger nach imaginativen Bildern 148
Von der literarischen zur digitalen Imagination 150
Das Kino und Platons Höhlengleichnis 151
Filme mit toten Personen 153
CGI – Computer Generated Imagery 155
«Morphing»: Wundersame Verwandlungen 156
Niemandsbilder aus der Retorte 160
Musik aus dem Nichts digitaler Schnipsel 161
Videorealistische Lippenbewegungen beim Sprechen 163
Geklonte Sprechstimmen 164
Der Präsident als Sprechmarionette 166

Der Präsident als Mimikmarionette 168
Wehe, wenn sie losgelassen ... 169
Lügen, täuschen, verwirren – Signatur eines
  altbekannten Wesens 172
Souveränität gegenüber Ahrimans Weltmacht 174

7. **Der Sog ins digitale Jenseits** 176
«Total Immersion» – ein Quantensprung der Illusions-
  erzeugung 176
Rendezvous im Cyberspace 180
Ein verräterisches Experiment 182
«Second Life» – Leben außerhalb des Lebens 186
Telepräsenz: Das Ich verlässt den Körper 188
Communio digitalis – Das Ich verschmilzt mit
  seinem Avatar 191
Der PC-Avatar – Exkarnation bis zum Exitus 192
Endstation Askaban? 194
Smartphone-Nutzer: Leibhaftig abwesend 196
Drohende Zerrüttung der Gesundheit 197
Smartphones richten mehr an als der Alkohol 199
Finale Fotosucht 200

Teil III: Der Drache erhebt sein Haupt 205

8. **Die Büchse der Pandora** 207
Die Tarnkappe, die den Doppelgänger sichtbar macht 208
Blicke ins Grauen 209
Im Bannkreis schwarzer Magie 212
Tauschbörsen für Verbrechen an Kindern 214
Cybermobbing unter Jugendlichen 216
Stalking unter Erwachsenen 217
Identitätsdiebstahl 219

Der perfekte Trojaner – Jeder betrügt jeden 220
Automatisierte Cyber-Kriminalität: Botnetze
   greifen an 223
900 Millionen Schadprogramme 224
Cyberangriffe auf öffentliche Institutionen 225
Das Schüren von Gewalt und Mord, Panik und
   Massenhysterie als Ziel 227
Der Kampf gegen das Ungeheuer 228

9. **Digitale Technologie als Herrschaftsinstrument** 232
Der digitale Zwilling – das gläserne Ego 233
Filterblasen und Echokammern – Isolationshaft des
   Geistes 234
Fernsteuerung der Nutzer in «industriellem Ausmaß» 236
Gefühle und Krankheiten – digital gescannt 238
Der Röntgenblick der Algorithmen auf das Selbst 240
Die Enteignung des Gesichts 242
Die Enteignung der Persönlichkeit 244
Ist der Wendepunkt erreicht? 246
Überwachungsstaat China 248
Eine ganze Nation in der digitalen Skinner-Box 250
Auf dem Wege zum maschinenlesbaren Menschen 252
Big Data breitet sein Spinnennetz aus 254
Der große Angriff auf das Ich hat begonnen 256

10. **Humanoide Roboter und der Cyborg** 259
Robotoide Menschen und humanoide Roboter 260
Die Kinderstube des humanoiden Roboters 261
Der Masterplan der ahrimanischen Geister 265
«Die Cyborg-Ära hat begonnen» 266
Vernetzte Gehirne – eine Zukunftsvision? 269
Das Böse in den Dienst des Guten stellen – Aufgabe unseres
   Zeitalters 271

11. Das Wort von Mensch zu Mensch – ein Mysterium ... 274
    Das Gespräch mit der Maschine 278
    Hoffnungszeichen 281
    Ein Hören, das ins Innere dringt 282
    Verständigung über die Sprache hinweg – spirituell oder digital? 284
    Zwei Angriffe auf die frühe Kindheit 286
    Embodiment – die große Wende der Kognitionsforschung 289
    Welches Organ liegt dem neuen Hören zugrunde? 291
    Am Quellort aller Sprachklänge der Welt 292
    Die Kunst der Artikulation 294
    Eine öffentlich-geheime Offenbarung realer geistiger Kräfte 297
    Der entscheidende Punkt 300
    Eine Inspiration für die ganze Menschheit steht bevor 302

12. Digitalisierung der Pädagogik – der falsche Weg zu einem wünschenswerten Ziel 305
    Die Pandemie beschleunigt die Digitalisierung 305
    «Ich kann nicht atmen» 307
    Rudolf Steiners Stellung zur Technik 309
    Bildungspolitik auf Abwegen 311
    Was hat vermutete Zukunft in der Schule zu suchen? 314
    Die ganz anderen Fundamente einer gelingenden Medienkompetenz 316
    Medienpädagogik in der Waldorfschule 319

Zusammenfassung: Von der Sphinx zu Mephisto – die Signatur unseres Zeitalters 323
Anmerkungen und Quellennachweise. 329
Literaturverzeichnis 343

Geleitwort

Auf einer internen Tagung von Fachleuten für Künstliche Intelligenz (KI) Anfang 2018 wurde die gemeinsame Sorge formuliert, dass es in fünfzig Jahren keine Menschen mehr geben könne.[1] Die Teilnehmer befürchteten, dass die autonomen Technologien das Potenzial haben werden, alles Leben zu zerstören. Den Physiker Max Tegmark trieb einige Jahre vorher eine ähnliche Sorge um. Er wurde initiativ und gründete 2014 das Future of Life Institute (FLI). Mit dessen Arbeit will er dazu beitragen, dass sich eine KI-Sicherheitsforschung etabliert, die gefährlichen Fehlentwicklungen vorbeugt. Die Mitarbeiter des FLI organisierten im Januar 2017 eine Konferenz von KI-Ingenieuren, die am Ende Prinzipien für eine den Menschen gedeihlich werdende KI-Forschung aufstellten. Diese Erklärung wurde mittlerweile weltweit von mehr als 1600 KI-Forschern unterzeichnet.[2] Dies ist eines von vielen Symptomen, die darauf hinweisen, dass die Menschheit mitten in einer existenziellen Krise steht.

Krisen haben immer auch einen positiven Aspekt, denn in der aktiven Auseinandersetzung mit einer Gefahr erwerben wir Menschen uns neue Einsichten und Fähigkeiten. Man denke nur an die ökologischen Probleme durch die Umweltverschmutzung. Als sie in den 1970er-Jahren allmählich wahrgenommen wurde, führte dies zu einem neuen Umweltbewusstsein. Uns ist heute sehr bewusst, dass wir die Natur schützen müssen und jeder Einzelne dazu seinen Beitrag zu leisten hat.

Bezüglich der Informationstechnologien steht der Menschheit eine ähnliche Leistung noch bevor. Gegenwärtig sind wir der Faszination durch die digitalen Möglichkeiten weitgehend erlegen. Man kann das mit der Entwicklung des Automobils im 20. Jahrhundert vergleichen. Die Freude an der räumlichen Unabhängigkeit, welche uns die Kfz-Technologie gab, ließ den Autoverkehr ins Maßlose steigen. Man kann mit Recht begeistert sein, welchen Komfort und welche Leistungsfähigkeit Automobile mittlerweile besitzen. Allerdings wird uns heute sehr deutlich, dass die Abgase der Fahrzeuge unser Klima zerstören. Genauso haben auch die Informationstechnologien ihre «Abgase», ihre schädlichen Nebenwirkungen.

Rainer Patzlaff macht mit vielen Phänomenen auf diese dunkle Seite des Digitalen aufmerksam. Es geht ihm um ein Bewusstmachen der gegenwärtigen Menschheitskrise, die nicht laut lärmend in unseren Alltag eintritt, sondern schleichend – und daher viel zu wenig gesehen wird. Er zeigt an aktuellen Beispielen auf, dass wir in unserem Alltag mit einer Technik umgehen, deren soziale Auswirkungen geeignet sind, die Menschheit in einen Abgrund des Kulturzerfalls zu ziehen. So wie das Klima der Erde umzukippen droht, steht die Kultur der Menschheit vor der Gefahr eines moralischen, wenn nicht gar physischen Kollapses.

Zugleich – und das sollte der Leser sehr aufmerksam registrieren – geht es Patzlaff überhaupt nicht um Technikfeindlichkeit, sondern er möchte die Krise als eine Herausforderung verstanden wissen, der wir begegnen können, indem wir starke Gegengewichte ausbilden. Wenn er beispielsweise beschreibt, wie das Sprechen per Smartphone oder mit scheinbar «sprechfähigen» Apparaten den Menschen tendenziell vereinsamt und seine sozialen Fähigkeiten verkümmern lässt, dann weist er damit auf die existenzielle Bedeutung der menschlichen Sprache und die Notwendigkeit ihrer Pflege hin. In seiner Monografie über die Sprache im Kindesalter hat er das bereits sehr detailliert und gründlich beschrieben.[3]

Das Buch, das er jetzt vorlegt, will aufwecken, sodass möglichst viele Menschen den Ernst der Zeit begreifen und sich individuell bemühen, der Krise in der eigenen Praxis etwas entgegenzusetzen. Denn jeder ist heute in den digitalen Alltag hineingestellt. Wie nutze ich Informationstechnologien? Wie gehe ich selbst mit meinem Smartphone um? Kein Smartphone zu haben oder sogar zu sagen «Ich nutze das Internet prinzipiell nicht» – solche Menschen gibt es tatsächlich – ist keine Alternative, sondern die ängstliche Flucht vor der Herausforderung, der die Menschheit in ihrem Entwicklungsgang notwendig begegnen muss.

Das vorliegende Buch beschreibt die Gegenwart vom anthroposophischen Standpunkt aus. Dieser liefert wichtige Aspekte, die Patzlaff klar benennt. Dabei liegt die grundsätzliche Auffassung zugrunde, auf die Rudolf Steiner in verschiedenen Formulierungen immer wieder hinwies: Die moderne Technik trägt zwar den Keim des Todes in sich, aber sie ist für die weitere Entwicklung der Menschheit notwendig: «(...) die moderne Technik trat in (...) Erscheinung gerade wegen ihres zum Tode führenden Charakters, weil nur dann, wenn der Mensch hineingestellt ist in eine tote, mechanische Kultur, er durch den Gegenschlag die Bewusstseinsseele entwickeln kann.»[4]

Am Gewahrwerden der Gefahr müssen wir aufwachen für das Geistige, das in der Welt wirkt, und in diesem Aufwachen zugleich damit beginnen, aus individueller Anstrengung den menschlichen Ausgleich zu schaffen, der in eine humane Zukunft führt.

Edwin Hübner

Hinweis:

Ich bitte meine Leserinnen und Leser um Verständnis, dass ich im Interesse eines mühelosen Leseflusses auf gendergerechte Doppelungen wie «*derjenige, welcher und diejenige, welche*», «*jeder, der und jede, die*», «*Forscherinnen und Forscher*» etc. verzichte und auch Grapheme wie *Wissenschaftler*innen, Beobachter/innen* vermeide. Wenn ich die maskuline Form benutze, ist sie stets genauso geschlechtsübergreifend gemeint, wie es bei den Wörtern *Mensch, Person, Kind, Individualität* von Natur aus der Fall ist.

Vorwort

Als ich im Sommer 2019 mit dem Manuskript zu diesem Buch begann, ahnte noch niemand, dass im Jahr darauf ein bis dahin unbekanntes Virus der Digitalisierung einen großen Triumph bescheren würde. Als sich nämlich Covid-19 weltweit verbreitete und die Bevölkerung unter dem Zwang von Quarantänen und Lockdowns litt, boten digitale Hightech-Geräte die einzige Möglichkeit, den Arbeits- und Gesprächskontakt mit anderen Menschen einschließlich des Unterrichts an Schulen und Hochschulen virusfrei aufrechtzuerhalten. Die Folge war, dass die kurz zuvor noch hitzig geführten Debatten über die Missbrauchsmöglichkeiten digitaler Technik in den Hintergrund traten und Industrie und Politik die Gelegenheit ergriffen, die Digitalisierung weiter Bereiche unseres Lebens voranzutreiben. Ohne Digitalisierung keine Zukunft – so lautete das Mantra, mit dem alle Bedenken beiseitegewischt wurden.

Das bestärkte mich in meinem Bemühen, ohne einer Technikfeindlichkeit das Wort zu reden, doch darauf aufmerksam zu machen, dass mit der Digitalisierung längst schon Gefahren verbunden sind, die denen der Corona-Seuche nicht nachstehen, sondern uns im Gegenteil in noch viel tieferer Weise bedrohen. Wir stehen durch sie vor einer historischen Herausforderung, der wir nur dann gewachsen sein werden, wenn wir sie positiv als eine Aufgabe begreifen, die der Menschheit einen neuen Entwicklungsschritt abverlangt.

Die Notwendigkeit dazu ergibt sich aus der Tatsache, dass uns die Digitalisierung so, wie sie bisher gehandhabt wurde, in eine Zwickmühle bringt, die unauflösbar zu sein scheint: Auf der einen Seite beglückt sie uns mit großartigen technischen Möglichkeiten, auf die niemand mehr verzichten möchte und denen man sich in der Praxis auch kaum mehr entziehen kann. Auf der anderen Seite jedoch hat sich im Laufe der jüngsten Entwicklung in zunehmender Schärfe gezeigt, dass wir für diese Errungenschaften, wenn sich am bisherigen Kurs nichts ändert, einen hohen, eigentlich unannehmbaren Preis zu zahlen haben: den Verlust der Freiheit und Würde unserer Individualität. Das mag maßlos übertrieben klingen, wird aber inzwischen selbst von führenden Persönlichkeiten aus dem innersten Kreis der Technikentwickler im Silicon Valley mit guten Gründen so vertreten und lässt sich auch eindrücklich belegen.

Für diese tückische Ambivalenz unser Bewusstsein zu schärfen, darum geht es. Nimmt man sie ernst, dann erhebt sich unausweichlich die Frage: Woher rührt sie und was können wir tun? Wer sich um eine sachgemäße Antwort bemüht, muss zuerst ein Rätsel lösen, auf das heute jeder aufmerksame Beobachter stößt: Je komplexer die Möglichkeiten der digitalen Technologien werden, desto mehr schwillt im Internet die Zahl der Attacken an, hinter denen die Absicht steht, Menschen systematisch zu betrügen, ihre Identität zu stehlen, sie abhängig zu machen, sie seelisch zu verwunden, sie geistig zu verwirren, zu kontrollieren und aufzuhetzen, durch Falschmeldungen Hass zu verbreiten, Kindesmisshandlungen zu organisieren, wichtige Institutionen lahmzulegen und vieles mehr – Angriffe also, die eindeutig böswilliger Natur sind.

Wie kommt es zu einer solchen Flut krimineller Energien? Lässt die technische Möglichkeit, völlig anonym aus der Ferne andere Menschen zu schädigen, die übelsten Neigungen hervorbrechen, die in den Abgründen der Seele lauern? Steckt das Böse in den Menschen und kommt jetzt zutage, oder ist es die Technik, die die Menschen zum Bösen verführt?

Zugegeben: Es ist problematisch, hier mit dem Begriff des Bösen zu operieren. Wer aber z.B. die grausigen Berichte über den massenhaften internetgestützten Kindesmissbrauch liest und nicht davon ausgehen möchte, dass die Menschen von Natur aus völlig verdorben sind, dem drängt sich die Frage auf, welche Macht da am Werke ist. In welchem Wirklichkeitsbereich ist sie zu suchen?

Die Antwort hängt davon ab, wie weit oder eng unser geistiger Horizont gespannt ist: Eine materialistische Weltsicht wird nichts Außermaterielles als Ursache gelten lassen, sondern es für Hirngespinste erklären. Die alte Menschheit indessen lebte mit der Gewissheit, dass es eine geistige Welt gibt, deren Wesen nicht minder real sind als die irdischen Wesen, und dass es unter ihnen auch solche gibt, die sich als Widersacher den guten Mächten entgegenstellen. Man unterschied dabei zwei gegensätzliche Gruppen: Die eine unterstand einem Wesen, das wegen seiner hohen Bedeutung für die menschliche Kultur als «Lichtbringer» (lateinisch *Luzifer*) bezeichnet wurde. Die treibende Kraft der anderen Gruppe sah man in einem Wesen der Finsternis, das im Altpersischen *Ahriman* hieß, im Althebräischen *Satanas*, im Griechischen *Diabolos*.

Das alles wird heute als Aberglaube abgetan, weil wir solche Wesen mit unseren leiblichen Sinnen nicht wahrnehmen. Aber ist das denn ein Beweis, dass es sie nicht gibt? Elektrizität und Magnetismus können wir auch nicht mit unseren Sinnen wahrnehmen, und doch steht ihre Existenz für uns außer Frage, weil wir ihre *Wirkungen* genau beobachten können. Was spricht also dagegen, die Möglichkeit ins Auge zu fassen, dass die Phänomene des «Bösen» die *Wirkungen* realer übersinnlicher Mächte sind, deren Bestreben sich präzise beschreiben lässt?

Wir können dazu die von Rudolf Steiner geschaffene reiche Phänomenologie des Widersacherwirkens nutzen, denn er hatte die Fähigkeit, in der übersinnlichen Welt forschend tätig zu sein und die geistigen Tatsachen aufzusuchen, die den antiken Überlieferungen zugrunde lagen. Er ging mit außerordentlicher Differenziertheit an das Problem des sogenannten Bösen heran und zeigte auf, wie das Böse sogar zum Unterstützer des Guten werden kann. In anderen Zusammenhängen legte er ausführlich dar, dass wir ohne die luziferischen und ahrimanischen Mächte gar nicht zu unserem Menschsein kommen könnten. Sie gehören mit ihren Gestaltungskräften bis in Krankheits- und Gesundheitsdispositionen hinein unabdingbar zum menschlichen Leben. Unsere Aufgabe kann folglich nicht sein, sie zu hassen und zu bekämpfen, sondern die Balance zwischen ihnen zu finden.

Um sich einer solchen Freiheit anzunähern, sollte man die von mir im Verlauf des Buches zitierten Sätze aus Steiners Werk nicht als abschließende Feststellungen ansehen, bei denen man es belassen könnte, sondern als Augenöffner, um die Vielschichtigkeit und Ambivalenz der Phänomene eigenständig zu durchdringen. Steiners Ziel waren ja nicht mystische Spekulationen oder gar Verschwörungstheorien, sondern eine echte Wissenschaft auf geistigem Felde, und so forderte er wiederholt, dass seine Forschungsergebnisse nicht geglaubt und nachgebetet werden, sondern an den äußeren, für uns wahrnehmbaren Tatsachen geprüft werden. Zu einer solchen Prüfung bietet das vorliegende Buch vielfältiges Material, indem neben eigenen Recherchen zeitgenössische Beobachter zu Wort kommen sowie Presseberichte und weniger bekannte Nachrichten, die zur eigenen Urteilsbildung beitragen.

Auf diese Weise hoffe ich von zwei Seiten her die verwirrende Zwiespältigkeit digitaler Technik in einen großen weltgeschichtlichen Zusammenhang stellen zu können, der jenseits von Furcht und Euphorie die fundamentale Aufgabe sichtbar werden lässt, vor der die ganze Menschheit derzeit steht.

Abschließend möchte ich dem Verlag und besonders seinem Lektor danken für die sorgfältige Betreuung dieser Publikation. Ein herzlicher Dank gilt auch meinem Kollegen Prof. Dr. Edwin Hübner, der mir nach der Durchsicht meines Manuskripts wertvolle Hinweise und Korrekturen zukommen ließ. Sein fast zeitgleich entstandenes Buch über den Transhumanismus[5] bildet unverabredet das notwendige Pendant zu der hier vorgelegten Studie.

Michaeli 2020 *Dr. Rainer Patzlaff*

Einführung: Vom Schöpferwort zum «Achten Schöpfungstag». Der Weg zur digitalen Technik

Sprache ist seit Urzeiten das wichtigste Medium der Menschheit. Gleichwohl unterliegt auch sie den Veränderungen, welche die Menschheit im Laufe der Entwicklung durchmacht. Schon eine oberflächliche Betrachtung zeigt, dass Sprache heute vollkommen anders erlebt wird als in den Jahrtausenden zuvor. Denn wie war es früher?

Die Menschen hatten noch ein sicheres Empfinden, dass in der Sprache Kräfte wirksam sind, die nicht vom Menschen stammen und auch nicht aus der irdischen Welt. Je weiter wir historisch zurückblicken, desto stärker tritt dieses Empfinden in den vorhandenen Dokumenten hervor. Allbekannt ist der Beginn des Alten Testaments, wo Gottvater spricht: «Es werde Licht». Das galt der frühen Menschheit nicht als ein Wunsch, sondern als eine Schöpfungstat, als das Erschaffen einer Wirklichkeit, wie die anschließende Feststellung «Und es ward Licht» bezeugt. Im Neuen Testament finden wir das Entsprechende in den Krankenheilungen, die Christus vornahm; sie geschahen durch nichts anderes als durch sein Wort.

Noch bis weit ins Mittelalter hinein wurde dem Wort magische Kraft zugeschrieben, und das nicht nur im göttlichen Bereich, sondern auch unter den Menschen. Im Reich Karls des Großen z. B. waren im einfachen Volk zahlreiche, rein mündlich tradierte *Zaubersprüche* im Schwange, die zu einem großen Teil noch aus vorchristlicher Zeit stammten. (Wir kennen die Texte durch die Aufzeichnungen der Mönche in den Klöstern.)

Für den modernen Menschen freilich ist das alles Phantasterei. Er weist mit einigem Recht auf die Tatsache hin, dass heutzutage niemand mehr in der Sprache übernatürliche Kräfte wahrnimmt; und was man nicht wahrnehmen kann, so die Schlussfolgerung, das existiert nicht. Wenn aber in der Sprache nichts Übernatürliches zu finden ist, dann gebührt ihr auch keine besondere Ehrfurcht mehr. Folglich darf man nach Belieben mit ihr umgehen. Führende Köpfe sahen im 19. Jahrhundert sogar einen Fortschritt darin, die menschliche Sprache auf ein Zeichensystem zu reduzieren, das sich in technische Signale umwandeln lässt und dadurch der maschinellen Verarbeitung zugänglich wird.

Telegraphie

Den Weg dazu ebnete die am Beginn der Neuzeit einsetzende praktische Anwendung der Elektrizität. (Bekannt war sie schon seit dem Altertum.) Aufbauend auf dem neu entdeckten Elektromagnetismus entwickelte Samuel Morse 1837 seinen *Schreibtelegraphen*, der folgendermaßen funktionierte: Über einem langsam fortlaufenden Papierstreifen war ein Schreibstift angebracht, der mit einem Elektromagneten auf das Papier heruntergezogen wurde und dort je nach Dauer der Stromzufuhr kurze oder lange Striche zeichnete. Die elektrischen Impulse dazu kamen durch Metalldrähte von einer weit entfernten Person, und zwar nach einem von Morse erfundenen Code, der für jede Zahl und jeden Buchstaben des Alphabets eine bestimmte Abfolge von langen und kurzen Strichen festlegte, die am Empfangsort von geschulten Kräften decodiert werden mussten (siehe Abb. 1). Dieser Code wurde zum internationalen Standard der Telegraphie.

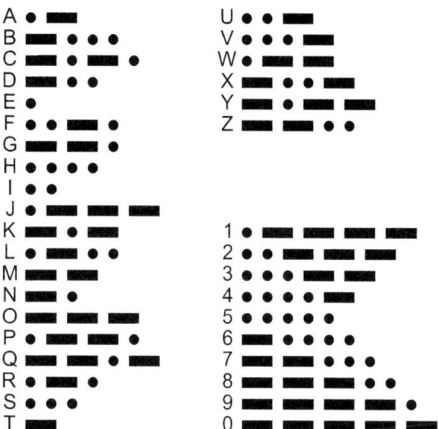

Abb. 1: Der internationale Morse-Code

Als sich zeigte, dass Nachrichten, die früher mühsam von der Briefpost an den gewünschten Ort gebracht werden mussten, jetzt wie von Zauberhand in Minutenschnelle ankamen, wurde die Öffentlichkeit von einem Fieber der Begeisterung gepackt: Immer mehr und immer längere elektrische Kabel wurden verlegt, überall entstanden «Telegraphenämter», die eine ständig wachsende Flut von Telegrammen zu bewältigen hatten, und schon gegen 1870 überzogen Kabelnetze weite Teile der Erde; Tiefseekabel verknüpften sogar die Kontinente miteinander. Ab dem 20. Jahrhundert konnten die Morsezeichen dann auch akustisch per Kurzwellenfunk in alle Winkel der Welt gelangen und wurden besonders im Schiffs- und Flugzeugverkehr eingesetzt. Eine erste, die ganze Menschheit überspannende Kommunikationstechnik war geschaffen – und mit ihr ein früher Vorläufer des heutigen Internets.

Dass die Sprache durch den *Morsetelegraphen* in einen Wust kurzer und langer Striche verwandelt wurde, die mit dem grafischen Bild der Buchstaben nicht mehr die geringste Verwandtschaft zeigten – daran nahm niemand Anstoß, denn so wie die Sprache hier behandelt wurde, so empfand man sie auch in der Realität des Alltags: als ein System von Zeichen zur Informationsübermittlung und nichts sonst.

Die Faszination, die von dem elektrischen Telegraphennetz ausging, bewirkte, dass deren Technik unreflektiert auf die gesprochene Sprache übertragen wurde, indem man den Sprecher als «Sender» bezeichnete und die von ihm geformten Sprachlaute als «codierte Schallwellen», die der Empfänger decodiert. Ein durch und durch mechanistisches Bild von Sprache entstand, das sich in den grassierenden Materialismus des Zeitalters einfügte.

Telephonie und Grammophon

Rückblickend ist zu bemerken, dass beim Morsealphabet bereits ein wesentliches Merkmal digitaler Technik zur Anwendung kam: Sämtliche Codezeichen bestehen aus einer geregelten Abfolge immer derselben zwei gegensätzlichen Elemente, in diesem Falle Kurz und Lang bzw. Punkt und Strich. Bei der heutigen Digitaltechnik wird dafür der sogenannte Binärcode eingesetzt, der mit nichts anderem als den Werten 0 und 1 die gesamte Datenübermittlung bestreitet (Näheres dazu später). Das bedeutet allerdings nicht, dass damals bereits die «Digitalisierung» einsetzte, von der heute die Rede ist. Dazu waren noch weitere Entwicklungsschritte notwendig, die im Folgenden skizziert werden sollen.

Nach der Etablierung der Telegraphie bemühten sich zahlreiche Forscher um eine praxistaugliche Technik zur Übermittlung auch der gesprochenen Sprache und der Musik. Viele verschiedene Möglichkeiten wurden untersucht. Der Durchbruch gelang *Philipp Reis* 1861 durch die Erfindung eines Kontaktmikrophons, aus dem in den 1870er-Jahren das Kohlemikrophon entwickelt wurde, das sogar noch in der Frühzeit des Rundfunks Verwendung fand.

Im *Kohlemikrophon* erzeugen die vom Schall bewirkten Schwingungen der Membran in den darunterliegenden Graphitteilchen Druckschwankungen, durch die der angelegte Gleichstrom moduliert wird. Die daraus resultierenden elektrischen Schwingungen werden zum Hörgerät weitergeleitet und bringen dessen Membran elektromagnetisch zum Schwingen, sodass eine Reproduktion des Schallereignisses entsteht. Da die vom Mikrophon kommenden elektrischen Schwingungen genau analog zu den ursprünglichen Schallschwingungen verlaufen, wird diese Technik im Unterschied zur späteren Digitaltechnik als *Analogtechnik* bezeichnet.

1877 stellte der Erfinder *Thomas Edison* ein Gerät vor, mit dem man Schallwellen aufzeichnen und reproduzieren konnte. Er nannte es *Phonograph*. An der Membran eines Schalltrichters hatte er eine Nadel befestigt, die in eine mit Stanniol überzogene drehbare Walze die Schallschwingungen einritzte. Zur Wiedergabe der Aufnahme wurde die Walze an den Ausgangspunkt zurückgedreht und dort die Nadel eingesetzt; diese wurde dann durch die bewegte Tonspur in Schwingungen versetzt, die sich auf die Membran übertrugen und somit hörbar wurden. Auch hier wurde das analoge Verfahren angewandt, nur dass dabei zunächst noch keine Elektrizität im Spiele war. Daraus entstand später die *Schallplatte*, die auf dem *Grammophon* abgespielt werden konnte.

Von der analogen zur digitalen Sprachübertragung

Für Radio und Telefon, Fernsehen und Schallplatten wurde das Analogverfahren noch bis zum Ende des 20. Jahrhunderts und teilweise sogar darüber hinaus beibehalten. In der Bundesrepublik Deutschland wurde erst 1989 bis 1993 das gesamte Festnetz der damaligen Bundespost auf das digitale Netz ISDN umgestellt, wobei die Nutzung analoger Telefonapparate noch viele Jahre möglich blieb. Die Umstellung provozierte naturgemäß die Frage: Wozu dieser ungeheure technische und finanzielle Aufwand, wenn ich doch am Telefon die Stimme meines Partners genauso höre wie zuvor? Die Antwort ist nicht mit einem einzigen Satz zu geben, denn hier kommt eine neue Technik ins Spiel, die sich ab der Mitte des 20. Jahrhunderts rasant entwickelt hat: die Technik der elektronischen Rechner (Computer). Ohne sie wäre die Digitaltechnik unserer Zeit nicht realisierbar geworden.

Um ihr Grundprinzip zu verstehen, kann uns als Beispiel wiederum die Übertragung von Musik und Sprache dienen. Die einfachste analoge Technik praktizierten wir als Kinder mit zwei leeren Pappdosen, deren Böden durch einen langen Faden verbunden sind. Ist der Faden straff gespannt, kann der eine die Dose als Mikrophon benutzen und der andere als Hörer, denn beide Membranen schwingen in völligem Gleichtakt. Diesem Faden entspricht bei der elektrischen Analogübertragung die Stromleitung, in der die Schallereignisse in Form elektrischer Schwingungen weitergeleitet und am Ende wieder in Schallschwingungen zurückverwandelt werden.

Bei einer digitalen Übertragung hingegen werden überhaupt keine Schwingungen transportiert; der Faden zwischen den Pappdosen, bildlich gesprochen, entfällt. Stattdessen wird an den analogen Schwingungen in kurzen Abständen das Maß

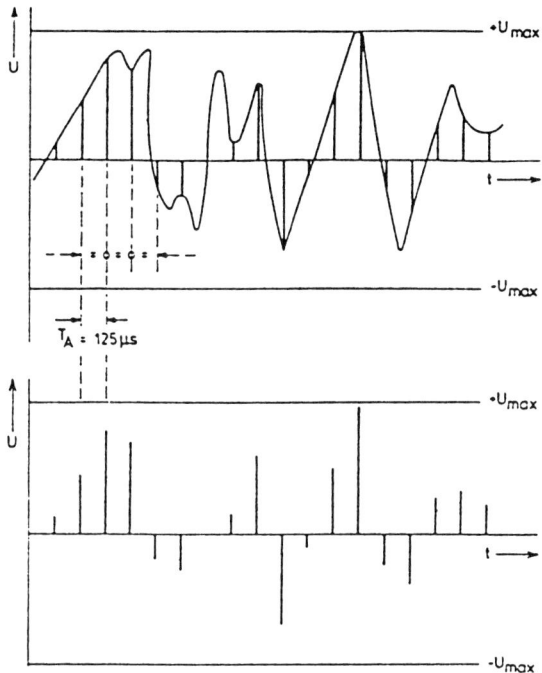

Abb. 2: Digitale Übertragung von Schallschwingungen. Oben: Analoges Signal mit Amplitudenabtastung; unten: Abtastergebnisse, die codiert übertragen werden

der positiven und negativen Amplitudenausschläge gemessen («abgetastet» nennt das die Fachsprache), und nur diese Messwerte werden weitergeleitet. Im Empfangsgerät wird aus den übermittelten Messwerten der ursprüngliche Schwingungsverlauf künstlich wieder aufgebaut und steuert dann wie beim alten Telefon eine Hörer- oder Lautsprechermembran. Abbildung 2 veranschaulicht das.

In der oberen Hälfte sieht man, wie die vom Originalton analog abgenommenen elektrischen Schwingungen in kurzen Intervallen abgetastet werden, um das Maß ihres Amplitudenausschlags nach oben oder unten festzustellen (symbolisiert durch die eingezeichneten senkrechten Striche). In der unteren Hälfte sieht man nur noch das, was nach dem Abtasten weitergeleitet wird: nicht das Analogsignal, sondern allein die Messergebnisse der Abtastung, die hier vereinfacht ohne Zahlwerte dargestellt sind. In der Realität werden sie als positive oder negative Zahlwerte weitergegeben, und zwar in codierter Form.

Hier kommt der Binärcode zum Zuge, der nur die zwei Elemente «1» und «0» kennt, physikalisch repräsentiert durch die Zustände «Strom-an» und «Strom-aus». Die gemessenen Daten gelangen daher zum Computer in Form einer milliardenfachen Abfolge von «Bits». Jedes Bit beinhaltet entweder eine 0 oder eine 1. Acht solcher Bits werden meist zu einem Oktett zusammengestellt (genannt «Byte»), sodass $2^8 = 256$ verschiedene Kombinationen von 0 und 1 möglich sind – genug, um sie den Dezimalzahlen, den Buchstaben des Alphabets und verschiedenen Zeichen zuzuordnen. Der binäre Code beispielsweise für die Zahl 5 lautet dann 00000101, die Zahl 25 wird zu 00011001, die Zahl 125 zu 01111101.

Das Ziel: Den Anschein von Echtheit erzeugen

Der Laie wird sich beim Blick auf Abbildung 2 fragen: Wie soll denn nach diesem Vorgang der ankommende Ton noch dem Originalklang gleichen, wenn von dem Original nur Stichproben übermittelt werden, zwischen denen sich ein Nichts auftut? Bedeutet das nicht ein völliges Zerfetzen des Originals, das sich auch im Klang bemerkbar machen müsste?

Die Antwort des Technikers lautet: Wenn die Abtastungen häufig genug geschehen, wird es beim rekonstruierten Klang keine Einbußen geben; er wird sich nicht oder höchstens geringfügig von dem Klang einer analogen Wiedergabe unterscheiden. Um diesen Effekt zu erreichen, genügen für eine normale Sprechstimme am Telefon 8.000 Abtastungen pro Sekunde; bei deutlich höheren Frequenzen, z.B. bei Musik, erhöhen wir die Abtastfrequenz entsprechend; das ist technisch überhaupt kein Problem. Im Übrigen sorgt im Empfangsgerät ein Kondensator dafür, dass die zwischen den Abtastungen real vorhandenen Lücken überbrückt werden und so der Eindruck eines durchgehenden Klangs erzeugt wird.

Mag die Klangqualität auch noch so echt erscheinen, so ist doch nicht zu leugnen, dass es sich um eine bewusst herbeigeführte Illusion handelt. Folglich ist die Frage erlaubt, was dieser Umstand auf Dauer im Menschen bewirkt. Aber die Frage wird kaum je gestellt geschweige denn untersucht. Das Publikum nimmt die Illusion wie selbstverständlich hin und erfreut sich daran, nicht anders als beim Kinofilm, der dem Auge durch die schnelle Abfolge von Momentaufnahmen eine flüssig strömende Bewegung vorgaukelt, die nicht vorhanden ist.

Das digitale Verfahren wird auch für optische Aufzeichnungen eingesetzt, stark abweichend vom natürlichen Sehen. Die Augen des Menschen nehmen jedes Objekt und jede Landschaft, die sich ihnen darbietet, als eine in sich konsistente Ganzheit wahr, über die die Blicke nach Belieben schweifen können. Die klassische Fotografie fixiert den momentanen Eindruck in Form eines Bildes, das immer noch eine in sich geschlossene Einheit darstellt. Die Digitalkamera hingegen kann mit dieser Ganzheit nichts anfangen. Sie bemächtigt sich des optischen Eindrucks in der Weise, dass sie das mit der Linse eingefangene Bild in Abertausende kleine Splitter zerlegt.

Genauer gesagt überzieht sie das Bild mit einem Raster aus winzigen Messpunkten, die in ungeheurer Geschwindigkeit nach Lichtstärke, Farbe usw. abgetastet werden. Die Messergebnisse gelangen binär codiert in den Computer, der dann auf dem *Screen* das ursprüngliche Bild Punkt für Punkt wieder aufbaut und so die Wirklichkeit gerastert vor Augen rückt (ähnlich den Bildern aus der Druckerpresse) – mit dem Anspruch, die Wirklichkeit exakt reproduziert zu haben. Dass sie in Wahrheit fragmentiert ist in Einzelpunkte, sieht jeder, der mit einer starken Lupe an den Screen heranrückt.

Das geheime Potenzial digitaler Reproduktionen

Wäre das Ziel der Digitaltechnik lediglich dieses, möglichst perfekt den Anschein echter Wirklichkeit zu erzeugen, dann wäre sie nichts weiter als eine Alternative zu den längst vorhandenen Reproduktionstechniken, von denen Film und Fernsehen, Radio und Grammophon erfolgreich Gebrauch machten; sie wäre keine besondere Attraktion. Ihr eigentlicher Reiz jedoch liegt in der Tatsache, dass sie die sichtbare und hörbare Realität verwandelt in elektronische *Daten*, die durch den Computer gehen, ehe aus ihnen die Abbilder generiert werden. Und das bedeutet: Der Mensch bekommt am Computer eine *Verfügungsgewalt* über den Wiederaufbau des Bildes, den er bei den herkömmlichen Verfahren nicht oder nur in sehr geringem Maße hatte. Er kann die Daten unverändert so weiterleiten, wie sie eingegangen sind; er kann sie aber auch, wenn er das möchte, nach Belieben verändern, indem er in den binären Code der Einzeldaten eingreift und die Zahlwerte ein wenig erhöht oder verringert. In der Masse Abertausender Rasterpunkte fallen solche Eingriffe nicht als Verfälschung auf, vielmehr bleibt der Eindruck eines echten Bildes weiterhin bestehen.

Praktisch gesprochen: Man kann Bilder unbemerkt manipulieren, kann Farben und Kontraste verändern, kann missliebige Objekte herausschneiden oder neue hineinbringen, die im Original gar nicht vorhanden waren, kann Gesichter verändern usw. Das dient oft nur dem «Aufhübschen» der Bilder, kann aber auch in böswilliger oder betrügerischer Absicht geschehen. Ebenso bei digitalen Sprach- und Musikaufnahmen: Störgeräusche kann man löschen, einzelne Orchesterstimmen hervorheben oder abschwächen, den Klang eines Instruments schärfer oder weicher machen, die Stimme des Sängers mit Halleffekt versehen usw. Die Zeit ist endgültig vorbei, in der Filme und Tonaufnahmen als ein getreuer Spiegel der Wirklichkeit gelten konnten. Fotos in der Presse oder im Fernsehen beweisen keineswegs mehr unwiderleglich, «wie es wirklich war». Überall ist mit der Möglichkeit einer Fälschung zu rechnen, sodass man seinen Augen und Ohren buchstäblich nicht mehr trauen kann.

Was sich für Fälschungen aller Art verwenden lässt, ist andererseits aber auch geeignet zum Aufbau einer virtuellen Realität, also zu Szenarien, in denen nichts mehr das Abbild einer äußeren Wirklichkeit ist, sondern alles von Anfang bis Ende am Computer konstruiert wurde. Architekten beispielsweise können das künftige Haus schon detailgetreu auf dem Bildschirm erscheinen lassen, von allen Seiten betrachtbar, ja sogar in den Innenräumen begehbar – und vor allem: jederzeit nach Wunsch veränderbar, bevor man es gebaut und eingerichtet hat. Jeder wird darin einen großen Nutzen sehen.

Wie ist es aber, wenn virtuelle Räume für Computerspiele aufgebaut werden, in denen Monster oder Aliens, Krieger von fremden Sternen, Zauberer und Hexen bekämpft werden können oder in denen monströse Kriegsszenen die Sinne gefangen nehmen, Spiele, in denen der Spieler mit einer eigenen Waffe Personen töten kann, jedwede Gewalt ausüben darf und dabei nicht die geringste menschliche Empathie zeigt, sondern nur die Sucht nach Punktegewinn auslebt?

Kritische Fragen

Die vorangegangenen Passagen konnten einen ersten Eindruck von den Möglichkeiten digitaler Technik vermitteln; viele weitere Bereiche sind noch zu besprechen. Doch dürfte schon deutlich geworden sein, dass wir es mit einem zweischneidigen Schwert zu tun haben: Auf der einen Seite sehen wir großartige Erfindungen, auf der anderen Seite öffnet sich zunehmend die Büchse der Pandora mit fragwürdigen oder sogar kriminellen Anwendungen, befeuert von Machtgelüsten und Allmachtsphantasien. Nicht zufällig sprachen Digital-Freaks schon vor Jahren vom «Achten Schöpfungstag», der erreicht sei, weil die Menschheit sich ab jetzt mit einer Sinneswelt umgeben könne, die nicht von Mutter Natur oder irgendwelchen Göttern erschaffen wurde, sondern vollständig des Menschen eigenes Werk sei, bis in jede Einzelheit seinem Geist entsprungen und mit höchster Intelligenz verwirklicht.

Was ist von einer solchen Auffassung zu halten? Erfüllt sich jetzt tatsächlich ein alter Menschheitstraum, den schon Prometheus träumte? Oder droht ein Menschheitswahn, der sich bitter rächen könnte? Berechtigte Fragen brechen auf:

Dürfen wir achtlos darüber hinwegsehen, dass die Sprache eines Menschen während der digitalen Übertragung abgetötet wird zu einem milliardenfachen Wechsel von «Strom an» und «Strom aus», aus dem dann ein Schallgebilde konstruiert wird, das nicht mehr eine vollmenschliche Realität darstellt, sondern ein technisches Scheingebilde, eine Art Gespenst?

Kann es uns gleichgültig sein, dass diese Technik bei Musik und Sprache wie auch bei visuellen Vorgängen von Anfang an auf Sinnestäuschung angelegt ist und wir uns schleichend daran gewöhnen, keinen Unterschied mehr zu sehen zwischen Original und Imitat?

Wohin führt es, wenn wir die Bilder von irgendwelchen Ereignissen noch immer ungeprüft als getreue Abbildungen der Wirklichkeit auffassen und in der Folge unser Urteil auf Fälschungen gründen? Wollen wir uns in einer Welt der *Fake-News* einrichten? Zugegeben, meistens können wir die Echtheit nicht prüfen. Aber dann müssten wir auch unser Urteil zurückhalten, uns nach anderen Quellen umschauen und die entstandenen Fragen bis zu einer möglichen Klärung offenlassen. Sind wir bereit, uns diese strenge Disziplin aufzuerlegen?

Ein sachgemäßes Urteil zu diesen und vielen weiteren Fragen wird nicht zu erreichen sein, wenn man die Digitaltechnik einfach euphorisch in den Himmel hebt und sie unkritisch als immensen Menschheitsfortschritt preist. Ebenso wenig angemessen wäre es, sie schlichtweg zu verteufeln und möglichst von sich fernzuhalten, denn sie schafft schon jetzt Realitäten, denen wir uns gar nicht mehr entziehen können. Wir müssen sie nicht um jeden Preis in jedem Detail akzeptieren; eines aber ist in jedem Falle gefordert: begründet Stellung zu beziehen, um verantwortlich handeln zu können.

Damit stehen wir vor einer Aufgabe, zu der wir uns Grundlagen verschaffen sollten, indem wir einerseits die geistesgeschichtlichen Hintergründe digitaler Technik erkunden, andererseits ihre konkreten Realisierungen kennenlernen und drittens deren soziale Auswirkungen zu beobachten versuchen. Dazu möchte dieses Buch einen bescheidenen Beitrag leisten.

Teil I
Außenansicht der Menschheitskrise

1. An der Schwelle zu einem neuen Zeitalter

Das Zeitalter der Digitalisierung hat begonnen – so lautet das Mantra der Industrie, der Wirtschaft und Politik, das uns täglich entgegentönt. «Digitalisierung» ist zum Leitbegriff unserer Epoche geworden. Viele wissen zwar gar nicht, was er genau beinhaltet, doch meint man sicher zu wissen, dass in ihm der Schlüssel für die Zukunft der Menschheit liege. Nicht anders als die *Industrielle Revolution*, die vor mehr als 200 Jahren die moderne Industriegesellschaft heraufführte, werde jetzt die *Digitale Revolution* eine umwälzende Veränderung des gesamten Lebens auf der Erde bewirken, so die allgemeine Erwartung.

In der Tat: Atemberaubend schnell sind in den letzten Jahrzehnten auf der Grundlage der Digitaltechnik elektronische Geräte und Systeme erfunden worden, die für unsere Großeltern noch jenseits des Vorstellbaren gewesen wären. Die Entwicklung schreitet derartig rasant voran, dass mit Recht von einem tiefgreifenden Wandel gesprochen wird, dessen Dimensionen gewaltig sein werden. Jedoch ist dieser Wandel – wie jeder große Umbruch in der Menschheitsgeschichte – nicht nur von Hoffnungen getragen, sondern auch von Ängsten begleitet. Begeisterung und Euphorie paaren sich zunehmend mit Furcht und Sorge. Paradoxerweise aber wirken im Falle der Digitaltechnik Angst und Sorge bisher nicht hemmend auf den Fortschritt, sondern sind selbst zu Triebfedern der Entwicklung geworden. Dieser überraschende Befund ergibt sich bereits bei einem Blick auf die Anfänge.

Als sich nach dem Zweiten Weltkrieg in den USA die Computertechnik zu etablieren begann, waren Forscher und

Wissenschaftler fasziniert von den Möglichkeiten, die sich durch den Einsatz elektronisch gesteuerter Rechner eröffneten. Gefördert von der ARPA, einer Forschungsagentur des US-Verteidigungsministeriums, verbanden sie ab 1969 die Großcomputer mehrerer US-Universitäten zu einem Netz, das unter dem Akronym ARPANET bekannt wurde. Dahinter stand zunächst nur der Wunsch der Wissenschaftler, die Ressourcen dieser Rechner durch einen landesweiten Datenaustausch besser zu nutzen. Die US Air Force indes verfolgte damit noch ein ganz anderes Interesse, das sich nicht aus der Begeisterung für die neue Technik speiste, sondern aus der Angst vor einer drohenden militärischen Gefahr, die sich abzuzeichnen begann:

Die Vereinigten Staaten und ihre Verbündeten befanden sich zu jener Zeit im Kalten Krieg mit der Sowjetunion und ihren Vasallen und bangten nach dem Sputnik-Schock von 1957 sowohl um ihre globale technische und wirtschaftliche Überlegenheit wie auch um ihre nationale Sicherheit. Dass die Sowjets als Erste über eine Rakete verfügten, mit der man Satelliten in den Weltraum befördern konnte, bedeutete, dass sie künftig auch in der Lage sein würden, atomar bestückte Raketen auf das Gebiet der USA zu richten. Hätte man dort das militärische Computernetz zentral strukturiert, hätte ein Raketentreffer es möglicherweise auf einen Schlag vernichten können, mit verheerenden Folgen für die gesamte Kriegsführung der USA. Deshalb setzte die US Air Force auf die *dezentrale* Struktur, die ihr Forscher Paul Baran bereits zu Beginn der 1960er-Jahre zum Schutz gegen einen vernichtenden Atomschlag vorgeschlagen hatte, und eben dadurch wurde das ARPANET unbeabsichtigt zum Vorläufer des heutigen Internets.

Schon bald aber entdeckte der US-Geheimdienst NSA *(National Security Agency)*, dass die viel größere Gefahr in den

Computern selbst lauerte, weil sie statt von außen auch von innen attackiert und zerstört werden konnten: Daniel J. Edwards, ein NSA-Mitarbeiter, stellte 1972 eine Studie vor, der zufolge es trotz oder gerade wegen der Dezentralisierung möglich sei, in den bestehenden elektronischen Datenverkehr ein feindliches Computerprogramm einzuschleusen, das sich hinter einem unverfänglich erscheinenden Dokument verbirgt, beim Herunterladen nicht bemerkt wird und sich sofort in die befallene Festplatte einnistet, um von dort aus je nach Absicht des Absenders wirksam zu werden.

Das war anfangs eine rein theoretische Überlegung, doch mit ihr war eine Idee geboren, die bald darauf weltweit zu einer realen Bedrohung wurde. Sie bereitet bis heute allen Benutzern digitaler Geräte Sorge, denn wer sein Gerät mit dem Netz verbindet, muss damit rechnen, dass er sich ungewollt ein Schadprogramm einfängt, das schrittweise oder auch schlagartig die Herrschaft über seinen Computer übernimmt, indem es heimlich Daten abfängt, Passwörter ausspioniert, Programme manipuliert oder den Zugang zu allen Dateien blockiert und sie im schlimmsten Falle sogar zerstört. Diese Gefahr wiederum führte einerseits zur Entwicklung ständig aktualisierter Antivirenprogramme, die den Computer schützen sollen, und andererseits bei Kriminellen zur Entwicklung immer neuer Schadprogramme zur Überwindung ebenjener Abwehr. Ein nicht endender Wettlauf entstand, wie der zwischen Igel und Hase im Märchen.

Doch zurück zu Edwards: Auf der Suche nach einem einprägsamen Titel für seine Studie besann er sich auf den griechischen Mythos von der Stadt Troja, die nicht auf reguläre Weise durch eine militärische Niederlage unterging, sondern durch das sorglose Hereinholen eines hölzernen Pferdes in die Stadt, in dem feindliche Soldaten versteckt waren. Nach diesem Vorbild taufte er das unbemerkt in den Computer gelangte Schadprogramm auf den Namen «Trojanisches Pferd» (meist abgekürzt «Trojaner» genannt).

Vorzeichen eines welthistorischen Umschwungs in der Antike

Das mythische Bild, das Edwards da in die Computerwelt einführte, hat in unserer Zeit eine unvorhergesehene Aktualität gewonnen, die weit über das Problem der Schadprogramme hinausgeht. Das Trojanische Pferd kann heute als Allegorie gelten für eine umfassende Gefährdung und Herausforderung der Menschheit, die Thema dieses Buches sein wird, zu Edwards' Zeit aber noch nicht gegeben war. Für ihn handelte es sich lediglich um eine Metapher, die er als vermutlich humanistisch gebildeter Mensch aus Homers Epos *Ilias* entnahm. Blickt man jedoch auf unsere gegenwärtige Situation, dann lohnt es sich, die fragliche Passage der *Ilias* genauer anzuschauen, denn in ihr steckt zugleich eine Botschaft, die uns auf die Spur zu den geistesgeschichtlichen Wurzeln des Computerzeitalters führen kann.

Homer erzählt, wie die vereinten Heere der Griechen zehn Jahre lang vergeblich versuchten, die an der kleinasiatischen Küste gelegene Stadt Troja zu erobern. Nach zahllosen verlustreichen Kämpfen griffen sie schließlich auf den Rat des Odysseus zu einer List: Sie zogen eines Abends im Schutz der Dunkelheit geräuschlos ab und hinterließen auf dem geräumten Strand ein riesiges, aus Holz gefertigtes Pferd, in dem Krieger versteckt waren. Die Trojaner sahen am nächsten Morgen mit Erstaunen die leere Ebene vor ihrer Stadt und betrachteten das Pferd als ein Geschenk der Götter. Ungeachtet der dringenden

Warnung der Seherin Kassandra zogen sie es triumphierend in die Stadt und feierten dort ihren «Sieg». Spät in der Nacht kletterten die versteckten Griechen heraus, öffneten die Stadttore und ließen die Heere herein, die inzwischen zurückgekehrt waren und nun mühelos alles niedermachten.

Eigentlich durften sich die Trojaner zu Recht als Sieger empfinden, denn der Angriff der Griechen war objektiv gescheitert. Doch wiegten sie sich in Sicherheit und waren von der Gunst ihrer Götter so fest überzeugt, dass sie das vermeintliche Siegeszeichen, in dem die tödliche Gefahr lauerte, gar nicht untersuchten. Selbst die Warnung einer Wahrsagerin von untadeligem Ruf vermochte nicht ihr Vertrauen zu erschüttern. Arglos wie Kinder rechneten sie nicht mit einer so hinterhältigen Kriegstaktik. Wir Heutigen haben kein Recht, darüber zu spotten, denn das sorglose Nichtbeachten einer lebensbedrohenden Gefahr ist auch der modernen Menschheit nicht fremd, wie später zu besprechen sein wird.

Ob und inwieweit Homers Epen *Ilias* und *Odyssee* auf Wirklichkeit oder auf Fiktion beruhten, war unter den Fachgelehrten schon im Altertum heiß umstritten und ist es bis heute. Hinsichtlich der Erzählung vom Trojanischen Pferd jedoch ist der Gelehrtenstreit müßig; er geht am Kern der Sache vorbei. Denn ob Mythos oder nicht – Homers Darstellung greift statt in die Vergangenheit in die Zukunft: Wie ein Wetterleuchten am Horizont kündigt sich in der Gestalt des «listenreichen Odysseus», der das raffinierte Täuschungsmanöver mit dem Pferd ersann, das Heraufkommen eines künftigen Zeitalters an, zu dessen hervorstechenden Merkmalen das allgemeine Erwachen der Verstandeskräfte gehörte – ein Ereignis von ungeheurer Tragweite bis in die Gegenwart.

In Homers Epen steht der Held Odysseus unter dem Schutz der Göttin Athena, von der es hieß, sie sei direkt aus dem Haupt des Zeus geboren worden – ein symbolischer Hinweis auf die starke Gedankenkraft, die von ihr ausging. Entsprechend war Odysseus im Altertum für seine Klugheit und Redegewandtheit berühmt; mit seinem erfindungsreichen Verstand wusste er jeder Schwierigkeit zu begegnen und jedes Abenteuer zu bestehen. Mochten seine Listen moralisch mitunter auch angreifbar sein, wirkungsvoll waren sie immer.

Dieser souveräne, selbstbewusste Umgang mit den Möglichkeiten des verstandesmäßigen Denkens entfaltete sich in der etwa 500 v. Chr. einsetzenden griechischen Klassik in vielfältigen Facetten: Da agierten auf der einen Seite die wandernden Sophisten, die ihr Wissen und ihr ausgefeiltes rhetorisches und argumentatives Können zu Geld zu machen wussten. Ihnen gegenüber standen wahrheitssuchende Denker wie Sokrates, Platon und Aristoteles, die zu den Vätern der abendländischen Philosophie wurden. Selbst das einfache Volk in Athen diskutierte öffentlich über Politik und trieb – ein unerhörtes Novum – die Erprobung einer echten Volksherrschaft (Demokratie) voran. Gleichzeitig kam es zu einer Blüte der Wissenschaften, die das Fundament der abendländischen Bildung legte, und nicht zuletzt zu großartigen Werken der Dichtkunst, Architektur und bildenden Künste. Die durch Jahrtausende gepflegte Verehrung der Götter endete zwar noch nicht, doch machte sich auch im Volk mehr und mehr die Kraft des eigenen Denkens geltend. Diese umfassende Kulturströmung wirkte durch Alexander den Großen ostwärts bis weit nach Asien hinein und westwärts durch das Römerreich, zu dem Griechenland seit 146 v. Chr. politisch gehörte, in das gesamte Abendland.

Das Rätsel der Sphinx

Es wäre ein großes Missverständnis, wollte man aus den Errungenschaften der griechischen Kultur den Schluss ziehen, in der vorgriechischen Zeit habe es kein wirkliches Denken gegeben. Es gab es durchaus und sogar in reichem Maße. Jedoch hatte es einen gänzlich anderen Charakter als dasjenige Denken, das wir seit der griechisch-römischen Kulturepoche gewohnt sind. Und das hatte seinen guten Grund: Solange die Menschen noch über ein gewisses Maß an hellseherischen Fähigkeiten verfügten, beschränkte sich ihre Wahrnehmung der Welt nicht auf das rein Physisch-Materielle, wie es später der Regelfall wurde, sondern hinter dem Sinnlich-Äußeren nahmen sie (wenn auch in abnehmender Deutlichkeit) noch übersinnliche Kräfte und Wesenheiten der geistigen Welt wahr. Sie erlebten also in der Natur zwei Wirklichkeiten ineinandergewoben. Davon künden die kulturellen Zeugnisse aller alten Kulturen. Solche Erfahrungen aber konnte man nicht anders zum Ausdruck bringen als in Bildern (Imaginationen), deren Elemente zwar der Sinneswelt entnommen waren, sich aber auf eine übersinnliche Realität bezogen und insofern nicht im materiellen Sinne «wörtlich» zu nehmen waren. Ein solcherart bildhaftes, imaginatives Denken und Sprechen wird heute – oft herablassend oder sogar abwertend – als «mythisch» bezeichnet.

Mit dem zunehmenden Verblassen der übersinnlichen Wahrnehmung und dem Heraufkommen der nur noch äußerlich mit Götterverehrung verbundenen «Verstandesseelen-Kultur», wie Rudolf Steiner sie nennt, verlor das mythische Denken seine Berechtigung und musste sich grundlegend verändern. Das erwies sich, wie nicht anders zu erwarten, als äußerst schwierig. Und doch war der Wandel unabweisbar notwendig, um dem eigenständigen Denken zum Durchbruch zu verhelfen, mit dem der Mensch in Freiheit sich selbst bestimmen kann.

Den frühen Griechen war die Schwierigkeit des Übergangs bewusst. Sie brachten sie, wie es dem alten imaginativen Bewusstsein entsprach, in ein mythisches Bild, das Bild vom «Rätsel der Sphinx». Die schon aus der ägyptischen Kultur bekannte Gestalt der Sphinx wurde in der bildenden Kunst als ein verderbenbringendes Ungeheuer dargestellt, das auf einem geflügelten Löwenkörper mit Schlangenschwanz den Kopf einer Frau trug. Dieses Untier, so erzählt die antike Ödipus-Sage, versperrte den einzigen Zugangsweg zu der Stadt Theben und stellte jedem, der an ihr vorbeiwollte, ein Rätsel. Konnte er es nicht lösen, wurde er erwürgt und gefressen. Tausende fielen der Sphinx zum Opfer, bis endlich Ödipus des Weges kam und das Rätsel löste, woraufhin das Ungeheuer seine Macht verlor und sich selbst in den Abgrund stürzte. Theben war befreit. Wie aber lautete das Rätsel?

Was ist das?
Morgens geht es auf vier Beinen, mittags auf zwei und abends auf drei.
Und es ist am schwächsten, wenn es die meisten Beine hat.

Auf den ersten Blick erscheint der Spruch simpel: Jeder kann sofort erkennen, dass es sich um ein Lebewesen mit Beinen handelt. Verglichen aber mit der Alltagserfahrung ergibt sich kein stimmiges Gesamtbild. Verwirrende Widersprüche und Ungereimtheiten fallen auf: Lebewesen, die im Laufe ihres Lebens verschieden viele Beine haben, gibt es nirgends. Ferner ist der *korrekten* Abfolge von Morgen, Mittag und Abend die *falsche* Zahlenfolge 4 – 2 – 3 zugeordnet. Und wie soll es angehen, dass die wenigste Kraft hat, wer die meisten Beine hat?

Heutzutage wundern sich schon elfjährige Kinder darüber, dass die Thebaner ein «so einfaches Rätsel» nicht lösen konnten. Es sei doch ganz klar, sagen sie, dass damit der Mensch gemeint sei, der als Baby auf allen vieren krabbelt, als Erwachsener auf zwei Beinen geht und am Lebensabend den Stock als drittes Bein zu Hilfe nimmt, und natürlich sei er als Baby am schwächsten. Sie ahnen nicht, was es vor drei Jahrtausenden für eine Überwindung kostete, von der anschaubaren Wirklichkeit eines Säuglings, eines Erwachsenen und eines Greisen völlig abzusehen und die drei Erfahrungen gedanklich auf ein einziges Merkmal zu reduzieren, nämlich auf die Anzahl der Beine. Aus dem Umgang mit lebensvollen *Bildern* aus der Sinneswirklichkeit wurde ein *bildloses* Operieren mit nackten Begriffen. Die Philosophie nennt diesen Vorgang ABSTRAKTION (von lateinisch *abstrahere* = wegziehen, entfernen, trennen).

Das Rätsel der Sphinx ist also als ein Signum zu verstehen für die große Aufgabe, die der Menschheit im anbrechenden Zeitalter der Verstandeskräfte gestellt war. Um ihr gerecht zu werden, musste der Schritt vom imaginativen zum abstrakten Denken vollzogen werden. Das war die Forderung, die die Sphinx als Wächter an der Schwelle zu der neuen Zeit mit Macht erhob, und nur dem, der sich wenigstens anfänglich darin geübt hatte, gab sie den Weg in die Zukunft frei. Alle anderen waren dem Untergang geweiht.

Die Ausbildung des neuzeitlichen Denkens

In Griechenland entwickelt und von den Römern weitergeführt, verbreitete sich das bildlos-abstrakte Denken über die Welt. Gefordert waren jetzt Denkanstrengungen, die sich klar abgrenzen von der Gewohnheit, die Sinneseindrücke unreflektiert auf sich wirken zu lassen und sich mit dem zu begnügen, was sie spontan im eigenen Inneren anregen. Solange die äußere Welt noch atavistisch als geistdurchdrungen und seelisch belebt erfahren wurde, war eine solche Haltung berechtigt. Doch diese Zeit war vorüber, und wenn jetzt keine besonderen Anstrengungen unternommen wurden, konnte die seelische Resonanz auf Sinneserfahrungen nur noch in der Form auftreten, in der wir sie bis heute kennen: als ein kaum entwirrbares Gemenge assoziativ sich ergebender Vorstellungen und Empfindungen, die ziellos hierhin und dorthin schweifen und sich im Nu vom Ausgangspunkt entfernen.

Die geforderte strenge Schulung bestand folglich darin, einen Gedanken vorsätzlich zu fassen und ihn kontrolliert Schritt für Schritt weiter zu entwickeln, unabhängig sowohl von äußeren Reizen wie auch von seelischen Regungen. Nur so konnte das Ziel erreicht werden, Herr über sein Denken zu werden.

Indem sie sich darin schulten, gelangten die führenden Philosophen zu einer epochalen Entdeckung: Jedes exakt geführte Denken stößt auf unverrückbare Gesetzmäßigkeiten der Logik, die nicht aus der Willkür des eigenen Subjekts stammen, sondern sich objektiv aus dem Denken selbst ergeben und folglich für alle Menschen gelten. Die Wissenschaft, die daraus entstand, wurde von *Aristoteles* (384 – 322 v. Chr.) begründet. Seine Schriften zur Logik wurden wegweisend für die folgenden Jahrhunderte.

In der lateinisch sprechenden Gelehrtenwelt des Hochmittelalters griffen die Scholastiker seine Ergebnisse auf und entwickelten sie weiter, indem sie systematisch daran arbeiteten, gedankliche Schlüsse nach allen Seiten gegen Missbrauch und Fehlschlüsse so abzusichern, dass man das Ergebnis als «wahr» und der Wirklichkeit entsprechend ansehen konnte. Ihre Bemühungen gipfelten in dem erfolgreichen Versuch, gültige Regeln für jede wissenschaftliche *Beweisführung* zu entwickeln. Wikipedia führt das folgendermaßen aus:

> «Bei dieser Methode handelt es sich um ein von den logischen Schriften des Aristoteles ausgehendes Verfahren zur Klärung von Fragen mittels theoretischer Erwägungen, ausgehend von Prämissen (‹Voraussetzung, Annahme›). Dabei wird eine Behauptung untersucht, beispielsweise *Die Erde ist eine Scheibe,* indem zuerst die für und die gegen sie sprechenden Argumente nacheinander dargelegt werden und dann eine Entscheidung über ihre Richtigkeit getroffen und begründet wird. Behauptungen werden widerlegt, indem sie entweder als unlogisch oder als Ergebnis einer begrifflichen Unklarheit erwiesen werden oder indem gezeigt wird, dass sie mit evidenten oder bereits bewiesenen Tatsachen unvereinbar sind.»

Diese methodisch streng kontrollierte Führung der Gedanken wurde zum Vorbild für alle wissenschaftlichen Disziplinen unserer Zeit, besonders für die am Beginn der Neuzeit einsetzende moderne Naturwissenschaft. Sie stützte sich bewusst auf die abgesicherten Methoden der Scholastik, wendete sie aber nicht mehr auf theologische Themen an wie im Mittelalter, sondern auf die Phänomene der Natur, deren Erforschung damals mit Macht einsetzte.

Denkstrukturen, geronnen im Computer

Es blieb nicht dabei, dass die scholastische Methode zum Paradigma ernst zu nehmender Wissenschaft wurde; nach ihrem Muster formte sich auch die in der westlichen Welt vorherrschende Art des Denkens, die allgemein als *diskursiv* bezeichnet wird. Man versteht darunter ein methodisches Vorgehen, das von Vorstellung zu Vorstellung, von Begriff zu Begriff logisch-gesetzmäßig voranschreitet und dadurch zu Schlussfolgerungen gelangt, mit denen sich z.B. eine Auffassung oder eine Theorie begründen lässt.

Gedankengänge in Sprache und Text diskursiv zu entwickeln ist im Laufe der Zeit so selbstverständlich geworden, dass eine wichtige Eigenart, die damit verknüpft ist, kaum mehr auffällt: Bei jedem Schritt der Darlegung prüft der Zuhörer oder Leser unwillkürlich: Ist die Aussage richtig oder falsch? Ist sie logisch einwandfrei? Entspricht sie den bekannten Tatsachen? Zustimmung oder Ablehnung ist gefragt, JA oder NEIN. Sinnvolle weitere Schritte können sich erst anschließen, wenn die Frage beantwortet ist. Am deutlichsten zeigt sich das in der Mathematik, die nach jeder Rechenoperation prüft: Ist das Ergebnis richtig oder falsch? Kein Weg führt dort an einer eindeutigen Festlegung vorbei, denn das Ergebnis kann nur richtig oder falsch sein, eine andere Alternative gibt es nicht.

Nicht auf allen Forschungsfeldern ist die Entscheidung so eindeutig zu treffen. Die streng mathematisch orientierte Naturwissenschaft allerdings hat es mit dieser Methode weit gebracht; sie ist zur beherrschenden Wissenschaft der Neuzeit aufgestiegen. Im 20. Jahrhundert war es eines ihrer Anliegen, die schon in der Antike und dann wieder ab der Renaissance verfolgte Idee einer mechanischen Rechenmaschine neu aufzugreifen und ein Gerät zu entwickeln, mit dem die logischen Strukturen des diskursiven Denkens technisch nachgeahmt werden können. Das Projekt begann in den 1930er-Jahren und wurde nach dem Zweiten Weltkrieg zu einem triumphalen Erfolg: Der *Computer* (abgeleitet von lat. *computare* = berechnen) eroberte die Welt, einige Zeit noch mit analoger Technik, in der zweiten Hälfte des Jahrhunderts dann nur noch mit der Digitaltechnik.

Die heute gebräuchlichen Computer werden elektronisch mit dem Binärsystem betrieben. Ihre Grundfunktion besteht aus Entscheidungen zwischen JA oder NEIN, die physikalisch realisiert werden durch die Befehle «Strom an» für JA und «Strom aus» für NEIN (binär ausgedrückt «1» und «0»). Die im diskursiven Denken ständig sich wiederholende Grundstruktur (zuerst die Prämissen, dann der logische Schluss daraus) wird vom Digitalrechner mit Millionen winziger elektrischer Schalter imitiert, die jeweils zu kleinen Einheiten zusammengefasst sind. Letztere bestimmen, ob der Strom zur nächsten Einheit weiterfließen darf oder nicht, indem sie die Prämissen festlegen: Entweder lassen sie mehrere Bedingungen zu, von denen wenigstens eine erfüllt sein muss (sog. ODER-Schaltung), oder sie fordern eine bestimmte Anzahl von Bedingungen, die gemeinsam erfüllt sein müssen (sog. UND-Schaltung). Hinzu kommt als drittes Element die NICHT-Schaltung, die den in einem sekundären Stromkreis fließenden Strom aus- statt anschaltet. Durch die Kombination dieser drei Schaltungen kann jeder logisch strukturierbare Vorgang dargestellt werden. Anzumerken ist noch, dass die «Schalter» heute so winzig sein können, weil sie nicht mehr aus mechanischen Teilen oder aus Röhren bestehen, wie es zunächst der Fall war, sondern aus winzigen Transistoren, deren Siliziumschichten je nach angelegter Spannung den Strom durchlassen oder stoppen.

Die Universalmaschine unserer Zeit

Auf diese Weise hat sich im Computer zum Schein eine Intelligenz materialisiert, die in den Jahrhunderten zuvor noch zur gedanklichen Klärung von Naturphänomenen verwendet wurde, jetzt aber jeglichen Bezug zur Sinneswirklichkeit abgestreift hat. Es sind rein formale, maschinell ausgeführte logische Strukturen, mit denen eingegebene Daten in ungeheurer Geschwindigkeit bearbeitet werden. Mit der radikalen Ablösung vom menschlichen Denken und seiner Wahrnehmungswelt wurde die einst von der Sphinx geforderte *Abstraktion* ins Extrem getrieben. Man mag das bedauern oder sogar erschreckend finden, muss aber gleichwohl zur Kenntnis nehmen, dass genau darin die Stärke der Digitaltechnik liegt: Ihre Prozesse sind nicht mehr auf mathematische Aufgaben beschränkt oder an die Sinneswirklichkeit gebunden, sondern stehen zur Verfügung für Daten jeglicher Art. (Technische Einzelheiten dazu in einem späteren Kapitel.) Der Computer ist zur Universalmaschine unserer Zeit geworden, mit der «prinzipiell jedes Problem des Alltags, das sich auf kausale Abfolgen und algorithmisierbare Zusammenhänge reduzieren lässt, durch Schaltungen darstellbar ist».[6]

Technikbegeisterte Forscher veranlasste das zu der Erwartung, schlechterdings alles in der Welt müsse «computerisierbar» sein; Grenzen könnten sich höchstens aus mangelnder Leistungsstärke der Rechner ergeben, und da sei es lediglich eine Frage der Zeit, bis sie überwunden sind. Tatsächlich gelang es der Technik in einem bis heute anhaltenden Wettlauf, die Spitzenleistungen der Computer in immer gewaltigere Dimensionen hochzuschrauben.

Möglich wurden die rasanten Fortschritte durch die Tatsache, dass die auf Mikrochips aufgetragenen elektronischen Schaltungen im Laufe der technischen Entwicklung immer kleiner und kleiner wurden. Dadurch konnten einerseits Supercomputer mit gigantischen Rechenleistungen für wissenschaftliche Forschung in vertretbaren räumlichen Ausmaßen gebaut werden. Vor allem aber ermöglichte die fortschreitende Miniaturisierung die Massenproduktion der *Personal Computer* (PC), der *Laptops,* der *Tablets* und der *Smartphones,* von denen heute alle Welt Gebrauch macht.

Seitdem der Markt auf diesem Gebiet nahezu gesättigt ist, sieht sich die Industrie gegenwärtig nach neuen Anwendungen der Digitaltechnik um und richtet ihren Blick dabei vor allem auf den weiteren Ausbau des Internets, damit die sogenannte *smarte Technologie* zum Zuge kommen kann. Sie produziert elektronische Automaten aller Art, wie z.B. Ampelsteuerungen, die im Verbund mit benachbarten Ampeln und Messstationen die Ampelphasen ohne menschliches Zutun flexibel der aktuellen Situation anpassen. Auf einem zweiten Gebiet, dem *Smart Home,* soll alles mit allem vernetzt, automatisiert und von außen steuerbar werden: Beleuchtung und Heizung, Herd und Waschmaschine, Jalousien und Blumenbewässerung, Energiespareinrichtungen und die Überwachung der Vorräte im Kühlschrank.

Für zahlreiche öffentliche und private Bereiche sind solche Dinge geplant oder schon im Gange – mit dem erklärten Ziel, nach und nach jedes algorithmisch fassbare Geschehen zuhause und in unserer Umwelt «intelligent» zu steuern, also nicht durch menschliche Aktivität, sondern durch die (vermeintliche) Intelligenz von Maschinen. Es zeichnet sich ab, dass wir bald auf Schritt und Tritt von solcher Technik umgeben sein werden, die mit immer höheren Funkfrequenzen bis in den letzten Winkel unseres Privatlebens dringt. Schon ist geplant, Zehntausende kleine Satelliten in den Orbit zu schießen, um das digitale Netz lückenlos über die ganze Erde auszubreiten[7] und die Maschen immer enger zu ziehen. Ob wir es wollen oder nicht, wir gehen der Technik «ins Netz».

Eine Leere, die nicht leer bleibt

Was bedeutet diese Entwicklung für uns Menschen? Können und sollen wir tatenlos zusehen, wie die Allgegenwart digitaler Technik unser Leben verändert? Wird sie wirklich nur zu unserem Nutzen sein, wie die Verfechter beteuern, oder bezahlen wir den Nutzen schleichend mit dem Verlust eigener Fähigkeiten und Freiheiten? Erliegen wir der Illusion, die digitale Revolution werde uns weder gesundheitlich noch psychisch noch geistig unberührt lassen? In den Jahrtausenden der Menschheitsgeschichte hat sich immer wieder gezeigt, dass eine neu eingeführte Technik nicht nur die Welt veränderte, sondern stets auch die Menschen selbst in ihrem Denken, Fühlen und Handeln.

Das wird jetzt nicht anders sein. Die Frage ist nur: Welcher Art werden dieses Mal die Veränderungen sein? Gehen wir womöglich einem menschheitlichen Massenexperiment mit ungewissem Ausgang entgegen?

Um zu einer realistischen Einschätzung zu kommen, scheint es mir notwendig, auf eine wenig beachtete Tatsache zu blicken, die zu den Fundamenten der Digitaltechnik gehört. Der binäre Rechner arbeitet mit einer «Intelligenz», die gar keine ist, sondern ein inhaltsleerer Maschinenprozess, der zwar logische Denkstrukturen imitiert, aber nicht die geringste Verbindung hat zu der Lebenswirklichkeit, aus der die Daten stammen. Weder hat er sie zu den Objekten, die er abbildet, noch zu den Menschen, die sich in der Welt betätigen. Zu jedem Gemälde gehört ein Maler, zu jedem Buch ein Autor, zu jedem Musikstück ein Komponist, zu jeder Aufführung ein Interpret, und auch zum Aufsetzen des Computerprogramms gehört ein Mensch mit individuellen Zügen und persönlicher Prägung. Nichts von alledem findet Eingang in die

Abfolge der Bits und Bytes. Daher ist es berechtigt zu sagen: Die Abläufe des digitalen Rechners sind im wörtlichen Sinne «ent-menschlicht».

Das ist nicht als moralischer Vorwurf zu verstehen, sondern als ein feststehendes Faktum von großer Tragweite. Denn aus der absoluten Leere gegenüber Welt und Mensch resultiert, wie ausgeführt, die universelle Einsetzbarkeit des Computers, resultiert aber auch die häufig vorgetragene Behauptung, die digitalen Medien seien weder gut noch schlecht, sondern ein ganz neutrales Instrument wie jedes andere technische Gerät; man müsse nur vernünftig mit ihnen umgehen. Mit dieser These wird bewusst oder unbewusst ein gravierender Trugschluss verbreitet, denn die Wirklichkeit zeigt ein anderes Bild:

Vergleichbar einem physikalischen Vakuum übt auch die perfekte *menschliche* Leere des Rechners einen gewaltigen Sog aus. Sie kann zwar als Plattform für sinnvolle und nützliche Anwendungen dienen; doch weil sie völlig ohne den Menschen agiert, saugt sie in erschreckendem Umfang auch *unmenschliche* Neigungen an: Sie wird immer häufiger genutzt, um unerkannt Machtgelüste auszuleben, krassesten Egoismus und niederste Instinkte zu befriedigen. Man kann gefahrlos Betrug, Manipulationen und sogar kriminelle Handlungen organisieren, weil sich die Herkunft solcher Angriffe im Internet technisch verschleiern lässt, sodass die Täter anonym bleiben. Von einem «vernünftigen Umgang» kann da keine Rede sein; vielmehr meldet sich das Pferd von Troja zurück. Spezialisten setzen aus dem Hinterhalt sogar sogenannte *Bots* ein, automatische Computerprogramme, die im weltweiten Netz massenhaft bestimmte Aufgaben selbstständig und vor allem unbemerkt durchführen. Der Entleerung von allem Menschlichen ist also nicht nur technisch, sondern auch moralisch Tür und Tor geöffnet.

Die Neigung der Intelligenz zum Bösen

Auf rätselhafte Weise ist in der Digitaltechnik das Gute engstens verknüpft mit dem Schlechten, obwohl das niemand beabsichtigt hat. Wie konnte es dazu kommen?

Wir stoßen hier auf ein menschheitsgeschichtliches Phänomen, das Rudolf Steiner schon 1919 zum Thema eines Vortrages gemacht hat.[8] In der Kulturepoche, die der griechisch-römischen vorausgegangen ist, so schildert er, war Intelligenz etwas ganz anderes als das, was wir heute darunter verstehen. Wenn Ägypter oder Chaldäer[9] «dachten, wenn sie ihre Intelligenz in Fluss brachten, dann lebte in dieser Intelligenz ihr Zusammenhang mit dem Kosmos». Die Verwandtschaft «der eigenen Wesenheit mit dem ganzen Kosmos» war der bestimmende Inhalt ihres Denkens. In der griechischen Epoche ab dem 8. Jahrhundert v. Chr. wusste man noch von diesem Zusammenhang, doch richtete sich der Blick von jetzt an vor allem auf das eigene Wesen und seinen Zusammenhang mit allem Irdischen, Vergänglichen. Der Grieche «begriff alles dasjenige von der irdischen Welt durch diese Intelligenz, was dem Tode unterliegt».

Zu der nach dem Ende des Mittelalters beginnenden Neuzeit bemerkt Steiner:

«Heute sind wir noch sehr stark in einer solchen Entwickelung der Intelligenz darinnen, wie sie die Griechen hatten. Wir begreifen durch unsere Intelligenz dasjenige, was dem Tode unterliegt. Aber auch diese Art von Intelligenz, die das Tote begreift, verwandelt sich. Und in den nächsten Jahrhunderten und Jahrtausenden wird diese Intelligenz etwas anderes, etwas weit weit anderes werden. Sie hat heute schon eine gewisse Anlage, unsere Intelligenz. Wir werden als Menschheit einlaufen in eine Entwickelung der Intelligenz so, dass die Intelligenz wird die Neigung haben, nur das Falsche, den Irrtum, die Täuschung zu begreifen, und auszudenken nur das Böse.»

Blicken wir vor diesem Hintergrund auf unsere gegenwärtige Situation, dann scheint es, dass wir dem Bösewerden der Intelligenz in den letzten hundert Jahren seit Steiners Äußerung schon ein Stück näher gekommen sind. Die täglichen Nachrichten sind heute voll von Berichten über übelste Machenschaften mithilfe des Internets. Die geronnene, tote «Intelligenz» des Computers wird zum Instrument, um böse Absichten zu verwirklichen, Betrug, Lügen und Verleumdungen in die Welt zu setzen, den Unterschied zwischen Wahrheit und Irrtum zu verwischen und auf diese Weise nicht nur materiellen Schaden anzurichten, sondern auch seelische und geistige Verwüstungen zu schaffen, die zu heilen gewaltige und lang anhaltende Bemühungen erfordern würden.

Dennoch – es wäre nicht in Steiners Sinne, seine Aussagen als Glaubenssätze zu behandeln. Sie sind als Hinweise zu verstehen, die anhand der Wirklichkeit geprüft werden sollten. Dazu bieten die folgenden Kapitel Gelegenheit.

2. Schöne neue Welt der Medien

Die angedeutete Zwiespältigkeit der digitalen Technik stellt unser Zeitalter vor ein großes Problem. Dennoch scheint es mir nicht sachgemäß, von Anfang an nur auf die negativen Seiten zu blicken. Wir müssen auch verstehen, warum die Menschen von den neuen Errungenschaften derartig fasziniert waren, dass sie zuerst nur das Gute und Vorteilhafte im Auge hatten und kritische Einwände lange Zeit in den Wind schlugen. Ich möchte dazu eine kleine historische Skizze entwerfen, die uns bis zu dem Punkt führt, an dem es schließlich zu einem bösen Erwachen kam.

Ein großes Thema des 19. Jahrhunderts war das Bemühen, sowohl optische als auch akustische Sinneseindrücke in technische Vorgänge zu überführen. Den Beginn machte die Erfindung der Fotografie. Aufgetragen auf Zelluloidfilme wurde sie universell einsetzbar, besonders auch in Form von «bewegten Bildern», die durch die schnelle Abfolge von 24 Aufnahmen pro Sekunde die Illusion echter Bewegungen erzeugten. Daraus entstand die Gattung der *Spielfilme*, die ab 1895 einem staunenden Publikum vorgeführt wurden – zunächst als Stummfilm. Den Ton konnte man erst nach der Erfindung von Mikrofon und Lautsprecher hinzufügen.

Nach dem Ende des Zweiten Weltkriegs trat neben den Kino-Spielfilm ein mächtiger Konkurrent: das Fernsehen. Hier wurde das bewegte Bild auf dem Schirm einer Kathodenstrahlröhre elektronisch erzeugt. Die Geräte, die zu dieser Zeit in die Läden kamen, steckten noch in den Kinderschuhen: Anders als viele längst in Farbe produzierte Kinofilme war das Fernsehbild schwarz-weiß, und vor allem flimmerte und flackerte es ständig, sodass das Zusehen wenig angenehm war. Außerdem gab es lange Zeit nur ein einziges Programm zu sehen (1963 begann das ZDF, erst 1984 folgten die privaten Sender).

Umso mehr überrascht es im Rückblick, wie schnell sich die Öffentlichkeit trotz aller Mängel mit dem neuen Medium anfreundete. Allerdings waren dabei zwei Publikumsmagnete im Spiel, die das Interesse anstachelten. Ähnlich wie Adolf Hitler 1936 durch die erstmalige Fernsehübertragung der Olympischen Spiele die Öffentlichkeit beeindruckte, waren es auch nach dem 2. Weltkrieg zwei Großereignisse, die wie geschaffen waren, um die Massen für das Fernsehen zu begeistern: 1953 die Krönung der englischen Königin Elisabeth II. und 1954 die Fußballweltmeisterschaft in der Schweiz. Obwohl es zu beiden Ereignissen in den Kinos farbige und technisch viel bessere Präsentationen gab, erregte das Fernsehen weit mehr Aufsehen.

Die Fernsehproduzenten wie auch die Gerätehersteller hätten sich keine bessere Werbung wünschen können als diese erregenden «Events», die vom Publikum als welthistorisch empfunden wurden. Denn mit ihnen eröffnete sich den Menschen eine neue Dimension: War man bisher auf Berichte in der Zeitung oder im Radio angewiesen, um zu erfahren, was in der Welt vorgeht, konnte man jetzt, so meinte man, alles «mit eigenen Augen» sehen. Etwas wie Magie schien dem Fernseher anzuhaften: Ohne dass der Zuschauer sich von der Stelle rührte, entrückte ihn das Gerät an den Ort des Geschehens, wo er unmittelbar «am Ball» war und bei jedem Tortreffer gemeinsam mit den fernen Stadionbesuchern jubeln konnte. An diesen prickelnden Effekt des Dabeiseins reichten selbst gute Dokumentarfilme nicht heran, weil sie immer erst nachträglich erschienen.

Damit war der Weg bereitet für die rasante Ausbreitung des Fernsehens im ganzen Land, und bald schon gehörte die «Glotze», wie man sie spöttisch nannte, zur festen Einrichtung jedes Wohnzimmers und wurde extensiv genutzt. Die berechtigten Warnungen vor einem allzu ausgiebigen Fernsehkonsum, besonders bei Kindern, stießen auf taube Ohren, und so zeigten sich mit der Zeit immer gravierendere Folgen, die hier aber nicht thematisiert werden sollen.[10]

Fernsehen als Fenster zur Welt

Es verdient festgehalten zu werden, dass die Begeisterung des Publikums für das Fernsehen nicht allein der Sensationsgier entsprang. Was dabei von Anfang an mitschwang, war die freudige Entdeckung, plötzlich angeschlossen zu sein an das Weltgeschehen und aktuelle Ereignisse quasi hautnah miterleben zu können, ohne vor Ort zu sein. «Bei uns sitzen Sie in der ersten Reihe», lautete der kesse Werbespruch von ARD und ZDF, und so wurde es auch empfunden, denn die Fernsehkamera holte alles Ferne auf Greifweite heran. Ein für den Menschen der Neuzeit charakteristischer Drang machte sich hier geltend, der bereits mit den Entdeckungsfahrten der Portugiesen und Spanier begonnen hatte, nämlich die große ferne Welt kennenzulernen und über die Enge des eigenen Horizonts hinauszublicken. In der anbrechenden Neuzeit wurde das Interesse des Publikums durch unzählige Flugschriften aus der soeben erfundenen Druckerpresse befriedigt, jetzt aber wurde dem Sehsinn selbst das «Fenster zur Welt» geöffnet.

In diesem Bedürfnis lag und liegt der Keim für eine Fähigkeit, die in unserem Jahrhundert unverzichtbar wird für den Erhalt unseres Planeten, der durch die Klimakrise und viele andere

Nöte in höchste Bedrängnis geraten ist. Der Allgemeinheit ist endlich bewusst geworden, dass die Menschheit nur dann überleben kann, wenn sie ihren Blick auf den gesamten Lebensraum Erde richtet und sich verantwortlich für dessen Erhaltung und Pflege einsetzt.

Den globalen Blick zu fördern und ein erdumspannendes Bewusstsein zu wecken, dazu könnte das Fernsehen – sinnvoll genutzt – einen wichtigen Beitrag leisten, indem es das notwendige Okular für die erweiterte Weltwahrnehmung zur Verfügung stellt. Ob es allerdings in seiner heutigen Form dem gerecht wird, ist fraglich. Die Sehzeiten im Schnitt der bundesdeutschen Bevölkerung sind (ähnlich wie in den USA) im Laufe der Jahrzehnte exorbitant angestiegen,[11] und nur ein geringer Teil davon dient der Information über aktuelle Geschehnisse; der weitaus größte Teil wird mit Unterhaltungssendungen aller Art gefüllt. Nur bei besonders erregenden Zeitereignissen wie beispielsweise Natur- und Kriegskatastrophen kommt das «Fenster zur Welt» wieder zu seinem Recht, abzulesen an dem oft beeindruckenden Spendenaufkommen, das ohne die schockierenden Bilder aus fremden Ländern niemals in dieser Höhe und in dieser Geschwindigkeit zusammengekommen wäre.

Wir dürfen also feststellen: Das Medium Fernsehen könnte ein bedeutsames Wahrnehmungsinstrument sein, das den Sinn für die Weltprobleme schärft. Wohlgemerkt: es könnte. Bleibt nur die Frage: Wie kommt es, dass diese mögliche Funktion immer wieder überdeckt und erstickt wird durch belanglose Zerstreuung, die den Willen der Menschen zu tatkräftiger Gestaltung der Welt eher lähmt als fördert? Wer sind diejenigen, die ein Interesse haben an dieser ständigen Ablenkung vom Wesentlichen?

Computergestützte Medien

In denselben Jahrzehnten, in denen das Fernsehen sich über alle Kontinente verbreitete (von mir exemplarisch am deutschen Beispiel demonstriert), erlebte auch die kurz vor Kriegsende begonnene Entwicklung des elektronischen Computers einen rasanten Aufschwung. Die zunächst noch tonnenschweren Geräte wurden in staunenswertem Tempo immer kleiner, und die Rechenleistung wurde gleichzeitig immer größer. Je weiter die Wissenschaft Hand in Hand mit den Ingenieuren vorankam, desto vielfältiger wurden die technischen Anwendungsmöglichkeiten. Die Forschung verschlang zwar gewaltige Summen, doch wusste man einen großen Teil davon wieder hereinzuholen durch die Eröffnung eines neuen Wirtschaftszweigs: Den jeweils erreichten Stand der Technik nutzte man auf der Stelle zur Entwicklung von Videospielen, Spielautomaten, Spielekonsolen und Computerspielen, die durch ihren millionenfachen Verkauf «zu einer der einflussreichsten Freizeitgestaltungsformen des 21. Jahrhunderts» geworden sind, wie Wikipedia euphemistisch vermerkt. Immer mehr junge Menschen zwischen 15 und 25 Jahren machen heute reichen Gebrauch von diesen Angeboten, freilich mit häufig unangenehmen Folgen, über die noch zu berichten sein wird.

Nicht weniger bedeutsam war der in den 1970er-Jahren einsetzende Übergang von den Großcomputern alter Art, mit denen nur Spezialisten, Techniker oder Wissenschaftler arbeiteten, zu kleineren, für individuelle Bedürfnisse nutzbaren Mehrzweckcomputern, die als *Personal Computer* (PC) bezeichnet wurden. Sie eroberten sich ihren Platz nicht nur in unzähligen Privathaushalten, sondern revolutionierten auch weltumspannend die gesamte Arbeitswelt. Kein Büro ist heute mehr denkbar ohne einen PC mit Internetanschluss.

Last but not least profitierte auch das Fernsehen von diesen Fortschritten, und zwar durch die Einführung des digital ansteuerbaren *Flachbildschirms*, der aufgrund seiner geringen Tiefe, seines geringeren Energieverbrauchs und vieler weiterer Vorteile die klobige Kathodenstrahlröhre völlig verdrängt hat. Mit ihm sind heute Bildschirmgrößen erreichbar, die mit der alten Technik unmöglich gewesen wären.

Das Internet

Der Vorläufer des Internets, das 1969 eingerichtete ARPANET zwischen den Großrechnern amerikanischer Universitäten, wurde oben schon erwähnt. 1989 konzipierte der britische Informatiker Tim Berners-Lee das «World Wide Web» (WWW), das 1990 zur kommerziellen Nutzung freigegeben wurde und sich fortan ständig weiterentwickelte. Das schon ab dem 19. Jahrhundert aufgebaute interkontinentale Kabelnetz für Telegrafie und Telefonie wurde durch Funkverbindungen und vor allem durch hochleistungsfähige Glasfaserkabel ersetzt, die es in Verbindung mit der Digitaltechnik ermöglichen, weltweit nahezu in Echtzeit Daten jeglicher Art und jeglicher Menge auszutauschen, nicht nur Texte und Audiodateien, sondern auch Videodateien, komplette Computerprogramme und deren Updates und sogar Telefonie und Videotelefonie (z.B. *Skype)*, um nur einige Anwendungen zu nennen.

Ab 2004 wuchsen die *Social-Media*-Plattformen (Facebook, Twitter, Instagram und andere) zu speziellen Netzwerken von ungeahnten Dimensionen heran: Die Zahl der Nutzer stand im Juli 2019 weltweit bei mehr als 3,5 Milliarden. Das bedeutet: Fast die Hälfte der Weltbevölkerung nimmt daran teil!

Zu den Massenmedien kann auch die 2001 begründete, gratis

benutzbare Website *Wikipedia* gezählt werden, eine ständig aktualisierte Enzyklopädie, die zu einer Fülle von Wissensgebieten detaillierte Auskunft gibt. Im Januar 2019 bot sie mehr als 49,3 Millionen Artikel in annähernd 300 Sprachen.

Insgesamt ist ohne Übertreibung festzustellen, dass heute der größte Teil der Menschheit in der einen oder anderen Weise in das *World Wide Web* eingebunden ist, teils kommerziell und beruflich, teils privat. Es scheint sich zu bestätigen, was Fachleute immer wieder raunten: Das Internet hat zu der größten Umwälzung des Informationswesens seit der Erfindung des Buchdrucks geführt. Man darf von einer Revolution sprechen.

Das Smartphone

Ihren (einstweiligen) Gipfelpunkt erreichte diese Revolution am 9. Januar 2007. An diesem Tag stellte Steve Jobs, der Chef des Computerherstellers Apple, der Öffentlichkeit das neueste Produkt seiner Firma vor: das «iPhone». Entgegen den Usancen der Wirtschaft, jedes neue Erzeugnis in den höchsten Tönen zu loben, stellte Jobs nüchtern fest: «Today Apple is going to reinvent the phone.»[12] Und er behielt recht: Dieses Smartphone war technisch gesehen ein Wunderwerk. Die Grundausstattung umfasste bereits ein Musikabspielgerät *(iPod)*, Telefon, Internet und E-Mail. Durch weitere schon eingebaute oder später herunterladbare Apps konnten Medien wie Fernsehen, Spielfilme, Computerspiele, eine leistungsfähige Kamera, GPS-Navigation und tausenderlei andere Funktionen hinzugefügt werden.[13]

Kurzum: Sämtliche gängigen Digitalmedien waren hier in einem einzigen Gerät vereinigt und ließen sich durch eine neu entwickelte berührungsempfindliche Bildschirmoberfläche

(Touchscreen) genial einfach dirigieren. Noch dazu war das Gerät leicht und formschön, passte in jede Hosentasche und verführte als ständiger Begleiter im Alltag zur Dauernutzung. Bis November 2018 hatte Apple davon mehr als 2,2 Milliarden verkauft, in immer wieder neuen Modellen und Variationen. Damit waren die Maßstäbe gesetzt für alle nachfolgenden Anbieter, wie etwa Samsung und Huawei, die nur durch vergleichbare Angebote auf dem boomenden Markt bestehen konnten.

Die Milliarden von Smartphones, die innerhalb von rund 10 Jahren weltweit von den drei Anbietern verkauft wurden (allein im Jahr 2018 waren es in Summe 1,4 Milliarden[14]) lassen erahnen, in welch gewaltigem Maße sich die Menschheit mit diesem Gerät verbunden hat. Kaum eingeführt, wurde es zum Lieblingsgerät der heutigen Welt.

Künstliche Intelligenz (KI)[15]

Im Zuge der Computerentwicklung entstand eine zweite Gattung von Computern, die inzwischen in immer mehr Bereichen zum Einsatz kommen. Im Gegensatz zu den herkömmlichen Rechnern, die den *logischen Strukturen* des Denkens nachgebildet sind, werden hier die *biologischen Vorgänge* imitiert, die im Gehirn beim Denken stattfinden (was zu der populären, aber sachlich falschen Meinung führte, diese Computer könnten «denken».) Nach dem Vorbild der neuronalen Netzwerke des menschlichen Gehirns bestehen sie aus elektronischen Netzwerken mit einer Vielzahl künstlicher Neurone, von denen jedes mit Hunderten anderen verschaltet ist.

Diese Netzwerke werden nicht mehr vom Menschen programmiert, sondern darauf trainiert, gewisse Aufgaben selbstständig erfüllen zu können. Eine Aufgabe kann z.B. sein, aus unzähligen Porträtfotos ein ganz bestimmtes Gesicht, das gesucht wird, herauszufinden. Millionen von Trainingseinheiten sind notwendig, bis das Netzwerk sich dem gesetzten Ziel angenähert hat.

Der springende Punkt dabei ist, dass diese «Künstliche Intelligenz» ihre Arbeit im Wesentlichen unabhängig vom Menschen verrichtet, indem sie ständig «dazulernt», womit suggeriert wird, es handele sich um einen kognitiven Vorgang. Edwin Hübner schreibt dazu:

«In ein neuronales Netz ist zwar außerordentlich viel menschliche Intelligenz eingeflossen, aber sie ist in ihm erstarrt. Ein neuronales Netzwerk besitzt deshalb keine eigenständige Intelligenz. Es ist weder dumm noch klug, noch entscheidet es irgendetwas, das sind schlichtweg Begriffe, die auf dieses Gerät nicht anwendbar sind. Eine Mausefalle ist auch nicht klug, nur weil sie genau dann zuschnappt, wenn die Maus den Käse frisst. Die sogenannte Künstliche Intelligenz ist zwar durch menschliches Denken intelligent gemacht, aber sie denkt nicht selbst.»[16]

Ein böses Erwachen

Es ist nicht zu verkennen: Über alle Erdteile hinweg wurde die «schöne neue Welt» der Medien freudig begrüßt und dauerhaft in den Alltag integriert. Ein Leben ohne die unerschöpfliche Fülle der abrufbaren Informationen, der Spiel- und Unterhaltungsmöglichkeiten, aber auch der Gesprächsforen in den *Social Media,* konnten sich die meisten schon bald nicht mehr vorstellen. Dazu kamen zahllose Annehmlichkeiten, wie z.B. sich von dem Universalgerät Smartphone navigieren zu lassen, Schnappschüsse oder Videos sofort an Freunde und Verwandte zu schicken, statt Fahrkarten und Kreditkarten einfach das Handy vorzuzeigen – das und vieles mehr trug und trägt dazu bei, das Publikum bei Laune zu halten.

Zwar gab es im Laufe der Jahre immer wieder einzelne Wissenschaftler, Pädagogen, Ärzte und engagierte Gruppen, die mit guten Gründen vor gefährlichen Fehlentwicklungen warnten. Doch sie wurden in der Regel als weltfremde Spinner abgetan, als Fortschrittsbremser und Technikfeinde diffamiert oder als naive Gesundheitsapostel verspottet. Wenn hingegen deren Argumente in den sozialen Netzwerken anfingen Gehör zu finden, dann wussten große Konzerne ihre Interessen zu schützen, indem sie die öffentliche Meinungsbildung auf vielerlei Weise manipulierten und die Kritiker damit niederbügelten – und schon war die hochglanzpolierte Oberfläche der schönen neuen Welt wieder hergestellt.

Dieser Zustand währte viele Jahre lang. Das Blatt begann sich erst zu wenden, als der Amerikaner Edward Snowden, ein ehemaliger CIA-Mitarbeiter, nach seiner Flucht nach Hongkong im Sommer 2013 hochgeheime Dokumente des US-Geheimdienstes NSA veröffentlichte, zu denen er als IT-Mitarbeiter in einem NSA-Büro auf Hawaii Zugang gehabt hatte. Daraus erfuhr die Öffentlichkeit erstmals von den amerikanischen und britischen Geheimdienstprogrammen zur Überwachung der gesamten weltweiten Internetkommunikation. Das Ausmaß der Spionagepraktiken, das Snowden mit reichem Datenmaterial belegen konnte, war für die Öffentlichkeit schockierend. Gleichwohl blieben die Reaktionen der internationalen Politik außer in Deutschland sehr verhalten.

Und doch: Das Misstrauen war geweckt, der wunde Punkt erkannt, und so versprachen die Konzerne Google, Microsoft und Apple neue Verschlüsselungstechniken, um die Daten ihrer Kunden besser zu schützen. Das aber war ein scheinheiliges Manöver, um von der eigenen Spionage abzulenken. Denn diese drei digitalen Großkonzerne verdienen ihr Geld – wie viele andere Firmen auch – mit Werbung. Genauer gesagt: mit personalisierter Werbung, die auf den einzelnen Kunden und seine speziellen Bedürfnisse abgestimmt ist. Dazu brauchen die Konzerne jede Menge Daten zum Kaufverhalten etc., und die holen sie sich vom Smartphone des Nutzers, ohne dass er es merkt.

Überwachungskapitalismus und Enteignung der Menschenrechte

Wie das in der Praxis konkret abläuft, demonstrierte die *Süddeutsche Zeitung* (SZ) 2019 durch ein kleines Experiment: Eine Münchnerin (Tarnname: Maria Brandl) erlaubte dem Team der SZ, einen Tag lang den Datenverkehr ihres ganz normalen Smartphones mitzulesen, zu speichern und zu analysieren. Beobachtet wurde vor allem, wie viele Informationen von dem Smartphone ständig an Empfänger im Hintergrund abflossen und an welche und wie diese Informationen zu Geld gemacht wurden. Hier zwei Beispiele aus dem Bericht:[17]

«In der App von Tchibo sieht Maria Brandl sich Campingzubehör an. Von diesem Interesse erfährt in diesem Moment aber nicht nur Tchibo. Die Information geht auch an Google. (...) In der Datenindustrie heißt dieser Vorgang ‹third party tracking›, Dritte verfolgen, was Menschen online so treiben. In diesem Falle ist dies der kalifornische Konzern. Er betreibt den Analysedienst Google Analytics. Millionen Websites und Apps integrieren diesen Dienst. Er ermöglicht es ihnen, nachzuvollziehen, worauf ein Nutzer klickt, wie lange er in der Anwendung bleibt, und vieles mehr. (...) Auch Adjust, ein Berliner Unternehmen, erfährt von Brandls Camping-Vorlieben. Dabei bleibt es nicht. Adjust und Google erhalten zudem eine Nummer, die die Münchnerin eindeutig identifiziert, vergleichbar mit einer Steuernummer. Die Analyse des Datenverkehrs von Maria Brandls Smartphone ergab, dass die meisten ihrer Apps diese Nummer auslesen und übertragen.»

Maria Brandl sieht sich in einem Onlineshop für Naturkosmetik um, klickt auf ein Shampoo. Ihre Bewegungen auf der Seite werden im Hintergrund beobachtet – von Facebook, Google und einem Dienst namens Hotjar. Hotjar kann aufzeichnen, wie sie sich auf der Website verhält, worauf sie tippt, sogar welche Bewegungen ihr Finger auf dem Bildschirm macht. Der Betreiber des Onlineshops kann dann eine Art Video ansehen, wie sich seine Kunden durch den digitalen Laden bewegen. Die Kunden erfahren davon nichts.

Die SZ zitierte dazu die ehemalige Harvard-Professorin Shoshana Zuboff. Sie prägte für dieses Geschäftsmodell den Begriff des «Überwachungskapitalismus», der einer «parasitären ökonomischen Logik» folge und zu einer «Enteignung kritischer Menschenrechte» führe. Die SZ gab abschließend zu bedenken: «Das Problem ist nur: Dieses System hat den Alltag von Millionen Menschen durchdrungen, weil seine Dienste das Leben leichter machen.» Wie sich das Problem lösen ließe, dazu schwieg der Berichterstatter.

Internetnutzer in der Skinner-Box

Das Geschäftsmodell der Firma Facebook erwies sich auch noch in einer anderen Hinsicht als ethisch fragwürdig, um nicht zu sagen: verwerflich. Sean Parker, Gründungspräsident der Firma, Start-up-Investor und enger Berater von Mark Zuckerberg in der Anfangszeit, erklärte im November 2017:

> «Die Motivation bei der Entwicklung der frühen Applikationen – und Facebook war die erste – war: Wie können wir so viel Zeit und Aufmerksamkeit der Nutzer wie möglich bekommen. Das bedeutete, dass wir einen regelmäßigen Dopaminausstoß triggern mussten, weil jemand ein Bild oder Post likte oder kommentierte. Das führte dazu, dass mehr Leute mehr Content lieferten, die wiederum mehr Likes und Kommentare erzeugten. Facebook ist eine soziale Bestätigungsmaschine, genau die Sache, die ein Hacker wie ich entwerfen würde, weil es sich die Verletzlichkeit der menschlichen Psyche zunutze macht. Die Erfinder – ich, Mark Zuckerberg und Kevin Systrom bei Instagram – haben das verstanden. Und wir haben es trotzdem gemacht. (…) Nur Gott weiß, was es mit den Gehirnen unserer Kinder anrichtet.»[18]

Einen Monat später bekannte Chamath Palihapitiya, der ab 2007 verantwortlicher Manager für das *Nutzerwachstum* des sozialen Netzwerks war, dass er durch seine Beteiligung «unendliche Schuld» auf sich geladen habe. Er warf Facebook vor, das menschliche Verlangen nach Feedback und Bestätigung auszubeuten. Die durch die eingebauten «Likes» erzeugte Dopaminausschüttung im Gehirn bringe die Nutzer dazu, immer wieder und wieder diese Bestätigung zu suchen und dabei den Bezug zur Realität zu verlieren. Das Funktionieren der Gesellschaft werde zerstört, denn durch die Pseudo-Interaktion auf die geposteten Inhalte finde kein ziviler Diskurs und keine Kooperation mehr statt; stattdessen dominierten Falschinformation und Unwahrheiten. «Wenn du das Biest fütterst, wird es dich zerstören.» Er habe seinen Kindern verboten, «diesen Scheiß» zu benutzen.[19]

Es hätte dieser freimütigen Selbstbezichtigungen nicht bedurft, um schon längst zu wissen, dass alle privaten Anbieter im Medienbereich wegen der unverzichtbaren Werbeeinnahmen existenziell darauf angewiesen sind, mit ihren Angeboten den Nutzer möglichst lange am Bildschirm festzuhalten, und dass sie dafür alle erdenklichen Tricks einsetzen. Solange zwischen Nutzer und Bildschirm keine Interaktion möglich war, kam es auf die Musik und starke Bildeindrücke an, z.B. durch Aggression und Sex. Sobald aber die fortgeschrittene Computertechnik die Interaktion möglich machte, konnten die Produzenten weit wirksamere Mittel einsetzen, um den Nutzer an sich zu binden. Eines davon sind die oben angedeuteten Feedback-Schleifen, die das dopamingesteuerte «Belohnungssystem» im Gehirn stimulieren. Der bei ehrlicher Selbstbeobachtung schon früher spürbare Sog des Bildschirms, dem man nur schwer widersteht, wurde dadurch auf eine neue Stufe gehoben, die tief in die Physiologie des Gehirns eingreift und nichts Geringeres darstellt als eine Konditionierung zur Sucht, ohne dass der Nutzer dazu sein Einverständnis gegeben hätte. Absichtliche Förderung einer Sucht bedeutet aber de facto Freiheitsberaubung, und sie ist umso heimtückischer, als der Nutzer sich dessen gar nicht bewusst ist, sondern sich im Gegenteil für völlig frei und unbeeinflusst hält.

Während des Siegeszugs der elektronischen Medien nach 1945 wurde deren Suchtpotenzial vehement bestritten und als Panikmache gebrandmarkt. Nach der Jahrtausendwende indessen waren die aufkommenden Suchtphänomene nicht mehr zu leugnen, und ab etwa 2015 richtete auch das Bundesministerium für Gesundheit seinen Fokus darauf. In seinem Bericht hieß es damals noch vorsichtig: «Viele Jugendliche und Erwachsene zeigen bereits heute Anzeichen einer Medienabhängigkeit. Computerspielsucht oder Internetabhängigkeiten werden zunehmend thematisiert.»[20] Zwei Jahre später lautete der Bericht:

> «Die Zahlen internetabhängiger Jugendlicher und junger Erwachsener steigen rasant – mittlerweile gehen Experten von etwa 600.000 Internetabhängigen und 2,5 Millionen problematischen Nutzern in Deutschland aus.»[21]

Gleichzeitig ergab eine Online-Studie von ARD und ZDF, dass in Deutschland 90 Prozent der Gesamtbevölkerung täglich das Internet nutzen, wobei die Altersgruppe 12 bis 25 Jahre im Schnitt pro Woche 22 Stunden online unterwegs sei.[22] 2018 wurde die Computerspielsucht von der Weltgesundheitsorganisation WHO in die *Internationale Klassifikation der Krankheiten* (ICD) aufgenommen. 2019 folgte die Online-Spielsucht, mit weiteren Einträgen ist zu rechnen.

Allerdings ist es nicht so, dass sich die Öffentlichkeit von solchen Nachrichten sonderlich beeindruckt gezeigt hätte. Unbehelligt von Protesten pries beispielsweise im Silicon Valley das Startup *Dopamine Labs* noch Ende 2017 seine neue Software an mit dem Satz: «Macht Ihre App noch suchterzeugender.»[23] Das Produkt war nach *B. F. Skinner* benannt, jenem berühmten Forscher, dem es gelungen war, in einem speziellen Käfig (genannt *Skinner-Box*) Ratten durch Futterbelohnung zu einem bestimmten Verhalten zu konditionieren. – Menschen wie Ratten ködern und dressieren, um sie dann auszubeuten? Drastischer hätte der Hohn auf jegliche Humanität kaum mehr ausfallen können.

Dieses Menschenbild erinnert fatal an den Zukunftsroman *Brave New World*, in welchem Aldous Huxley 1932 eine durch und durch konditionierte Gesellschaft beschrieb, in der es im Jahre 2540 n. Chr. kein kritisches Denken und keine Entscheidungsfreiheit mehr gibt. Sind wir im 21. Jahrhundert mit unserer «schönen neuen Welt» schon auf dem Wege dorthin?

Milliarden Menschen in den Fängen der Suchtmaschinen

Adam Alter, seines Zeichens Professor für Marketing an der Stern School of Business der New York University, ist in den USA als Bestsellerautor bekannt. Er hat 2017 ein Buch herausgebracht (2018 auf Deutsch erschienen), das nüchtern und schonungslos die Situation beleuchtet, in die sich die moderne Menschheit manövriert hat. Aus seinen aufschlussreichen Recherchen in den USA sollen hier einige Passagen wiedergegeben werden, in denen u.a. auch führende Köpfe des Silicon Valley zu Wort kommen:

‹Walter Isaacson, der während der Recherchen zu seiner Steve-Jobs-Biografie oft mit Jobs' Familie zu Abend saß, verriet Bilton: ‹Ich habe die Kinder nie mit einem iPad oder einem Computer gesehen. Sie wirkten von technischen Geräten jeder Art ganz und gar unbeeindruckt.› Es schien so, als würden die Menschen, die Hightech-Produkte herstellen, die Grundregel aller Drogendealer beherzigen: *Never get high on your own supply* (so Michelle Pfeiffer in *Scarface* – Nimm nie selbst die Drogen, die du verkaufst.) (...) Viele Experten, sowohl innerhalb als auch außerhalb der Hightech-Welt, haben ähnliche Entscheidungen getroffen. Mehrere Spieledesigner erzählten mir, sie würden das extrem schnell süchtig machende Online-Spiel *World of Warcraft* tunlichst vermeiden. (S. 10)

Greg Hochmuth, einer der Instagram-Gründer, begriff schnell, dass er eine Suchtmaschine baute. ‹Immer findet man einen weiteren Hashtag, auf den man klicken könnte›, sagte Hochmuth. ‹Und dann entwickelt sich wie bei einem Organismus ein hashtaggetriebenes Eigenleben, das Menschen obsessiv macht.› Instagram ist, wie so viele Social-Media-Plattformen, bodenlos. Die Timeline von

Facebook ist endlos; Netflix startet die nächste Folge einer Serie automatisch; Tinder ermutigt seine Nutzer, auf der Suche nach immer besseren Partner-Optionen weiterzuklicken. Nutzer profitieren zwar von diesen Apps und Websites, tun sich aber schwer damit, sie nur in Maßen zu benutzen. Der ‹Design-Ethiker› Tristan Harris glaubt, dies liege nicht an mangelnder Willenskraft, doch kämpfe man gegen ‹ein ganzes Heer auf der anderen Seite des Bildschirms, dessen Job einzig darin besteht, jegliche Selbstdisziplin zu unterminieren›. (S. 11)

Die Leute, die Hightech-Geräte, Computerspiele und interaktive Erlebnisse entwickeln und verfeinern, sind sehr gut in dem, was sie tun. Sie führen Tausende Tests mit Millionen von Nutzern durch, nur um herauszufinden, welche Feinjustierungen gut funktionieren und welche nicht – welche Hintergrundfarben, Schrifttypen und Töne maximale Hingabe bei minimaler Frustration versprechen. Wird eine solche Erfahrung immer weiterentwickelt, entsteht schließlich eine unwiderstehliche, hochexplosive Version jener Erfahrung, die sie einst war. 2004 war Facebook Spaß, 2016 ist das Netzwerk eine Droge. (S. 13)

Die meisten Menschen verbringen zwischen einer und vier Stunden täglich an ihrem Smartphone – doch viele weitaus mehr Zeit. Es handelt sich hier also nicht um das Problem einer Minderheit. (...) Sie verbringen im Schnitt ein Viertel ihrer Wachzeit mit ihren Telefonen – so viel wie sonst mit keiner der täglichen Routinen, Schlafen einmal ausgenommen. Jeden Monat gehen fast hundert Stunden für E-Mails-Checken, SMS-Schreiben, Spiele-Spielen, im Internet surfen, das Lesen von Nachrichten, Überprüfen von Bankkonten und so weiter verloren. Bei durchschnittlicher Lebenserwartung addiert sich dies auf niederschmetternde *elf Jahre*. Im Schnitt nahmen sie ihr Telefon etwa dreimal pro Stunde in die Hand. Diese Form der extremen Nutzung ist so verbreitet, dass Forscher den Begriff der ‹Nomophobie› geprägt haben: der Angst, ohne Mobiltelefon dazustehen (nach der Abkürzung für *no-mobile-phobia*). Smartphones stehlen unsere Zeit, und schon ihre reine Gegenwart ist schädlich.» (S. 22f.)

Was ist der Preis, den ich zu zahlen habe?

Das sind erschreckende Fakten, die uns erkennen lassen: Wir sind offenbar nicht klüger geworden, als es die Trojaner vor drei Jahrtausenden waren, die alle Warnungen in den Wind schlugen und siegesberauscht das verderbenbringende hölzerne Pferd in ihre Stadt zogen. Auch bei uns fehlte es nicht an ernst zu nehmenden Warnungen, und doch wurde die «schöne neue Welt» der Medien gefeiert und bedenkenlos in den privaten Alltag aufgenommen. Anders als in Troja tötet sie nicht, bedroht aber die seelische Gesundheit von Millionen Menschen und könnte sogar, wie es der Facebook-Manager Chamath Palihapitiya schon andeutete, den Zusammenhalt unserer Gesellschaft zerstören.

Was in der Antike das Trojanische Pferd symbolisierte, nämlich das tragische Verkennen einer tödlichen Gefahr, das wurde Jahrtausende später zum Eingangsmotiv einer Dichtung, die uns Heutigen geradezu auf den Leib geschrieben zu sein scheint. Auch in diesem Werk hängt das Wohl oder Wehe des Menschen von dem rechtzeitigen Erkennen oder Verkennen der feindlichen Macht ab. Die Rede ist von Goethes *Faust*, dem Menschheitsdrama der Neuzeit schlechthin. Mephisto versucht dort, Faust zu ködern mit dem untertänigsten Angebot, ihm auf der Stelle jede erdenkliche Annehmlichkeit, jedes ersehnte Abenteuer und jedes irdische Glück herbeizuschaffen. Faust aber, obwohl noch ein Bürger des Mittelalters, bekreuzigt sich nicht gegen den Versucher und lehnt einfach ab, sondern stellt die entscheidende Frage, die auch der Mensch des 20. Jahrhunderts unbedingt hätte stellen müssen: Was ist der Preis, den ich dafür zu zahlen habe?

Mephisto vermeidet eine klare Antwort und versucht den Anschein zu erwecken, dass alles kostenlos sei, trifft aber bei Faust auf einen erfahrenen Forscher, der hinter dem sinnlichen Schein der Gestalt, die vor ihm steht, dessen übersinnliche Realität erkennt. Auf sein Drängen muss Mephisto zugeben, dass doch ein Preis zu zahlen ist: Er verlangt Fausts Seele nach dem Tode. Das unvergängliche Selbst des freien Menschen soll also eingetauscht werden gegen flüchtige irdische Genüsse.

Hochbedeutsam ist nun die Tatsache, dass Faust nicht bereit ist, diesen Preis zu zahlen, gleichwohl aber nicht auf Mephistos Dienste verzichten möchte. Entgegen der mittelalterlichen Tradition wählt er daher einen völlig neuen, unerhörten Weg: Er schließt keinen Vertrag mit Mephisto, sondern eine Wette, deren Ausgang bis zum Tode offenbleibt. Und worum wird gewettet? Um die Fähigkeit des Menschen, ständig in Entwicklung zu sein, immer wieder neue Schritte zu höheren Zielen zu gehen, ohne sich auf dem Erreichten auszuruhen. Faust geht also dem Bösen nicht aus dem Wege, sondern lässt sich auf ein lebenslanges Ringen mit ihm ein, bei dem er sein Menschsein nur dadurch retten kann, dass er sich selbst ständig weiterentwickelt.

Darin dürfte der entscheidende Wink liegen für den modernen Menschen, der mit den Gegenmächten zu ringen hat. Denn es geht nicht um Technikfeindlichkeit, sondern um die begründete Sorge, dass uns die Autonomie und die Freiheit des Individuums abhandenkommen. Die entscheidende Frage lautet: Sind wir noch Herr über das von uns selbst geschaffene digitale Reich? Oder ergeht es uns wie Goethes Zauberlehrling, der die Geister, die er rief, nicht zu beherrschen weiß und in die Katastrophe stolpert? Wo soll der «alte Meister», der in Goethes Gedicht in höchster Not die Rettung bringt, heute zu finden sein, falls die Träume vom Achten Schöpfungstag platzen?

3. Die unauflösliche Ambivalenz digitaler Medien

Die höchst fragwürdigen Geschäftspraktiken der Medienkonzerne, von denen im vorigen Kapitel berichtet wurde, hätten noch vor wenigen Jahrzehnten als schlechthin unannehmbar gegolten, ja als Gräuelmärchen. Heute sind sie Wirklichkeit geworden, ohne dass ein Entrüstungssturm ausgebrochen wäre, der dem Treiben Einhalt geboten hätte. Obwohl die Tatsachen allgemein bekannt sind, reagieren die meisten darauf noch immer mit einem Schulterzucken. Wie kann es sein, dass eine sonst so protestfreudige Bevölkerung das eigentlich Unannehmbare lethargisch in Kauf nimmt statt dagegen vorzugehen?

Verbal wird wohl niemand die Auswüchse des skrupellosen Gewinnstrebens der Medienkonzerne gutheißen, und doch ist kein ernsthafter Widerstand in Sicht, weil das System den Alltag der Menschen bereits voll durchdrungen hat, sprich: niemand möchte auf die Leistungen seiner Hightech-Geräte verzichten, auf all den Komfort und Service, der so selbstverständlich geworden ist wie die Waschmaschine und das Auto. Wie also soll man sich verhalten?

Die Begeisterung für die «schöne neue Welt» der Medien ist einem eher zwiespältigen Gefühl gewichen. Man möchte nicht von ihr lassen, sieht sich aber genötigt, sich dafür zu rechtfertigen. In dieser verfahrenen Situation bietet sich der Ausweg an, dialektisch die Gegenfrage zu stellen, ob die Bedrohung überhaupt existiert. Das Argument lautet dann etwa so: Sind die Medien wirklich schlecht? Liegt die eigentliche Gefahr vielleicht gar nicht bei den Medien selbst, sondern bei den

Menschen, die mit ihnen nicht sachgerecht umzugehen wissen? Wird die Gefahr nicht unmäßig aufgebauscht?

Wer so argumentiert, erhält dann auch noch Schützenhilfe von angeblichen Experten, die der Öffentlichkeit und vor allem den besorgten Eltern kleiner Kinder predigen, die Medien seien weder gut noch schlecht, sondern ein ganz neutrales Instrument wie andere technische Geräte auch, man müsse nur vernünftig mit ihnen umgehen. Diese These wirkt auf verunsicherte Zeitgenossen ungemein beruhigend, weil sie suggeriert, dass die von den Medien ausgehenden Gefahren, wenn es sie denn gibt, grundsätzlich beherrschbar sind und folglich kein Anlass besteht, sich einzuschränken oder gar radikale Änderungen zu fordern. *Don't worry, be happy,* denkt sich da mancher und geht zur Tagesordnung über. Dass die meisten «Experten» in Wirklichkeit im Sinne oder sogar im Auftrag der Medienkonzerne handeln, trifft auf taube Ohren.

Der gutgläubige Nutzer wird zum «Nutzvieh»

Für Digitalkonzerne wie Facebook und Google, YouTube und Instagram könnte es keine bessere Tarnkappe geben als die These von der Neutralität der Medien. Sie verhindert, dass man ihnen in die Karten schaut und erkennt, wie der gutgläubige Nutzer zum Nutzvieh gemacht wird, aus dem man Gewinn ziehen kann.

Von früheren Medien wie Schallplattenspieler, Telefon oder Filmprojektor konnte man noch mit einem gewissen Recht sagen, sie seien neutrale Vermittler von Inhalten. Beim Fernsehen traf das wegen der unbemerkt bleibenden physiologischen Wirkungen auf den Organismus des Betrachters[24] schon nur noch bedingt zu, von der Gestaltung der Inhalte ganz abgesehen. Spätestens aber seit der Einführung digitalisierter Medien kann von Neutralität keine Rede mehr sein. Um das zu illustrieren, füge ich hier einen Ausschnitt aus einem bemerkenswerten Interview ein, das die *Süddeutsche Zeitung* (SZ) 2019 mit dem «Digitalaktivisten» *Aral Balkan* führte, der mit seiner Organisation «Small Technology Foundation» gegen das kommerziell geprägte Internet und seine Überwachungstechnik kämpft.[25]

«*Aral Balkan:* Wenn Sie früher eine Zeitung lasen, las die Zeitung nicht auch Sie. Wenn Sie fernsahen, sah der Fernseher nicht auch Sie. Das Internet hat das verändert. Wenn Sie heute auf YouTube ein Video anschauen, beobachtet YouTube Sie. Überwachung ist das Herz des Geschäftsmodells. Ich nenne es ‹people farming›.

SZ: Das klingt nach Landwirtschaft. Was verstehen Sie darunter?

Aral Balkan: Es ist wie in landwirtschaftlichen Betrieben, nur für Menschen. Wir sind das Nutzvieh, wir werden bewirtschaftet. Google und Facebook beackern uns und extrahieren Informationen aus uns, während wir uns mit ihren funkelnden Spielzeugen beschäftigen. Diese Unternehmen überwachen alles, was Sie im Netz tun. Wenn Sie eine Webseite besuchen, die einen Like-Button von Facebook eingebaut hat, trackt Facebook Ihr Verhalten. Wenn irgendetwas von Google – etwa ein YouTube-Video – in eine Website eingebaut ist, trackt Google Sie damit. Auch dank seines Analytic-Programms, das viele Webseiten verwenden, hat Google 70 bis 80 Prozent des Webs im Blick. Die Tech-Konzerne kombinieren diese Daten mit anderen, zum Beispiel denen von Datenbrokern, die jedes Mal Informationen bekommen, wenn Sie Ihre Kreditkarte in der Apotheke an der Ecke benutzen. Und bald kommen noch Daten aus der ‹smarten Stadt› hinzu. Auch da hängt Google mit drin.

SZ: Was machen die Unternehmen mit den so erstellten Profilen der Menschen?

Aral Balkan: Sie wollen eine Simulation unseres Selbst besitzen, einen digitalen Zwilling von jedem. So ein Profil ist nicht statisch. Es verändert sich ständig, wird dauernd von Algorithmen analysiert. Damit verdienen die Unternehmen das Geld. Den Zugang dazu vermieten sie an ihre echten Kunden. Denn vergessen Sie nicht, dass Sie nicht deren ‹Kunde› sind. Sie sind deren ‹User›. Die einzige andere Branche, in der das Wort [*user* RP] im Englischen noch verwendet wird, ist die des Drogenhandels.

SZ: Aber die Apps sind äußerst beliebt, Millionen Menschen benutzen sie freiwillig.

Aral Balkan: Das liegt daran, dass wir Programmierer keine Werkzeuge bauen, sondern Fallen. Die Produkte machen süchtig. Denn nur wenn die Menschen sie ständig nutzen, fallen weiter Daten an, die abgebaut werden können. Google muss hart dafür arbeiten, dass YouTube-Zuschauer nicht merken, dass YouTube zurückschaut. Sie müssen jedes Mal zwei Produkte bauen: Eines, das Menschen jeden Tag nutzen, sie vielleicht sogar süchtig macht. Und eines, das Menschen überwacht, wofür das Unternehmen seine Kunden zahlen lässt.»

Wer die zitierten Ausführungen von Aral Balkan verallgemeinert, könnte zu dem Schluss kommen, digitale Medien seien grundsätzlich kein neutrales Werkzeug, sondern Suchtfallen, die den Nutzer ungewollt zum Datenlieferanten degradieren. In dieser Allgemeingültigkeit jedoch trifft die These nicht die volle Wirklichkeit und wäre auch nicht im Sinne von Aral Balkan, denn sein antizyklisches Bemühen gilt ja dem Ziel, Programme zu kreieren, die dem Nutzer einen Service bieten, ohne ihn seiner Menschenrechte zu berauben. Die Wurzel des Problems sieht er in der *Kommerzialisierung* des Internets, die eine kaum beherrschbare Eigendynamik entfaltet und folgerichtig zur Ausbeutung der Nutzer führt. Er schließt damit nicht aus, dass es auch Möglichkeiten geben kann, die Technik in einer menschenwürdigen, positiven Weise zu entwickeln. Inwieweit das gelingt, ist eine offene Frage. Immerhin aber sind positive Anwendungen möglich, wie sich schon beim Fernsehen andeutete. Auch beim Smartphone ist das zu beobachten.

Die lichte Seite des Smartphones: Werkzeug weltweiter Protestkultur

Noch nie hat sich der Mensch mit einem elektronischen Medium so rund um die Uhr und vor allem so hautnah verbunden wie mit dem Smartphone. Etwas wie eine Symbiose ist entstanden: Wird das Haus verlassen, steckt das schmeichelnd glatte, allzeit dienstbereite Gerät in irgendeiner Hosen- oder Westentasche bzw. bei den Damen in der Handtasche, und es wird unterwegs bei jeder sich bietenden Gelegenheit gezückt. Nach Hause zurückgekehrt, legt man es keineswegs beiseite, sondern hält es immer griffbereit, und sogar auf manchem Nachttisch findet es seinen Platz.

Bei einer so engen Bindung ist es verständlich, dass dieses Gerät hartnäckig gegen jegliche Kritik verteidigt wird. Ein ganzes Arsenal von Argumenten wird aufgefahren, um zu beweisen, dass das Smartphone ein überaus nützliches, ja sogar unentbehrliches Instrument ist. Und in der Tat, das ist es – vor allem in den Fällen, in denen man auf die Hilfe anderer angewiesen ist. Manch ein im Hochgebirge verunglückter oder verirrter

Kletterer oder Wanderer verdankte schon sein Leben der Tatsache, dass er in der Not die Bergwacht oder andere Retter herbeirufen konnte. Ebenso hilfreich ist das Gerät bei schweren Unfällen im Straßenverkehr, bei der Suche nach Vermissten, bei drohenden Naturkatastrophen usw.

Seine Feuerprobe aber hat das Smartphone auf einer ganz anderen, übergeordneten Ebene des menschlichen Zusammenlebens erfahren, nämlich im Bereich der Politik. In den letzten Jahren und ganz besonders 2019 gingen weltweit Massen von Menschen auf die Straße, um gegen unerträgliche Zustände zu protestieren: gegen den Klimawandel, gegen korrupte Regierungen, gegen Wahlfälschung, Aushöhlung der Demokratie, soziale Ungleichheit, extreme Preiserhöhungen und wirtschaftliche Not. Ein wichtiger Faktor war dabei der steigende Anteil junger Menschen, denn sie nutzen die neuen Formen der Kommunikation. Durch die sozialen Medien haben sie die Möglichkeit, in Sekundenschnelle Millionen von Menschen zu erreichen, und das hat das Tempo der Protestbewegungen wie ein Brandsatz beschleunigt. Was früher undenkbar gewesen wäre, trat ein; innerhalb von Stunden konnten sie ganze Länder in den Ausnahmezustand stürzen. Besonders eindrücklich zeigte sich das in dem monatelangen Kampf der Bevölkerung in Hongkong. Dazu hier ein Auszug aus einem Zeitungsbericht vom Ende des Jahres 2019:

«In Hongkong trotzen die Menschen seit Monaten dem massiven Polizeieinsatz. Die Aktivisten, die mehr Freiheit und Demokratie in der chinesischen Sonderverwaltungszone fordern, tauchen meist in einem Stadtviertel auf, blockieren die Straßen und verschwinden, wenn die Polizei zugreift. Sei wie Wasser, sagen die Demonstranten. Dabei folgen sie vor allem einem Strom: dem der Daten. Während die Behörden bei Protestmärschen regelmäßig den U-Bahn-

Verkehr lahmlegen, organisieren sich die Demonstranten im Netz. Ihr wichtigstes Werkzeug: das Smartphone.

Ihr langer Atem, ihre Widerstandskraft gegen die Wut Pekings erklären sich zum großen Teil durch die neuen technologischen Möglichkeiten. Da politischen Anführern Verhaftung und Verfolgung drohen, ist die Bewegung gesichtslos. Strategieentscheidungen werden nicht in Versammlungen getroffen, sondern anonym und von Hunderttausenden im Netz. Dafür organisieren sie sich in Chatgruppen auf dem verschlüsselten Messenger Telegram und in Diskussionsforen wie LIHGK. (...) Sie setzen Verschlüsselungssoftware gegen die Ausspähung im Netz ein, Regenschirme und Masken gegen die Kameras auf der Straße. Um Zensur zu verhindern, hat die Bewegung Airdrop genutzt, eine Apple-Technologie zum drahtlosen Übertragen von Daten. Da bei Massenveranstaltungen das Netz häufig zusammenbricht, kommunizieren die Demonstranten über diese Funktion, die keine Netzverbindung braucht.»[26]

Auch wenn dieser Bericht rückblickend, im Abstand von einem Jahr, eine bittere Note bekommen hat, da die chinesische Zentralregierung mittlerweile die Freiheitsbestrebungen der Hongkonger Aktivisten weitgehend niedergeschlagen hat und die ehemalige britische Kolonie mehr und mehr in das totale chinesische Überwachungssystem zwingt, dürfen wir im Blick auf solche Protestbewegungen dennoch allgemein feststellen: Das Smartphone kann ein hochwirksames Werkzeug sein für den Kampf ganzer Völker gegen Unterdrückung und Ungerechtigkeit, gegen Machtmissbrauch und Korruption und für die Rechte des Individuums. Die 1789 erstmals propagierten allgemeinen Menschenrechte Freiheit, Gleichheit, Brüderlichkeit wurden mit seiner Hilfe zum leuchtenden Stern einer wieder erwachenden allgemein-menschheitlichen Bewegung.

Neu hinzugekommen ist durch den weltweiten Jugendprotest *Fridays for Future* die Forderung, den Klimawandel zu stoppen und für den Erhalt unserer natürlichen Lebensgrundlagen zu sorgen, oder anders gewendet, die zerstörerische Kraft des wirtschaftlichen Egoismus zu überwinden. Ein geradezu idealischer Zug wehte – und weht – durch die Proteste, befeuert durch ein kleines elektronisches Gerät, mit dem der Einzelne seine Stimme in den Chor Hunderttausender einbringen kann und so seine Ohnmacht überwindet.

Die dunkle Seite des Smartphones: Das Ich im elektronischen Kokon

Bedenkt man die in Kapitel 2 ausgeführten Machenschaften der Geheimdienste und der großen Digitalkonzerne, die im Hintergrund ihren fragwürdigen Zwecken nachgehen, so könnte der Kontrast kaum größer sein zu den soeben angedeuteten positiven Möglichkeiten des Smartphones. Das bedrängende Problem dabei ist, dass der Mensch, indem er die lichte Seite des Smartphones für sich nutzt, sich zugleich auch der dunklen Seite aussetzt. Er kann nicht das eine ohne das andere haben, es sei denn, er würde konsequent das Smartphone ausschließlich zur Telekommunikation benutzen und auf den Komfort aller anderen Anwendungsmöglichkeiten verzichten. Aber warum sollte er das? Die positive Kraft des Instruments wird so stark erlebt, dass sie die negative Seite überdeckt, als sei sie nicht vorhanden. Und selbst wenn jemand den Verzicht tatsächlich realisieren wollte, wird er es bald nicht mehr können, denn das Smartphone ist schon jetzt auf dem besten Wege, nach und nach zum alleinigen Bestell- und Zahlungsmittel und zum alleinigen Verkehrsmedium mit Ämtern und öffentlichen Einrichtungen zu werden, sodass die traditionellen Wege vermutlich in absehbarer Zeit verschlossen sein werden.

Wie stark das Smartphone den Nutzer beeinflusst, selbst wenn er mit ganz anderem beschäftigt ist und das Gerät nur in seiner Nähe hat, beweist ein interessantes Experiment:[27]

«Schon allein die Präsenz eines Smartphones reduziert die Fähigkeiten zu denken und sich zu konzentrieren. Das haben Forscher an der University of Texas in Austin in einem Experiment herausgefunden. Die Wissenschaftler baten Testpersonen, an einer Reihe von computerbasierten Tests teilzunehmen, für die sie ihre volle Konzentration benötigten. Die Tests, so wurde es ihnen erklärt, dienten dazu, die Fähigkeiten des Hirns zu messen, sich Daten zu merken und sie zu verarbeiten. Per Zufallsauswahl wurden die Versuchspersonen dabei gebeten, ihr Smartphone mit dem Display nach unten auf den Tisch zu legen, in ihre Tasche zu stecken oder in einem anderen Raum abzulegen. Alle mussten das Telefon stumm schalten und Vibrationen abschalten. Das Ergebnis zeigt, dass die Personen, deren Handy in einem anderen Raum lag, signifikant besser bei den kognitiven Tests abschnitten als diejenigen, die ihr Smartphone auf dem Tisch liegen hatten, und auch etwas besser als diejenigen, die es in ihrer Tasche hatten.»[28]

Das Sphinx-Rätsel der Gegenwart

Das beunruhigende Ergebnis des Experiments deutet auf ein subtiles Suchtphänomen hin, von dem der Nutzer keinerlei Wahrnehmung hat, weil es unterhalb der Bewusstseinsschwelle bleibt. Das wirft die Frage auf: Wie ist es möglich, dass ein so geniales Instrument wie das Smartphone sehr wohl die menschliche Freiheit und Unabhängigkeit stärken und idealen Zwecken dienen kann, dasselbe Instrument aber allein schon durch seine Gegenwart auch das Gegenteil fördert, indem es den Menschen in seiner kognitiven Leistung schwächt, ihn von sich abhängig macht und somit in die Unfreiheit führt?

Immer mehr verdichtet sich das Rätsel, auf das wir in den vorangegangenen Abschnitten schon stießen: Digitale Technik, so konnten wir feststellen, führt nicht zwangsläufig zu negativen Effekten, sondern bietet auch bemerkenswerte Möglichkeiten für einen echten, uneingeschränkt positiv zu nennenden Fortschritt, für Chancen, die im wohlverstandenen Interesse der Menschheit zu nutzen wären. Man denke nur an die vielen segensreichen diagnostischen Geräte in der Medizin. Und doch erleben wir bedrängend viele Phänomene, bei denen die positiven Möglichkeiten der Technik trotz bester Absicht in ihr Gegenteil umschlagen. Woher rührt diese Ambivalenz? Und was können wir gegen sie tun?

Bei nüchterner Betrachtung müssen wir zugeben, dass wir vor einer Herausforderung stehen, der wir noch nicht gewachsen sind. Denn wie sollen wir gegensteuern, wenn wir nicht einmal die tieferen Ursachen für das Dilemma kennen?

Wir befinden uns in einer ähnlich irritierenden Lage wie die Menschen vor mehr als 2500 Jahren, die am Morgen des griechischen Zeitalters um die Lösung des Rätsels rangen, an dem ihre Zukunft hing. Ihr mythisches Bild für dieses Ringen hat seine spirituelle Wahrheit bis heute bewahrt: Auch vor uns taucht imaginativ das widersprüchliche, furchterregende Mischwesen auf, das weder Mensch noch Tier ist, sondern beides zugleich – ein Wächter an der Schwelle, der die Menschheit unerbittlich und geheimnisvoll vor eine unlösbar erscheinende Aufgabe stellt, verbunden mit dem Hinweis, dass wir sie unbedingt lösen müssen, wenn wir nicht ins Verderben rennen wollen.

Die Ohnmacht des überkommenen Denkens

Wie kommen wir der Lösung näher? Wir sollten uns vergegenwärtigen, was das Verbindende ist zwischen dem damaligen Sphinx-Rätsel und dem neuen Rätsel, das sich uns heute stellt. Damals ging es, wie in Kapitel 1 dargestellt, darum, sich von der seit Jahrtausenden gepflegten Intelligenz zu lösen, die wie selbstverständlich bestimmt war von der Verwandtschaft der eigenen Wesenheit mit dem ganzen Kosmos. Mit dem Verglimmen des alten Hellsehens, das hinter der sinnlichen Welt noch übersinnliche Kräfte und Wesenheiten wahrgenommen hatte, war diese Form der Intelligenz (die, wie wir aus der Archäologie wissen, eine gewaltige kulturschöpfende Kraft besaß) an ihr Ende gekommen. Sie musste sich verwandeln in eine ganz der Erde und dem eigenen Ich zugewandte Intelligenz abstrakter, bildloser Natur, und ebendie forderte die Sphinx mit ihrem radikalen Rätsel heraus.

Auch diese neue Intelligenz wurde kulturschaffend und legte die Grundlagen für das gesamte Abendland. Mehr als zweitausend Jahre später, am Beginn der Neuzeit, war sie an ihr Ziel gelangt und stand nun, wie Steiner es andeutet, vor einer erneuten, dieses Mal aber hochproblematischen Verwandlung: Sie entwickelt jetzt die Neigung, «nur das Falsche, den Irrtum, die Täuschung zu begreifen, und auszudenken nur das Böse».

Ebendiese beginnende Neigung springt uns aus den angesprochenen, rätselhaft ambivalenten Phänomenen der Digitaltechnik entgegen. Dabei ist zu beachten, dass Steiner vorsichtig von einer «Anlage» zum Bösewerden spricht. Es handelt sich also vorerst noch immer um die in der griechisch-römischen Epoche entwickelte Form der Intelligenz. Während der Antike und auch noch im Mittelalter war sie vor einem Abgleiten ins Negative geschützt, weil der Bezug zum Göttlichen nicht völlig verloren war und durch das ganze Mittelalter hindurch von der katholischen Kirche aufrechterhalten wurde. Die Scholastiker des Hochmittelalters trainierten ihr Denken unter dem Schirm der Kirche ausschließlich anhand theologischer Fragen und Problemstellungen, sodass sich nichts Egoistisches hineinmischen konnte.

Ihre methodisch sorgfältig abgesicherten Strukturen des diskursiven Denkens wurden von der neuzeitlichen Naturwissenschaft übernommen, jedoch losgelöst von jeglicher Religiosität. Wir bewegen uns also in gewisser Weise noch immer in der antiken Form der abstrakt-bildlosen Intelligenz, die perfekt beherrscht wird, und leise erst werden die Anzeichen des bevorstehenden Wandels zum Bösen sichtbar. Steiner formulierte das folgendermaßen:[29]

> «Die Menschheit ist heute in diesem Übergange. Wir können sagen: Gerade noch gelingt es den Menschen, wenn sie ihre Intelligenz anstrengen und nicht in sich ganz besonders wilde Instinkte tragen, nach dem Lichte des Guten etwas hinzuschauen. Aber diese menschliche Intelligenz wird immer mehr und mehr die Neigung bekommen, das Böse auszudenken und das Böse dem Menschen einzufügen im Moralischen, das Böse in der Erkenntnis, den Irrtum. (...) Diese Intelligenz wird eine Verwandtschaft eingehen mit den Kräften des Irrtums, der Täuschung und des Bösen. Das ist etwas, worüber sich die Menschheit eigentlich keiner Illusion hingeben sollte. Die Menschheit sollte unbefangen damit rechnen, dass sie sich zu schützen hat gegen die einseitige Entwicklung der Intelligenz.»

Ob Steiner das heute auch noch so vorsichtig formulieren würde? So viel ist sicher: Allein mit unserem diskursiven Denken, dessen Struktur in den Computer eingeflossen ist, werden wir das Rätsel nicht lösen, vor dem wir heute als ganze Menschheit stehen: Wie sollen wir zurechtkommen mit einer ins Böse abgleitenden Intelligenz, die unsere gesamte Kultur und Moralität in den Abgrund stürzen könnte? Wie können wir wirksame Gegengewichte schaffen, ohne uns in ein pedantisches Moralisieren zu verrennen?

Konfrontiert mit seinen eigenen Errungenschaften, erweist sich das überkommene Denken als machtlos. Offenbar muss etwas vollkommen Neues erworben werden. Schon Albert Einstein wusste: «*Probleme kann man niemals mit derselben Denkweise lösen, durch die sie entstanden sind.*»

Die Suche nach einem neuen Ansatz

Gefragt ist eine furchtlose Auseinandersetzung mit den Mächten des Irrtums und der Täuschung. Das kann damit beginnen, dass wir mit klarem Bewusstsein das Wirken der Akteure durchschauen, die unerkannt hinter der öffentlichen Meinungsbildung stehen. Ein Beispiel wurde schon genannt: die einlullende Behauptung, digitale Geräte seien völlig neutrale Instrumente. Wenn diejenigen, die das verbreiten, auch nur einen kleinen Einblick in die Produktion solcher Geräte haben, wissen sie sehr genau, dass ihre Behauptung eine glatte Lüge ist. Denn digitale Programme und Apps, die bereits mit der Absicht geschaffen wurden, durch sie aus dem Nutzer eine Fülle von Informationen herauszuholen, die sich zu Geld machen lassen, oder, schlimmer noch, den Nutzer in eine psychische Abhängigkeit zu bringen und auch daraus Gewinn zu ziehen – solche Angebote sind keine neutralen Werkzeuge, sondern eine bewusst gestellte «Falle» (Aral Balkan), in die der ahnungslose Nutzer tappen soll, um ihn heimlich ausbeuten zu können.

Dass dies keine böswillige Unterstellung ist, sondern ein millionenfach praktiziertes Faktum, lässt sich seit den oben zitierten Selbstbekenntnissen leitender Konzernvertreter nicht mehr ernsthaft bestreiten. Doch auch ohne sie wusste man längst: Die weltweit meistverkauften Computerspiele wie z.B. *World of Warcraft* oder *Fortnite* verdanken ihren überwältigenden Erfolg der Tatsache, dass sie mit aller Raffinesse darauf angelegt sind, die Spieler systematisch süchtig werden zu lassen. Zahllose Jugendliche haben das an sich selbst erfahren, ohne sich dagegen wehren zu können. Die Wirkung dieser nichtstofflichen «Droge» ist wie eine seelische Gefangennahme.

In die gleiche Richtung geht auch die Wirkung anderer digitaler Medien, wie Adam Alter 2017 in seinem Buch *Unwiderstehlich* feststellte:

«Eine neuere Studie weist darauf hin, dass bis zu 40 Prozent der Bevölkerung an der einen oder anderen Form einer internetbasierten Sucht leiden, sei es E-Mail, Online-Spiel oder Pornografie. Einer anderen Studie zufolge sind 48 Prozent der befragten US-Studenten ‹internetsüchtig› und weitere 40 Prozent standen an der Grenze zur Sucht oder waren potenziell gefährdet. Wenn sie über ihr Netzverhalten befragt wurden, bezogen sich die meisten Probanden auf negative Konsequenzen und erklärten, dass ihre Arbeit, ihre Beziehungen und ihr Familienleben ärmer seien, weil sie zu viel Zeit im Internet verbrachten.»[30]

Unter dem Titel «Wie ein Heroin-Junkie» zitierte Ende 2019 das Magazin *Der Spiegel* die Feststellung der Drogenbeauftragten der Bundesregierung, dass sich allein in Deutschland die Anzahl der Kinder und Jugendlichen mit «internetbezogenen Störungen» innerhalb von acht Jahren auf 270.000 verdoppelt habe.[31]

Wer solche Feststellungen nicht mit einem Schulterzucken abtun möchte, dem stellt sich die bange Frage: Wohin treibt diese Entwicklung? Wenn schon zehn Jahre nach der Einführung des iPhones die Mediensüchte derart epidemisch zugenommen haben – was ist dann erst für die Zukunft zu erwarten?

Eine epochale Herausforderung. Was tun?

Man könnte die Frage aber auch anders wenden: Handelt es sich wirklich um ein unabwendbares Schicksal, das die Menschheit in den Abgrund führt, oder ist es nicht vielmehr eine epochale Herausforderung, der wir uns mit Mut und Tatkraft stellen sollten?

Angenommen, wir sehen darin eine Herausforderung: Was ist dann konkret gefordert? Sollten wir etwa die gesamte Medientechnik weltweit wieder zurückfahren auf einen früheren Stand, auf dem es Suchterzeugungs- und Überwachungstechniken noch nicht gab? Das wäre reines Wunschdenken; das Rad der Geschichte lässt sich nicht zurückdrehen. Unsinnig und verantwortungslos wäre aber auch der Gegenvorschlag, einfach dem menschlichen Fortschritt zu vertrauen und auf künftige technische Lösungen zu hoffen, mit denen die Auswüchse in Grenzen gehalten werden. Dass sich das von selbst einstellt, diese Hoffnung dürfte vergebens sein, wenn wir nicht bereit sind, unser eigenes Verhalten zu ändern, das, wie man sieht, gnadenlos ausgenutzt wird, solange es keinen ernstlichen Widerstand gibt.

Viel wichtiger wäre eine Forschung, die schonungslos offenlegt, welcher Art die Massensuggestion ist, die große Teile der Menschheit dazu bringt, in Verhaltenssüchte abzudriften und sich dabei nicht einmal besonders unglücklich zu fühlen. Eine solche Forschung aber verlangt einen neuen Blick auf die Phänomene, eine Weltsicht, die ihren Horizont nicht auf die sinnlich-materiell in Erscheinung tretenden Vorgänge einschränkt, sondern (wie Faust in Goethes Drama) in gleicher Weise offen ist für das Wirken geistig-übersinnlicher Mächte, von denen die alte Menschheit immer wusste, während sie heute geleugnet werden. Das sogenannte Böse ist kein Abstraktum, kein bloßes Wort; es ist eine reale Kraft, die im 20. Jahrhundert schon in unsäglicher Brutalität gewütet hat. Man kann ihr nicht entgegentreten, ohne sie zu kennen.

Die reichen Angaben, die Rudolf Steiner aus seiner übersinnlichen Forschung dazu anbietet, können befruchtend wirken, wenn man sie nicht als eine Glaubensangelegenheit behandelt, sondern als Thesen versteht, die anhand der äußeren Beobachtung auf ihre Plausibilität und Stimmigkeit zu prüfen sind. Sie bieten ungewohnte neue Aspekte, die unser Blickfeld erweitern und unsere Beobachtung schärfen, ohne uns eine Weltanschauung überzustülpen. Ich werde deshalb in den folgenden Kapiteln manches aus Steiners Darstellungen einfließen lassen, in der Hoffnung, dass es in dem genannten Sinne aufgenommen wird.

Teil II
Innenansicht der Menschheitskrise

4. Das Nadelöhr und der Hüter der Schwelle

Die Behauptung, dass die Menschheit mit der Digitalisierung in ein neues Zeitalter eintrete, ist nicht von der Hand zu weisen. Jedoch stehen wir in einem Umbruch, der weit mehr umfasst als die Triumphe der Naturwissenschaft und den Siegeszug der Maschinen. Die Individualität des Menschen ist zu einem starken Selbstbewusstsein erwacht und fordert weltweit ihre Rechte, sie spürt aber zunehmend auch ihre Verantwortung für das Gesamte der Erde und für die Gestaltung der Zukunft. Ein Bewusstseinsruck ist eingetreten, den die elektronischen Medien entscheidend beförderten, indem sie die Wahrnehmung des Einzelnen auf die gesamte Welt ausgedehnt haben.

Die neue globalisierte Sicht führt gegenwärtig immer mehr zu einem Erschrecken über die Kehrseite der technischen und ökonomischen Fortschritte, an denen man sich bisher berauscht hat: Die Auswirkungen des nicht mehr zu leugnenden Klimawandels, das Verschwinden von mehr als der Hälfte aller Insekten, das täglich fortschreitende Artensterben, die drohende Vernichtung des Amazonas-Regenwaldes, die Verseuchung der Ozeane mit Plastikmüll – um nur einige Beispiele zu nennen –, sie alle sorgen für eine tiefe Verunsicherung, weiten aber auch den Blick und fordern die Menschheit auf, den bisher herrschenden rücksichtslosen Egoismus zu überwinden. Die länderübergreifenden Proteste der jungen Menschen in ihren *Fridays for Future* haben es auf den Punkt gebracht: Eine epochale Kehrtwende steht an. Ohne sie werden wir keine Zukunft haben.

Die Wende lässt sich nicht mit Worten herbeireden; Taten sind gefragt. Die aber setzen eine neue Gesinnung voraus, die sich im Zeitalter der «Bewusstseinsseele» (Steiner) nicht von selbst einstellen wird, sondern aus einer Veränderung erwachsen muss, die jeder Mensch nur an seinem eigenen Wesen in voller Bewusstheit bewirken kann. Im Folgenden soll ein besonderer Aspekt des Entwicklungsstroms skizziert werden, der zu der Wahrnehmung einer notwendigen Wende geführt hat.

Keine Entwicklung ohne Metamorphosen

Die eigentliche, tiefere Bedeutung epochaler Umbrüche enthüllt sich uns am leichtesten, wenn wir unseren Blick über die Tagesaktualitäten hinaus ausweiten auf große historische Dimensionen und dabei im Bewusstsein haben, dass alle Lebensprozesse sich zwischen Polaritäten entwickeln. Was im Kleinen geschieht durch den Wechsel von Einatmen und Ausatmen, Systole und Diastole des Herzens, Wachen und Schlafen, Geburt und Tod, das hat sein Ebenbild auch im Großen der Menschheitsentwicklung. Immer geht dem momentanen Zustand ein ganz anderer voraus. Wer das missachtet, geht an den Lebensrealitäten vorbei; denn alles unterliegt dem Gesetz der Verwandlung.

Und doch verbreiten sich immer wieder gravierende Fehleinschätzungen. Dazu gehört auch die Ansicht, das Verhältnis des Menschen zu seinem Körper sei in der Menschheitsgeschichte immer schon so gewesen wie heute. Das heutige Verhältnis lässt sich leicht feststellen. Man braucht nur einen Zeitgenossen zu fragen, wo seine Gedanken entstehen: Er wird ohne Zögern auf seinen Kopf deuten und sich darin sogar durch die moderne Hirnforschung bestätigt sehen. Fragt man nach dem Ort seiner Gefühle und Emotionen, wird er auf den Brustbereich oder pointiert auf sein Herz deuten. Fragt man ihn als Drittes nach dem Ort seines Selbst, das er als sein Ich erlebt, so wird er zögern und keine sichere Antwort geben können. Eines aber wird ihm nicht im Traume einfallen: sein Ich *außerhalb* des Leibes zu suchen. Es ist dem modernen Menschen selbstverständlich, dass sein Denken, Fühlen und Wollen sich irgendwo im Körper befinden muss. Und daraus wird dann geschlossen, dass es in der Menschheitsgeschichte schon immer so gewesen sei.

Das aber ist ein Irrtum. In weit zurückliegenden Zeiten war das genaue Gegenteil der Fall: Das Ich mit seinem seelischen und geistigen Leben hatte zwar seinen Anker im Leib, bewegte sich aber in dessen Umkreis, innig verbunden mit allem, was dort lebte und wirkte – so innig, dass es das eigene Wesen nicht getrennt davon erleben konnte, sondern wie einverwoben in den gesamten Umkreis. Das mag sich für heutige Ohren abenteuerlich anhören. Doch gibt es genügend Indizien, dass es tatsächlich so war.

Eines davon ist die tiefe Naturverbundenheit, die bei sogenannten «primitiven» Völkern bis in die Neuzeit hinein anzutreffen war. Überall wurden höhere Mächte verehrt, weil man sie in der Natur und im Kosmos noch real erlebte. Vom heutigen Zustand aus gesehen, war der Mensch – ähnlich einem Kleinkind – dem Himmel näher als der Erde. Die Nabelschnur zur göttlichen Welt war noch nicht zerschnitten. Erst mit der anbrechenden griechischen Kulturepoche begann die Abnabelung, und die Priester des Orakels in Delphi erinnerten daran durch den *Omphalos*, einen nabelförmigen Stein, der jeden Morgen mit Watte bedeckt wurde wie der noch wunde Nabel eines Neugeborenen.[32]

Mit welcher Selbstverständlichkeit der frühere Mensch noch im Umkreis lebte, zeigte sich in letzten Ausläufern bei

Völkern, deren Sprache bis heute keine Wörter für rechts und links kennt, Wörter, die ja nur derjenige benutzen kann, der sich aus seinem Körper*zentrum* heraus nach außen orientiert. Psycholinguistiker entdeckten z.B. bei Kindern des Volkes der Haikom in Namibia (Südwestafrika), denen sie einen einfachen Tanz beibringen wollten, dass diese mit den körperbezogenen Kommandos «Links» und «Rechts» nichts anfangen konnten, sondern sich stets an den Himmelsrichtungen orientierten, sodass ein Fuß, der eben noch «Westfuß» hieß, nach der Körperdrehung zum «Ostfuß» wurde, der «Nordarm» zum «Südarm» usw.[33] Bei den Guugu Yimidhirr, einem Stamm der australischen Aborigines, fand man das Gleiche.[34] Auch die berühmten Steinkreise der Megalithkultur gehören hierher, denn das Entscheidende war dort nicht der Innenraum, sondern der Außenraum mit seinem kosmischen Geschehen von Sonne und Mond, das man intensiv beobachtete.[35]

Der Weg der Menschheit führte also von dem ursprünglichen, in den Umkreis ausgebreiteten Ich («Umkreis-Ich») zu dem im Körperinneren angesiedelten, fest mit dem Leib verbundenen «Innen-Ich». Alles, was den Menschen seelisch und geistig ausmachte, wurde im Laufe der Zeit in die Körperlichkeit eingestülpt, und erst dadurch konnte das Ich-Bewusstsein entstehen, wie wir es kennen. Noch heute vollzieht jedes Kind von der Geburt bis zur Pubertät genau diesen Prozess des schrittweisen Ankommens im Leibe.

Urbanisierung – ein Megatrend unserer Zeit

Menschheitsgeschichtlich ist der beschriebene Einstülpungsvorgang unter anderem an der radikalen Veränderung ablesbar, die sich im Zusammenleben der Menschen ergeben hat.

Viele Jahrtausende lang war jeder einzelne Mensch auf natürliche Weise eingebettet in das Gefüge einer großen Gruppe von Menschen, deren enge Bindungen sich vor allem aus der Blutsverwandtschaft und dem gemeinsamen Leben in einem festen Verband ergaben. Das verlieh dem Einzelnen Halt und Geborgenheit, sorgte für Hilfe und Unterstützung im Fall von Not oder Schwierigkeiten und bot ihm kulturell und religiös eine mentale Heimat.

Dieser Zustand gehört heute fast schon der Vergangenheit an; doch kann man hier und da noch in ländlich-bäuerlichen Regionen einen gewissen Eindruck von den früheren Gegebenheiten gewinnen. So erging es mir einmal in den Sommerferien in Griechenland auf der Peloponnes. Bei einem Spaziergang am Strand der Ägäis fand ich auf dem Platz, auf dem für gewöhnlich die Badegäste ihre Autos parkten, überraschend statt der Autos viele weiß gedeckte Tische, die zu einem Festmahl hergerichtet wurden. Die anwesenden Helfer bestätigten meine Vermutung, dass hier eine Hochzeitsfeier vorbereitet wurde, und nun war ich neugierig, wie viele Gäste erwartet wurden. Da um jeden der runden Tische zehn Stühle standen, brauchte ich nur die Tische zu zählen. Es waren fünfzig Stück. – Als ich später in Deutschland in einem Vortrag von diesem Erlebnis erzählte, sprach mich hinterher eine Deutschgriechin an und sagte, meine Darstellung sei ganz richtig gewesen, jedoch wolle sie hinzufügen, dass dies eine sehr kleine Hochzeitsfeier gewesen sein müsse. In ihrem Land seien fünfhundert Hochzeitsgäste das Minimum, in der Regel würden noch viel mehr Menschen eingeladen. Die große Zahl, so erfuhr ich, ergibt sich einerseits aus dem weit verzweigten Netz der Verwandten allein schon im Dorf und in der nächsten Umgebung und andererseits aus der als unabdingbar empfundenen Notwendigkeit, nicht nur alle nahen und fernen Verwandten einzuladen, sondern auch die gesamte Dorfgemeinschaft, mit der man ja durch die tägliche Arbeit verbunden ist. Jeder kennt dort jeden, und niemand soll sich ausgeschlossen fühlen.

Heute geht die Entwicklung in weiten Teilen der Welt in die entgegengesetzte Richtung: Die Menschen ziehen arbeitssuchend vom Land in die Stadt, vorzugsweise in schon vorhandene Ballungsräume, die dadurch immer noch dichter werden, während sich der ländliche Raum entleert. Dieser Vorgang, den die Wissenschaft als «Urbanisierung» bezeichnet, ist zum Megatrend unserer Zeit geworden, der die Großstädte unaufhörlich wachsen lässt oder sogar ganz neue schafft. In China beispielsweise sind in den letzten Jahrzehnten Dutzende von Millionenstädten entstanden, von denen wir nicht einmal die Namen kennen, und der Trend hält an. Auch Griechenland macht da keine Ausnahme: Von den zehn Millionen Einwohnern des Landes wohnen derzeit rund vier Millionen im Großraum Athen. Insgesamt besagen die Statistiken, dass gegenwärtig schon mehr als die Hälfte der Weltbevölkerung in Städten wohnt und der Anteil bis 2050 auf zwei Drittel ansteigen wird. In Deutschland liegt der Anteil der Stadtbewohner schon jetzt bei 77 Prozent.

Die Übersiedlung aus der Dorfgemeinschaft in eine große Stadt brachte unvermeidbar die räumliche Zerstreuung des Verwandtschaftsnetzes mit sich. Damit nicht genug: Auch die traditionelle Familienstruktur löste sich allmählich auf. In Deutschland z.B. kannte man bis ins 20. Jahrhundert hinein noch die Dreigenerationenfamilie, in der die Eltern und die Kinder mit den Großeltern oder anderen nahen Verwandten zusammenwohnten. Doch das ist längst Geschichte, die Auflösung der Familie schritt fort: Aus den klassischen Eltern-Kind-Familien wurde immer häufiger die Kleinfamilie aus Alleinerzieher/in und Kind und in letzter Konsequenz der

Single-Haushalt. 2018 gab es in Deutschland 17,3 Millionen Ein-Personen-Haushalte; fast jeder Fünfte lebte also allein; und auch hier ist die Tendenz steigend.

Die Folgen der Neolithischen Revolution

Wir sind am Ende eines jahrtausendealten Prozesses angekommen. Sein Beginn hat sich tief ins Gedächtnis der Menschheit eingegraben, der damaligen Bewusstseinsverfassung entsprechend in Form eines mythischen Bildes, das uns die Bibel überliefert hat. Im 11. Kapitel des Buches Moses berichtet sie, wie die allen Erdbewohnern gemeinsame Ursprache durch den Turmbau von Babel, der bis in den Himmel zu den Göttern emporragen sollte, zu Ende ging: Für ihre Hybris wurden die Menschen in alle Welt zerstreut und konnten fortan einander nicht mehr verstehen.

Die Realität hinter dem einprägsamen Bild ist der Sprachwissenschaft bekannt als die zunehmende Individualisierung der Sprachen, die im Laufe der Jahrtausende zu einer unüberschaubaren Fülle von Einzelsprachen führte. Ausgelöst wurde der Vorgang durch einen der größten Umbrüche in der Menschheitsgeschichte: Seit Urzeiten waren die Menschen als Jäger und Sammler ohne festen Wohnsitz auf der Erde umhergezogen. Nach dem Ende der letzten Eiszeit aber, mit dem Beginn der Jungsteinzeit *(Neolithikum)*, begann ein Teil von ihnen mit einer völlig neuen Lebensweise, die das Dasein auf der Erde so grundlegend veränderte, dass man sie heute (gleichrangig mit der Industriellen Revolution des 19. und 20. Jahrhunderts) als Neolithische Revolution bezeichnet: Ihre Kennzeichen waren Ackerbau und Viehzucht, Vorratshaltung und Sesshaftigkeit. Aus Nomaden wurden Bauern, die sich in großen Wanderzügen Anbauflächen suchten, auf denen sie sich niederlassen konnten.

Weil diese Menschen noch wie junge Kinder erst am Beginn der beschriebenen Einstülpung standen, wurden die sich bildenden dörflichen Gemeinschaften noch sehr stark von den physischen Einflüssen ihrer Landschaft geprägt und dadurch individualisiert. Sie bildeten ihre eigenen Lebensformen und Riten aus, pflegten ein intensives Gruppenbewusstsein und grenzten sich sprachlich immer mehr von ihren Nachbarn ab. Am Beispiel des Indogermanischen lässt sich beobachten, wie im Laufe der Jahrtausende von Ost nach West eine Fülle von Einzelsprachen entstand, die sich ihrerseits in immer kleinräumigere Teilsprachen und Dialekte aufgliederten. Am Ende hatte jedes Dorf seine sprachlichen Eigenheiten. Das aber bedeutete: Die Gruppe derjenigen Menschen, die durch eine gemeinsame Sprache oder Sprachform fest miteinander verbunden waren, wurde Schritt um Schritt kleiner.

Da die germanischen Völker den gleichen Prozess erst nach der Zeitenwende vollzogen, verfügen die Historiker über reiche Zeugnisse, wie sich auf dem Gebiet des Karolingerreiches innerhalb eines Sprachraums auch die Sozialstrukturen veränderten, dahingehend, dass sich aus Großgruppierungen immer kleinere Verbände herauslösten: Einzelvölker, Volksstämme, Sippen, Adelsgeschlechter, Ritterfamilien usw. bis hin zur bürgerlichen Familie und Kleinfamilie. Der Sozialverband, in den der Einzelne eingebettet war, umfasste mithin immer weniger Personen. Abbildung 3 deutet das schematisch an.

Wie kann die Entwicklung weitergehen?

Die seit Babel begonnene Entwicklung hat ihren Höhepunkt erreicht. Doch der bildet zugleich einen Endpunkt: Die schrittweise Verkleinerung der Lebensgemeinschaften ist mit dem

Wie kann die Entwicklung weitergehen? 103

Abb. 3: Die zunehmende Verkleinerung der Lebensgemeinschaften im Laufe der Geschichte

selbstständig gewordenen Einzelmenschen an ihr Ziel gekommen: Die Individualität hat sich von der Gruppenbindung emanzipiert und steht jetzt unabhängig auf eigenen Beinen. Die Einstülpung in die Leiblichkeit ist vollendet. Aber endet damit die Menschheitsentwicklung?

Wollte man die in Abbildung 3 gezeichnete Pyramide rein schematisch weiterführen, würde sie auf eine Engstelle zuführen, auf einen Nullpunkt, durch den sie hindurchstoßen müsste, um voranzukommen. Ab da jedoch würde die Entwicklung einem Prinzip folgen, das dem vorangegangenen polar entgegengesetzt wäre: Statt in die fortschreitende Verengung zu führen, würde es in die Weite führen. Etwas wie eine *Ausstülpung* müsste vollzogen werden, ein befreiender Gang durchs Nadelöhr, der den Menschen in eine neue Dimension seines Daseins führen würde, indem sich die feste Bindung an den Leib lockert. Abbildung 4 deutet das an.

Es geht also um die vollständige Verwandlung des gegenwär-

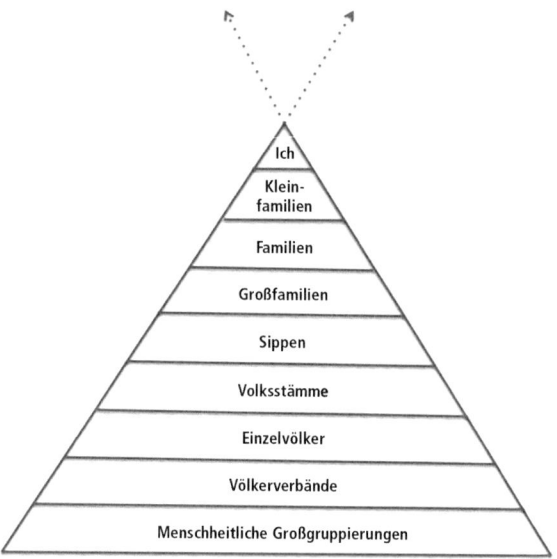

Abb. 4: Künftige Entwicklung – der Weg durch den Nullpunkt

tig *nach innen* zentrierten Ich in ein *nach außen,* in die Peripherie gerichtetes Ich. Wer daraus schließen wollte, die Menschheit solle zu ihrem einstigen Naturzustand zurückkehren, sodass die Geschichte wieder rückwärts liefe, der verkennt, dass Lebensprozesse, die zwischen Polaritäten schwingen, sich nicht unverändert wiederholen. Vielmehr wird der frühere Zustand auf einer höheren Stufe weitergeführt, sodass es zu einer Steigerung kommt. (Goethe hat das exemplarisch an den Blütenpflanzen herausgearbeitet.)

Angewendet auf unsere Betrachtung ergibt sich daraus eine wichtige Zukunftsperspektive: Durch die Einstülpung in die Leiblichkeit hat der Mensch sich zwar von der Welt immer mehr abgekapselt, hat aber gerade durch diese Trennung sein Selbstbewusstsein gewinnen können als ein Ich, das sich unabhängig von der Außenwelt auf sich selbst gegründet weiß. Die vor ihm liegende weitere Entwicklung könnte nun darin bestehen, die gewonnene Ich-Kraft nicht zu einer Verstärkung des ohnehin schon gefährlich wachsenden Egoismus zu nutzen, sondern sie im Dienste der Menschheit in der Weise zu verstärken, dass sich das eigene Bewusstsein aus der Bindung an den materiellen Körper und damit auch aus dem egozentrierten Materialismus herausarbeitet und der Mensch seine Energie darauf richtet, Bürger beider Welten zu werden, der physisch-sinnlichen ebenso wie der geistig-übersinnlichen. Es würde sich also in keinem Falle um eine Rückkehr in den Zustand kindlicher Unbewusstheit handeln, sondern um das Erreichen einer erhöhten Bewusstheit, einer Überbewusstheit im Vergleich zum heutigen Stand.

Der Gang durchs Nadelöhr – nur eine Hypothese?

Aber ist das alles nicht ein bloßes Gedankenspiel, so könnte man einwenden, fern von der Realität unseres Alltags? Das Nadelöhr ist uns näher, als wir glauben: In einer gewissen Weise vollziehen wir nämlich die Ausstülpung, die uns aus dem Körper heraushebt, jede Nacht, wenn wir einschlafen; nur dass sie da *unbewusst* geschieht. Indem wir in den Schlaf versinken, trennt sich unser Seelisch-Geistiges von dem Leiblich-Körperlichen, die Bindung des Ich an den Leib wird aufgelöst. Anthroposophisch gesprochen: Ich und Astralleib verlassen den von der Lebensorganisation (Ätherleib) durchdrungenen Körper und gehen hinüber in die Sphären der geistigen Welt, aus denen sie stammen. Weil das unter völliger Ausschaltung des Wachbewusstseins erfolgt, kann der Mensch sich später an nichts von dem erinnern, was er dort erlebt hat. Nur Traumbilder bringt er mit, wenn er mit dem Erwachen wieder in den Körper untertaucht. Faktisch wird aber bei jedem Einschlafen die Schwelle zwischen sinnlicher und übersinnlicher Welt überschritten, Ich und Astralleib begeben sich hinaus in den Kosmos.

Es gab zwar in älteren Zeiten stets einzelne Menschen, die durch eine intensive Schulung in der Lage waren, die geistigen Kräfte ihres Ich so zu verstärken, dass sie ihr Wachsein über die Schwelle hinweg aufrechterhalten konnten, weil sie es von der Bindung an die Leiblichkeit befreit hatten. Sie nahmen vollbewusst wahr, was in den geistigen Regionen geschieht. Der Menschheit im Ganzen jedoch war das nicht möglich, weil sie zunächst einmal den Abstieg in die materielle Welt zu gehen hatte. «Denn nur durch den groben Widerstand der äußeren Welt konnte der Mensch lernen, sich von der Welt zu unterscheiden und als Eigenwesenheit sich selber zu empfinden», so begründete Rudolf Steiner diese Notwendigkeit[36] und wies an späterer Stelle auf den menschheitsgeschichtlichen Hintergrund hin: «So musste der Mensch seine frühere Verbundenheit mit der geistigen Welt, sein altes dämmerhaftes Hellsehen hingeben, um sich die Möglichkeit aneignen zu können, sich als Ich zu unterscheiden von der Umwelt und dadurch überhaupt zum Ich, zum Selbstbewusstsein zu kommen. In der Zukunft wird der Mensch sich diese Gabe, hellseherisch hineinzuschauen in die Geisteswelt, wiederum hinzuerobern zu seinem Selbstbewusstsein. Das Tor zur geistigen Welt ist ihm gleichsam zugeschlossen worden, damit der Mensch eine selbstbewusste, innerliche geistige Wesenheit zu werden vermochte, damit er hinaufsteigen konnte zum Selbstbewusstsein, um dann als eine selbstständige Wesenheit wieder eintreten zu können in die geistige Welt.»[37]

Das Zeitalter, in dem es des Menschen Bestimmung war, sich immer fester mit der Erde und ihren materiellen Gegebenheiten zu verbinden, wurde in der altindischen Tradition als *Kali Yuga* bezeichnet, als das «Finstere Zeitalter», in dem der Mensch aus der lichten geistigen Welt in die physische Welt herabsteigt. Seine Dauer wurde mit etwa 5000 Jahren vorausgesagt. Über den Endpunkt gab es wegen des unklaren Anfangsdatums in theosophischen Kreisen verschiedene Auffassungen, doch kam Steiner zu dem Schluss, dass das Kali Yuga mit dem Jahr 1899 n. Chr. zu Ende gegangen sei. Da historische Übergänge jedoch stets fließend vonstatten gehen, kommt es nicht auf ein genaues Jahresdatum an. Es genügt festzustellen, dass laut Steiner mit dem Beginn des 20. Jahrhunderts eine weltgeschichtliche Wende eingetreten ist, mit der die strikte Trennung der Menschheit von der übersinnlichen Welt aufgehoben wird.

Ob bewusst oder unbewusst – die Schwelle wird überschritten

Es wäre naiv zu meinen, dass sofort nach dem Ende des Kali Yuga die Tore der geistigen Welt wieder für jedermann offen stünden. Zwar deutete Steiner verschiedentlich an, dass wir einer Zukunft entgegengehen, in der sich auf natürliche Weise wieder «gewisse hellseherische Fähigkeiten» entwickeln werden.[38] Doch betonte er 1919, dass zuvor noch große Aufgaben zu bewältigen seien,[39] denn er musste nach dem Ersten Weltkrieg feststellen, dass die eingetretene Wende von der Menschheit überhaupt nicht bemerkt wurde und selbst die kulturell führenden Kreise auf ihren alten Gewohnheiten beharrten, als sei nichts geschehen.

Überraschend war das freilich nicht, denn die Allgemeinheit hatte sich durch die materialistischen Denkweisen des 19. Jahrhunderts längst daran gewöhnt, alles Übersinnliche als Phantasterei abzutun. Umso mehr bemühte sich Steiner klarzustellen, dass es sich beim Überschreiten der Schwelle um ein «kosmisches geschichtliches Ereignis» für die gesamte Menschheit handele, das sich einstellt, auch wenn es nicht wahrgenommen wird:[40]

> «Dass die gesamte Menschheit durch diese Schwelle durchgeht, das braucht den einzelnen Menschen so unmittelbar gar nicht zum Bewusstsein zu kommen. Aber selbst wenn kein Mensch bemerken würde, dass dieser Durchgang der gesamten Menschheit durch die Schwelle stattfindet, dass die Menschheit eigentlich schon jetzt in diesem Durchgang begriffen ist, so würde dasjenige, was dieser Durchgang für die Entwickelung der Menschheit bedeutet, doch wirklich da sein. Dass so etwas ein Ereignis in der Menschheitsentwickelung ist, hängt gar nicht ab davon, ob die Menschen das bemerken oder nicht.»

Das Ereignis spielt sich mithin auf zwei Ebenen gleichzeitig ab, die Steiner folgendermaßen charakterisiert: Was sich für den einzelnen Menschen, der in der geistigen Welt zum Schauen kommen will, als ein *individuelles* Erlebnis einstellt, nämlich das vollbewusste Überschreiten der Schwelle in die übersinnliche Welt, das muss in unserer Zeit «die *ganze Menschheit* unbewusst durchmachen. Sie hat darin keine Wahl, sie macht es unbewusst durch. Nicht der einzelne Mensch, sondern die Menschheit und der einzelne Mensch mit der Menschheit.»[41]

Was verändert sich dadurch? Steiners Antwort darauf ist wenig angenehm. Die Menschheit insgesamt wird nämlich mit einem schockierenden Ereignis konfrontiert: Bisher blieben im gewöhnlichen Leben die drei Haupttätigkeiten Denken, Fühlen und Wollen miteinander verbunden, weil sie vom Ich zusammengehalten wurden. Sobald aber die höhere Welt betreten wird, fallen sie auseinander und verselbstständigen sich. Da muss der Mensch so geschult sein,

«dass er die innere Kraft entwickeln kann, mit seinem Ich diese drei Elemente des Seelenlebens zusammenzuhalten: Denken, Fühlen und Wollen; sonst würde er sich zerspalten in drei Persönlichkeiten. Ja, das ist das bedeutsame innere Aktivitätserlebnis, das wir haben müssen nach dem Überschreiten der Schwelle: dieses Sich-Hineinfinden in höchste Aktivität des Ich, in höchste Betätigung des Ich, um die getrennten Seelenkräfte Denken, Fühlen und Wollen zusammenzuhalten. Das ist zunächst auch die Furcht, die der heutige schwachmütige Mensch hat: die Furcht vor wirklich übersinnlichen Erkenntnissen, diese Furcht vor innerer Seelenbetätigung höchsten Stils.»[42]

Das Zurückschrecken vor der Schwelle

Die bange Frage, die sich bereits im Blick auf Abbildung 4 aufdrängen konnte, ob sich das eigene, lieb gewordene Ich jenseits des Nadelöhrs womöglich auflösen und verflüchtigen würde, findet in Steiners Darstellung eine klare Antwort: *Ja, es würde sich auflösen, wenn du so bleiben wolltest, wie du bist.*

Allein schon dieser Gedanke erzeugt Furcht. Untergründig spürt zwar jeder, wie schon eingangs angesprochen, die unbedingte Notwendigkeit einer epochalen Veränderung, wenn wir noch eine Zukunft haben wollen; doch die Aufgabe, bei sich selbst anzusetzen und die Kräfte des Ich von innen heraus so stark zu machen, dass sie das eigene Denken, Fühlen und Wollen auch getrennt vom Leib noch zusammenhalten könnten, ist so gewaltig, dass die Menschen davor zurückschrecken.

So verständlich das auch ist, so lässt sich doch die Ich-Entwicklung im Verlauf der Menschheitsentwicklung nicht anhalten; sie geht weiter, und wenn sie nicht bewusst ergriffen wird, um sie auf die *Ausweitung* jenseits der Schwelle vorzubereiten, dann bleibt nur, die bisherige Einstülpung fortzusetzen und die *Verengung* zu verschärfen, die eigentlich längst beendet sein sollte. Statt mutig der Zukunft entgegenzugehen, würde in perverser Weise das Vergangenheitsprinzip aufrechterhalten – mit der Folge, dass sich das Ich immer weiter isoliert, immer stärker verhärtet und verkrustet. Wie in einen Panzer eingeschlossen, würde ihm der lebensvolle Austausch mit der Welt und den Mitmenschen verloren gehen.

Franz Kafka hat 1912 in seiner Erzählung «Die Verwandlung» ein grausiges Wahrbild geschaffen, in dem wir jedes Detail dieses Vorgangs wiederfinden: Der Handlungsreisende Gregor Samsa wacht eines Morgens auf und stellt nüchtern fest, dass er zu einem riesigen Käfer geworden ist, der mit seinem Schuppenpanzer nur noch brummende Geräusche von sich geben kann. Sein Denken funktioniert klar und logisch wie zuvor, doch selbst seine geliebte Schwester versteht ihn kaum mehr. Er hungert nach Kontakten, aber die Familie meidet ihn, und der Weg nach draußen ist verschlossen. Als Ungeziefer in sein Zimmer eingesperrt, kommt er schließlich elend um. – Die ins Extrem getriebene Isolation endet in einer ausweglosen Sackgasse.

Die Begegnung mit dem Doppelgänger

Es gibt noch einen zweiten Grund, warum Menschen den Durchgang durch das Nadelöhr scheuen. Wir erinnern uns an die angsterregende Rätselgestalt der Sphinx, die an der Schwelle zur griechisch-römischen Kulturepoche jedem den Weg versperrte und erst bezwungen werden musste, ehe man in das neue Zeitalter weiterschreiten konnte. Heute stehen wir wiederum am Beginn eines neuen Zeitalters, und auch dieses Mal tritt im geistigen Raum eine haltgebietende, furchtbare Gestalt vor den Menschen hin und versperrt ihm den Weg, solange er nicht die Aufgabe löst, die sie ihm stellt.

Es ist die Gestalt, die zu allen Zeiten demjenigen entgegentritt, der in bewusster Weise als Einweihungsschüler auf die Schwelle der übersinnlichen Welt zugeht. Dort, so Steiner, «tritt ein furchteinflößendes Phänomen auf, das die Bezeichnung ‹Hüter der Schwelle› trägt und das man auch die Erscheinung des Doppelgängers nennen könnte». Wird dieses Wesen ohne eine gründliche Vorbereitung erblickt, treibt sein Anblick den Menschen in den Wahnsinn.[43]

Woher rührt dieser Schrecken? Was der Mensch da erschaut, das ist er selbst, jedoch nicht so, wie er sich bis dahin kannte, sondern als ein finsterer Schatten seines Selbst, als ein Doppelgänger, der aus dem besteht, was dieser Mensch an Schwächen, Einseitigkeiten, Egoismen, Begierden, verborgenen Trieben und Gelüsten bis hin zu verbrecherischen Neigungen in sich trägt. Die Abgründe seiner Seele treten zutage.

Das geschieht freilich nicht, um ihn zu vernichten, sondern um ihn hinzuweisen auf alles das in seinem Wesen, was noch nicht vom Ich durchgearbeitet und verwandelt worden ist. Was nicht vollmenschlich beherrscht wird, führt in den Untergründen der Seele ein Eigenleben, und in diesem Zustand darf der Mensch nicht in die geistige Welt eintreten, denn sonst würde er dort, statt der Wirklichkeit zu begegnen, unzähligen Täuschungen, Illusionen und Halluzinationen erliegen, weil er nie unterscheiden könnte zwischen dem, was er aus seinem unbewältigten Inneren in diese Welt hineinprojiziert, und dem, was ihr wirklich angehört. Zu seinem eigenen Schutz also versperrt ihm der Hüter der Schwelle den Weg mit der unerbittlichen

Feststellung: *Hier gibt es kein Durchkommen ohne radikale Selbstverwandlung.* Er zeigt ihm die Aufgabe, die jetzt vor ihm liegt: Du musst den Drachen deiner niederen Natur in dir selbst besiegen, um dein höheres Ich zu finden.[44] «Das nennt man bei allen Einweihungen die Höllenfahrt», bemerkt Steiner dazu.[45]

Halten wir fest: *Bewusst* wurde dieses dramatische Ereignis bisher nur von denen erlebt, die sich auf dem Pfad der geistigen Schulung der Schwelle näherten. *Unbewusst* aber wird es in der heutigen Zeit laut Steiners Darstellung von allen Menschen erlebt, weil die Menschheit insgesamt auf dem Wege ist, die Schwelle der geistigen Welt zu überschreiten. Jede Nacht nämlich kommen seither die Menschen an den Hüter der Schwelle heran[46] – schlafend zwar und folglich unbewusst, und dennoch bedeutet die Gestalt, die vor ihnen steht, nichts anderes als die Aufforderung zur Selbstverwandlung. Die Aufgabe wird wahrgenommen, zugleich aber als übermenschlich groß zurückgewiesen: Sie verlangt ungeheure Energie, die einem niemand schenken kann; jeder muss sie ohne äußeren Anstoß in sich selbst finden und entwickeln. Und dazu fühlt man sich zu schwach. Kein Wunder, dass die Menschen schaudernd zurückschrecken und im Wachzustand keine Anstalten treffen, sich auf den Weg zu begeben.

Die fortgesetzte Abkapselung und ihre Folgen

Statt vorwärtszudringen, flüchtet man zurück in das Altgewohnte, und das heißt: Die Tendenz zur Verengung und Isolierung des eigenen Ich wird weiter vorangetrieben. Das aber erzeugt zwangsläufig einen immer brutaler werdenden Egoismus, der autistisch um sich selber kreist, nur noch den eigenen Vorteil kennt und nicht nach den Folgen seines Handelns fragt.

Wohin das führt, muss hier nicht ausgemalt werden. Wir konnten in den letzten Jahren in der Umweltproblematik, in Politik und Wirtschaft, im Bankwesen und in vielen anderen Bereichen grenzenlose Gier und Rücksichtslosigkeit erleben. Stichworte wie Dieselskandal, Dopingvergehen, Cum-Ex-Geschäfte zum Erschwindeln von Steuergeldern in Milliardenhöhe, ausufernde Kriminalität im Internet, organisierter Kindesmissbrauch waren ständig Thema in den Medien.

Je weiter aber die Verhärtung des Ich zum verkrusteten Ego fortschreitet, desto stärker schlägt das Pendel in die Gegenrichtung aus: Eine tiefe Sehnsucht stellt sich ein, die nach Wiederverbindung mit der Welt und den Menschen lechzt, nach dem Gefühl von Zusammengehörigkeit, Gemeinschaft und heimelig-geselligem Feiern. Das äußert sich in vielfältigen Phänomenen, beispielsweise in den Massenveranstaltungen beim Sport oder bei Pop- und Rockkonzerten, in den Fan-Clubs und Sportvereinen, aber auch politisch in Form eines wieder auflebenden Nationalismus und separatistischer Bestrebungen (z. B. Katalonien, Schottland, Brexit) bis hin zu rückwärtsgewandten völkisch-nationalen Ideologien.

Bei allen Sehnsüchten wird jedoch eines nicht verändert: das Ich in seinem Panzer. Das will niemand aufgeben. Daher hat der Versuch, frühere Zustände wiederherzustellen, etwas Künstliches, Unzeitgemäßes an sich und kann auf bedrohliche Irrwege führen. Man wünscht sich die vermeintliche soziale Gemütlichkeit und Wohligkeit früherer Zeiten zurück und bedenkt nicht, dass das Ich des Einzelnen damals noch längst nicht so emanzipiert war wie heute; es war zwingend angewiesen auf die feste Einbettung in einen bestimmten Sozialzusammenhang, ohne den man gar nicht lebensfähig war. Eingebunden in die Blutsverwandtschaft und die Dorfgemeinschaft war der Mensch noch auf eine *natürliche* Weise Gruppenmensch, sodass der

Egoismus in Grenzen gehalten werden konnte. Die feste Verankerung in der Religion leistete dazu ein Übriges. In diesen Zustand kann der heutige Mensch mit seinem gepanzerten Ego und seinem hochentwickelten Selbstbestimmungsdrang nicht wirklich zurück. Und doch wünscht er sich das, weil die Enge und Einsamkeit des abgekapselten Ich immer deutlicher gespürt wird und nach Ausweitung ruft.

Die elektronische Lösung des Problems – bestechend elegant

Hier kommen nun die digitalen Medien ins Spiel. Sie bieten dem Nutzer eine, so scheint es, geniale Lösung für sein Problem. Er braucht nur seinen PC oder besser noch sein Smartphone einzuschalten, und schon hat er Welt und Menschen auf seinem Bildschirm; sein Wahrnehmungsfeld weitet sich ins Unendliche, ohne dass er an dem eigenen Selbst arbeiten müsste. Er kann so bleiben, wie er ist, und kommt dennoch ans Ziel seiner Sehnsucht.

Schrittweise näherten sich die Medien des 20. Jahrhunderts diesem Ziel. Es begann mit dem Fernsehen, das den Blick in die Welt öffnete, ging ab 1970 weiter mit den computergesteuerten Spielekonsolen, die erstmals eine Interaktion ermöglichten, und fand seinen vorläufigen Höhepunkt zwanzig Jahre später mit der Einführung des Internets. Von da an konnten Computerspiele auch online mit Partnern in aller Welt gespielt werden, und nun stürzten sich Hunderttausende junger Menschen in das interaktive digitale Abenteuer.

Es wurde ihnen nicht bewusst, dass sie sich von dem Spiel zu einer Verhaltensweise konditionieren ließen, die einem früheren Zeitalter der Menschheit gemäß war, in welchem das Einzel-Ich noch gruppengebunden lebte und Wert darauf legen musste, von seinen Mitmenschen Wertschätzung zu erfahren, um ein vollgültiges Mitglied der Gruppe zu sein. Wer die Artus-Epen des Hochmittelalters kennt, der weiß, welch eine herausragende Rolle darin die «Ehre» spielte.[47] Der Wert eines Ritters und überhaupt eines Menschen maß sich an der Anerkennung und Hochachtung, welche die Gesellschaft ihm aufgrund seines Verhaltens und seiner Verdienste zollte. Sein sozialer Status hing davon ab: Wer keine «Ehre» besaß oder sie durch ein Fehlverhalten verloren hatte, der hatte keinen Platz mehr in der Gemeinschaft und war ausgestoßen. Das war damals so gut wie ein Todesurteil. Deshalb bemühte sich jeder um den Erhalt seiner Ehre.

Entsprechendes stellt sich heute bei den Nutzern von Spielekonsolen ein: Ihr Selbstbewusstsein bemisst sich am erreichten Punktestand und besonders am erreichten Level des Spiels. Bei Online-Spielern kommt als Steigerung noch der Status innerhalb des Spielerteams dazu. Für beide Spielarten gilt, wie die Forschung herausgefunden hat, dass jede gelungene Leistung im Hirn durch einen Dopaminstoß belohnt wird, sodass ein Glücksgefühl entsteht. Dieser Kick muss jedoch ständig erneuert werden, um das gute Selbstgefühl aufrechtzuerhalten, denn nur daraus speist sich der empfundene Eigenwert. Nichts trifft einen Online-Spieler härter als der Verlust seines Status in der Gruppe – altertümlich ausgedrückt: als der Verlust seiner «Ehre». Folglich wird er nolens volens immer weiter spielen und gerät dadurch unversehens in eine psychische Abhängigkeit, die den Charakter einer Sucht annimmt (vgl. Kapitel 2).

Das Ich lässt sich hier von außen bestimmen, die persönliche Autonomie geht verloren. Die eigentlich geforderte Bemühung um Selbstverwandlung wird zwar elegant umgangen, indem man die Sehnsucht virtuell befriedigt, doch landet man als Sklave seines Geräts in der Vergangenheit statt in der Zukunft, im Rückschritt statt im Fortschritt: Die Computerspielsucht ist, wie schon erwähnt, seit 2018 von der Weltgesundheitsorganisation als reguläre Krankheit anerkannt, seit 2019 auch die Online-Spielsucht.

Das i-Phone als «Internet in der Hosentasche» eröffnete 2007 eine dritte Stufe der elektronischen Interaktion, an der inzwischen nahezu die gesamte Weltbevölkerung teilnimmt. Das jederzeit präsente Smartphone bietet nämlich nicht nur den Zugang zu einer grenzenlosen Fülle von Informations- und Unterhaltungsangeboten; es erlaubt auch, wie im Silicon Valley früh erkannt wurde, die Bildung sozialer Netzwerke, in denen die Menschen sich über alle Grenzen hinweg kennenlernen, austauschen, informieren und verabreden können, Fotos und Videoclips, Textnachrichten und Audiobotschaften, Musik und Filme zusenden können. Milliarden von Menschen fühlen sich in ihren jeweiligen *Online-Communities* heimisch.

Online-Kommunikation und virtuelle Freunde

Die Zukunft scheint angebrochen: Der Mensch hat sich eine neue, moderne Form der Kommunikation geschaffen, mit der sich das Ich, so scheint es, aus seinem Panzer befreien kann. Und tatsächlich bietet die neue Technik, wie schon erörtert, viele positive Möglichkeiten zu einer wirklich altruistischen Betätigung. Aber ist damit das Nadelöhr durchschritten und die Verfestigung des Ego überwunden? Zwei Probleme treten auf, die dagegensprechen:

Wie in den Kapiteln 2 und 3 dargelegt, hat der technische Fortschritt von Stufe zu Stufe ein steigendes Suchtpotenzial mit sich gebracht, von dem Jugendliche ebenso wie Erwachsene betroffen sind, sodass neuerdings schon Möglichkeiten diskutiert werden, wie man die Abhängigkeit von den digitalen Medien verringern oder zumindest in Grenzen halten kann.

Bei den Jugendlichen kommt ein zweites Problem hinzu. Sie befinden sich naturgemäß in einer Selbstfindungsphase, während der das Ich noch nicht die Reife eines mündigen Erwachsenen erreicht hat. Daher haben sie ein besonders starkes Bedürfnis nach Anerkennung und Selbstbestätigung, und die suchen sie heute vor allem «online», indem sie eigene Beiträge und Bilder ins Netz stellen und gespannt auf «Likes» und Messages der anderen warten, die das hoffentlich interessant finden. Wichtig ist ihnen dabei, nicht nur «offline» Freunde zu finden, also reale Personen in ihrem Umfeld, sondern auch möglichst viele unbekannte Freunde in der *Netz-Community*, die mit ihnen korrespondieren und ihnen dadurch signalisieren, wie wichtig und bedeutend sie sind.

Der Wert der eigenen Person ergibt sich dann aus der Anzahl der «Freunde», und mit der prahlt man gerne und versucht andere mit immer höheren Freundeszahlen zu übertrumpfen, muss sie aber auch regelmäßig nachweisen können durch Hunderte von Nachrichten pro Tag. Daher ist ständiger Online-Kontakt absolut unerlässlich. Kurz: Dieselbe psychische Abhängigkeit bahnt sich an, die schon bei den Computer- und Online-Spielen zu beobachten war. Statt autonom zu werden, führt der Weg in die Sucht. Die schon 2017 von der Bundesregierung publizierte Zahl von etwa 600.000 internetabhängigen Jugendlichen und 2,5 Millionen gefährdeten Internetnutzern allein in Deutschland gibt zu denken.

Im Übrigen betrügen sich die Jugendlichen im Grunde selbst, indem sie sich an «Hunderten von Freunden» berauschen, während sie in Wirklichkeit bestenfalls mit 20 bis 30 Menschen eine echte, gelebte Freundschaft pflegen könnten. Das Selbstwertgefühl basiert also auf schillernden Seifenblasen, die bei nüchterner Überlegung sofort platzen. Wer seine Kommunikation zur Hauptsache ins Netz verlagert hat, muss sich bei ehrlicher Selbstprüfung eingestehen, dass er zwar virtuell mit einer riesigen Zahl von Menschen verbunden ist, sich aber bei allem Stolz dennoch einsam fühlt, ohne menschliche Nähe, abgekapselt von der Welt. Der Wert eines realen Gesprächs von Angesicht zu Angesicht wird plötzlich tief empfunden.

Gregor Samsa und die Hikikomori

Wenn junge Menschen solcherart an ihrem eigenen Tun zu zweifeln beginnen, kann das der Beginn einer inneren Befreiung sein, die das Ich aus dem Tal herausführt. Leider gibt es aber inzwischen eine große Zahl von Jugendlichen und Erwachsenen, denen dieser Schritt nicht gelingt, sodass sie immer tiefer in die Isolation geraten und keinen Ausweg mehr finden. In Japan entdeckte man schon um die Jahrtausendwende einen Typus von Menschen (fast nur Männer), die sich völlig aus der Gesellschaft zurückziehen (aus welchen Gründen auch immer), indem sie sich in ihrem Zimmer verschanzen und das Haus oft für Jahre oder sogar Jahrzehnte nicht mehr verlassen.

Man nennt sie in Japan die *Hikikomori*, was so viel heißt wie *Die sich einschließen*. Sie hausen bei ihren Eltern, aber sie leben nicht mit ihnen, sondern sind nachtaktiv. Viele verkehren nur über Zettelchen mit der Mutter, die das Essen vor die Tür oder in den Kühlschrank stellt. Geselligkeit und Treffen mit Freunden finden nicht mehr statt, Kontakte mit der Gesellschaft werden gemieden, Annäherungsversuche allergisch abgewehrt. Schließlich werden sie unfähig, sich überhaupt noch mitzuteilen und mit Menschen normal zu verkehren.

Das Schreckensbild eines Menschen, der zum Käfer wird,

sich als nutzloses Ungeziefer in seinem Zimmer verkriecht, jeglichen Kontakt zur Umwelt verliert, seelisch und leiblich vertrocknet und am Ende von seiner Familie als Müll entsorgt wird – dieses Bild, das Franz Kafka vor hundert Jahren unterkühlt wie ein Alltagsgeschehen gezeichnet hat, ist heute Wirklichkeit geworden: 2019 meldete die Presse, dass in Japan 1,2 Millionen Menschen als Hikikomori leben, mehr als ein Viertel von ihnen schon seit über zehn Jahren.

Was aber ist der Lebensinhalt solcher Menschen? Völlig abgekapselt von der realen Welt verkehren sie in der Nacht mit der ganzen Welt via Computer, Internet und Fernsehen, weiten ihren Horizont sozusagen auf das Universum aus und erfreuen sich vielleicht daran; doch eines kann als sicher gelten: Glücklich werden sie damit nicht. Die Befriedigung, die ihnen das mediale Fenster zur Welt verschafft, erweist sich auf Dauer als schal, als ein leeres Surrogat, und doch sehen sie keine Alternative.

Zu welchen Tragödien ihre Lebensweise führen kann, demonstriert ein Vorfall, der im Juni 2019 in die Schlagzeilen geriet:[48] Ein 51-jähriger Hikikomori überfiel in Tokio mit zwei Messern bewaffnet wildfremde Menschen, die auf ihre Busse warteten. Er tötete achtzehn Personen, darunter viele Schulkinder, und erstach sich dann selbst. Dieses Ereignis erschreckte einen 76-jährigen ehemaligen Politiker, dessen 44-jähriger Sohn, ebenfalls ein Hikikomori, kurz zuvor in seinem Elternhaus randaliert hatte, gegen seine Eltern gewalttätig wurde und drohte, er werde die vor dem Haus lärmenden Kindern alle umbringen. Weil der Mann befürchtete, dass sein Sohn das Massaker kopieren könnte, erstach er ihn mit einem Küchenmesser. Der Polizei sagte er, ihn habe die Angst getrieben, sein Kind könnte andere Menschen gefährden oder sogar töten.

Einsamkeit wird zur Epidemie

Die extreme Form, in der das Phänomen der Hikikomori in Japan aufgetreten ist, hängt zweifellos eng mit der dortigen Mentalität und Sozialstruktur zusammen. Falsch aber wäre es, darin ein isoliertes Problem der Japaner zu sehen. Es handelt sich um die besondere Ausprägung eines Grundproblems unserer modernen Gesellschaft, das in weniger krasser Form auch in weiteren Industriestaaten zu finden ist. Wo es in eindeutig pathologischer Form auftritt, sprechen die Psychologen von *Sozialer Phobie*.

Davon unabhängig macht sich indessen in der Allgemeinheit allmählich ein bedrückendes Gefühl breit, das nicht als Krankheit abgetan werden kann, wohl aber Anlass zur Sorge gibt: Immer deutlicher wird gespürt, dass die Vereinsamung des einzelnen Menschen allgemein ein Maß erreicht hat, das bedrohlich zu werden beginnt. Die *New York Times* sah schon Ende 2016 eine wachsende Bedrohung der Gesellschaft durch die «Epidemie der Einsamkeit».[49] Auch in England wurde sie gesehen; 2018 ernannte man dort eine Ministerin für Einsamkeit (*minister of loneliness*). Daraufhin richteten einige Abgeordnete des Deutschen Bundestages 2019 eine Anfrage an die Bundesregierung, was sie zu tun gedenke. Das Vorwort der Fragesteller lautete (ohne die jeweils eingefügten wissenschaftlichen Quellenangaben):[50]

«Weltweit steigt die Zahl der Menschen, die sich einsam fühlen. Experten sprechen von einer ‹Einsamkeits-Epidemie› in Industriestaaten, die zu erheblichen gesamtwirtschaftlichen und gesundheitlichen Folgen führe. Studien zeigen, dass Einsamkeit das Risiko für chronischen Stress, Herz-Kreislauf-Erkrankungen, Depressionen, Demenz und einen frühen Tod erhöhen. Die Auswirkungen des Gefühls des Alleinseins auf die Mortalität verdeutlicht eine Studie der Brigham Young University. Darin zeigt sich, dass Einsamkeit in Bezug auf die Gesamtmortalität so schädlich ist wie Rauchen oder Adipositas.

In Japan, Großbritannien, Dänemark und Australien wird Einsamkeit bereits als ein ernst zu nehmendes Problem für die öffentliche Gesundheit wahrgenommen und mit verschiedensten Maßnahmen dagegen vorgegangen. In Großbritannien beispielsweise wurde 2018 ein Ministerium für Einsamkeit eingerichtet. Auf der Website des Ministeriums heißt es, Einsamkeit sei auf dem Weg, ‹Großbritanniens gefährlichste Erkrankung zu werden›.

Auch in Deutschland sind viele Menschen von der Einsamkeit betroffen. Laut einer Studie des Marktforschungsinstituts Splendid Research aus dem Jahr 2017 fühlen sich 12 Prozent der Deutschen häufig oder ständig einsam. Das Gefühl ist in allen Altersgruppen verbreitet. Besonders häufig fühlen sich Menschen in den Mittdreißigern einsam. Unter ihnen sind 18 Prozent betroffen. Auch eine Studie aus dem Jahr 2016 von der Ruhr-Universität Bochum zeigt, dass besonders Menschen zwischen 30 und 34 Jahren und über 65 Jahren das Gefühl der Einsamkeit empfinden.»

Gemeinsam einsam – ein lukratives Geschäftsmodell

Am Anfang dieses Kapitels wurde schon erwähnt, dass in Deutschland und vielen anderen Ländern mehr als 50 Prozent aller Haushalte Single-Haushalte sind. Viele Millionen Menschen haben sich folglich allein schon mit ihrer Wohnsituation in den Engpass vor dem Nadelöhr begeben (siehe Abb. 3), in welchem das Ich ganz allein auf sich gestellt ist. Das begünstigt ein aufkommendes Einsamkeitsgefühl, bedeutet aber nicht, dass es sich zwangsläufig einstellt, denn auch ein Single kann noch immer mit vielen Menschen verkehren. Einsamkeit wird in der Regel erst dann zum Problem, wenn entweder die sozialen Kontakte absichtlich vermieden werden oder wenn sie wider Willen nicht mehr möglich sind, z.B. wegen einer schweren Krankheit oder durch andere Hindernisse.[51]

Unvorhergesehen hat sich aber noch ein dritter Weg gefunden, der zu keiner objektiv gegebenen, sondern einer subjektiv empfundenen Einsamkeit führt: Nicht alle, aber doch erschreckend viele Menschen, die durchaus die Möglichkeit hätten, in der realen Welt Gesprächspartner zu finden, nutzen das nur spärlich und verkehren stattdessen umso ausgiebiger virtuell mit Partnern im Internet. Weltweit vernetzt auf Plattformen wie Facebook, Instagram, Snapchat, Youtube etc. fühlen sie sich geborgen im Kreise Tausender «Freunde» und «Follower» und feiern ihre Modernität, sind dann aber überrascht, wenn sie eines Tages feststellen müssen, dass sie selbst und ihre Freunde in Wahrheit *gemeinsam einsam* sind, weil ihnen allen das Entscheidende fehlt: die echte, menschlich erfüllende Begegnung. Der interessierte Blick eines präsenten Gesprächspartners, sein Atem, seine Gesichtsfarbe, seine Mimik und Gestik, sein Stimmklang und die Atmosphäre, die von ihm ausgeht – das alles schafft ungleich reichere und tiefere Wahrnehmungen als eine rein mediale Begegnung; die Seele wird erfrischt, der Geist belebt.

Keine äußere Macht zwingt uns zu seelisch-geistiger Mangelernährung am Bildschirm, sondern die Social-Media-Freaks bürden sie sich – so paradox es auch erscheint – durch die Fülle ihrer permanenten Internetkontakte selbst auf. Zu Recht befürchtete die amerikanische Sozialwissenschaftlerin Sherry Turkle ungeachtet ihrer Begeisterung für neue Technologien schon 2011 das Aussterben des menschlichen Gesprächs und begründete das ausführlich in ihrem Buch *Alone together*. In einem Interview antwortete sie auf die Frage, was denn falsch daran sei, wenn Jugendliche ihre Kontakte über das Internet pflegen:

«Dass sie glauben, sie seien niemand, wenn sie es nicht tun. Die Devise lautet: *Ich teile mich mit, also bin ich*. Die digitale Kommunikation braucht keinen Inhalt, keine Botschaft. Vom *Ich habe ein Gefühl, ich möchte jemanden anrufen* geht es zum *Ich möchte ein Gefühl haben, also schicke ich eine SMS*. Teenager spüren ihr Gefühl nicht, wenn sie das nicht tun. Was einst als pathologisch gegolten hätte, ist heute der Stil einer Generation. Er betrifft die ältere Generation genauso. Wenn wir nicht in ständigem Kontakt miteinander stehen, spüren wir uns selbst nicht mehr. Was also tun wir? Wir suchen noch mehr Kontakt. Was schließlich in die Isolation führt.»[52]

Der digitale Begegnungshunger von Millionen Menschen hat volkswirtschaftliche Folgen: Er verschafft findigen Unternehmern lukrative Geschäfte, indem sie Hightech-Produkte gegen Einsamkeit auf den Markt bringen. In den USA ist daraus ein gigantisches Business geworden, dessen Umfang auf bis zu 150 Milliarden Dollar pro Jahr geschätzt wird.[53] Ein Beispiel dafür ist ein in Kalifornien hergestellter, lebensecht aussehender Sex-Roboter, genauer gesagt: eine «Roboterin» namens *Harmony*, die ihren Besitzer mit Künstlicher Intelligenz bezirzt und seine Lebenspartnerin werden möchte. Einsamkeitsbekämpfung also mit einer Maschine.

Dieses Szenario sollte uns hellhörig machen, denn es gehört zu dem Rätsel, vor das uns die Sphinx des digitalen Zeitalters stellt. Wie aus einem Nebel tauchen vor uns die Umrisse eines diabolisch anmutenden Megaprojekts auf: Zuerst wird die

Allgemeinheit mit teurer Spitzentechnik dazu verführt, ihre Menschenbegegnungen nicht mehr im gewohnten Sinnesraum zu suchen, sondern in der virtuellen Realität, im Cyberspace – und daran werden dann Unsummen verdient. Wenn nach einiger Zeit der Rausch der Neuigkeit verflogen ist, entdecken viele Menschen, dass sie um das Eigentliche der menschlichen Begegnung betrogen worden sind, und leiden an Einsamkeit. Um sie davon zu befreien, präsentiert dieselbe Wirtschaft, die das Übel verursacht hat, eine neue, noch viel höher entwickelte Technik – und auch an der werden wieder Unsummen verdient. So könnte es gerade weitergehen, ohne dass die Menschen misstrauisch werden.

Wem es nicht genügt, das alles als puren Zufall abzutun, der wird sich ernsthaft fragen müssen: Wer hat sich dieses ungeheuerliche Geschäftsmodell ausgedacht? Woher stammt die generalstabsmäßig agierende Intelligenz, die das Projekt Schritt um Schritt, Jahrzehnt um Jahrzehnt vorangetrieben hat? Handelt es sich hier wirklich noch um reines Menschenwerk, oder was für Kräfte sind im Spiel? – Die folgenden Kapitel werden versuchen, Licht in dieses Rätsel zu bringen.

5. Ahrimanische Gegenbilder zum Schwellenübergang

Der im vorigen Kapitel besprochene Schwellenübergang der Menschheit im 20. Jahrhundert steht im Zusammenhang mit einem anderen Ereignis von welthistorischer Bedeutung, das Rudolf Steiner aufgedeckt hat. Im 19. Jahrhundert, so schildert er, sahen führende Mächte der geistigen Welt die Zeit gekommen, dass «eine gewisse Summe von spiritueller Weisheit (...) allmählich auf die Erde herunterträufelt, das heißt, in die menschlichen Seelen hineinkommt und in den menschlichen Seelen spirituelles Wissen anregt».⁵⁴ Gewisse Geister der Finsternis, die ihrem Range nach Angeloi (Engel) waren, so Steiner weiter, wollten das unbedingt verhindern und kämpften jahrzehntelang gegen die Geister des Lichtes, die der Erzengel Michael anführte.

«Deshalb sind sie 1879 aus der geistigen Welt in den Bereich der Menschen herein gestürzt worden (...), und in dem Bereich der Menschen wandeln sie jetzt unter den Menschen. Da sind sie vorhanden, indem sie ihre Kräfte hineinsenden in die Gedanken, Gefühle, Willensimpulse der Menschen, indem sie das oder jenes anstiften. Sie haben nämlich nicht verhindern können (...), dass die Zeit gekommen ist, in der das spirituelle Wissen herabträufelt. Dieses spirituelle Wissen ist jetzt da und wird immer weiter und weiter sich entwickeln; die Menschen werden die Fähigkeit haben können, die geistige Welt zu durchschauen. Aber nun sind diese Angeloiwesen auf die Erde herabgestürzt und wollen hier Unheil stiften mit dem Herabträufeln, wollen hier dieses Wissen in falsche Bahnen leiten, wollen diesem Wissen seine gute Macht rauben und es in schlechte Kanäle bringen. (...)

Helfen wird gegen den Einfluss dieser ahrimanischen Wesenheiten nur das Bewusstsein (...), dass gegen gewisse Dinge, die Ahriman will, nur das hilft, dass man ihn durchschaut, dass man weiß, dass er da ist.«[55]

Im Gegensatz zu dem verborgenen Wirken anderer übersinnlicher Mächte und Wesenheiten ist das Wirken der gestürzten ahrimanischen Geister auch ohne eigene hellseherische Wahrnehmung beobachtbar, weil wir Menschen es sind, in deren Denken, Fühlen und Wollen sie sich einnisten, und weil wir selbst unter diesem Einfluss die irdisch-materiellen Fakten schaffen, die das Gesicht unserer Zeit prägen.

Im Übrigen ist zu bedenken, dass es sich auch bei diesen Geistern um Angeloi handelte, die von allen höheren Wesen dem Menschen am nächsten stehen.

Die Macht dieser unsichtbaren Gegner ist gewaltig, aber keineswegs grenzenlos: Gegen übergeordnete historische Vorgänge wie das Herunterfließen spiritueller Weisheit und den Schwellenübergang können sie nichts ausrichten. Wohl aber liegt es in ihrer Macht, die Menschen zu täuschen und heillose Verwirrung zu stiften, das positive Bestreben abzulenken auf Irrwege und für echte Bedürfnisse Scheinbefriedigungen zu schaffen.

Dennoch ist der Mensch ihnen nicht hilflos ausgeliefert. Seine Waffe ist das *Durchschauen* ihrer Machenschaften, denn das vertragen diese Geister nicht; sie sind nur dann erfolgreich, wenn ihr Einfluss unbemerkt bleibt. Meine weiteren Ausführungen möchten ein solches Durchschauen anregen.

Die Ausstülpung der seelisch-geistigen Kräfte als Zeitschicksal

Zum besseren Verständnis des Folgenden ist hier zunächst an einiges zu erinnern, was in Kapitel 4 dargelegt wurde. Die Menschheit steht nach dem Erreichen des Nadelöhrs vor einer schicksalhaften Entscheidung: Bleibt sie bei der Isolation des Einzel-Ich stehen, droht die geschilderte Verhärtung, die in eine Sackgasse voller Perversionen führt. Die Entwicklung kann nur dann in gesunder Weise weitergehen, wenn der Trend zur Einstülpung in den Leib, der zur Emanzipation der Individualität notwendig war, sich jetzt umkehrt zu einer *Ausstülpung* aller seelisch-geistigen Kräfte des Menschen, also seines Denkens, seines Fühlens und seiner Willenskräfte. Jeder Geistesschüler weiß, was das für ihn bedeutet: Kaum ist die Schwelle überschritten, streben die drei Kräfte – von ihrer Leibesbindung befreit – in die Weiten des geistigen Raumes hinaus und trennen sich voneinander, sodass eine Persönlichkeitsspaltung droht, wenn das Ich nicht durch eine besondere Schulung dem entgegenwirken kann.

Im Schlaf stülpen sich auch alle anderen Menschen mit ihrem Ich und den drei inneren Kräften aus der Leiblichkeit heraus und gelangen unbewusst ebenfalls an die Schwelle zur geistigen Welt, die gemäß dem Zeitschicksal überschritten werden muss. Steiner betonte, dass dies in jedem Falle geschieht, auch wenn die Menschen nichts davon bemerken. Daher wird bei ihnen dasselbe Gesetz wirksam, dem auch der Geistesschüler unterliegt: Denken, Fühlen und Wollen beginnen sich zu trennen und eigene Wege zu gehen.

Äußere Anzeichen für diese einsetzende Veränderung sind durchaus vorhanden. Das schon erwähnte Bösewerden der menschlichen Intelligenz dürfte dazugehören. Dazu passt eine kleine Parabel aus den «Lesebuchgeschichten» von *Wolfgang Borchert* (1921 – 1947):

«Der Mann mit dem weißen Kittel schrieb Zahlen auf das Papier. Er machte ganz kleine zarte Buchstaben dazu. Dann zog er den Kittel aus und pflegte eine Stunde lang die Blumen auf der Fensterbank. Als er sah, dass eine Blume eingegangen war, wurde er sehr traurig und weinte.

Und auf dem Papier standen die Zahlen. Danach konnte man mit einem halben Gramm in zwei Stunden tausend Menschen tot machen. Die Sonne schien auf die Blumen. Und auf das Papier.»

Werden die Menschen sich des Auseinanderklaffens bewusst, dann stehen sie vor derselben Aufgabe wie der Geistesschüler: Der ursprünglich naturgegebene Zusammenhalt der drei Bereiche muss jetzt durch bewusste eigene Anstrengung neu geschaffen werden. Vollständig gelingt das erst, wenn der Mensch gelernt hat, sein Ich willentlich aus der festen Bindung an den Leib zu lösen, um mit seinem höheren Ich die geistige Welt zu betreten.

Doch davon ist die Menschheit insgesamt noch weit entfernt, und die ahrimanischen Mächte haben auch alles darangesetzt, ihr diesen Weg zu verbauen. Die Ausstülpung der drei inneren Kräfte war zwar nicht zu umgehen, aber sie wurde so ins Werk gesetzt, dass sie dem Menschen Anstrengungen erspart und ihn in der irdisch-materiellen Welt festhält: Denken, Fühlen und Wollen, die bisher ihren Ort im Menschen selbst hatten, wurden materialisiert in Maschinenform nach außen gesetzt. Sie bildeten fortan eine künstliche eigene Welt, die das Leben auf der Erde grundlegend veränderte. Die Historiker kennen dieses Geschehen unter dem Terminus *Industrielle Revolution,* die sich von England aus über Europa und die USA in die Welt ausbreitete.

Technikschöpfung in drei Schüben

Die Industrielle Revolution begann in der zweiten Hälfte des 18. Jahrhunderts mit der Erfindung von Maschinen, die das übernahmen, was der Mensch bis dahin unter Aufbietung seiner *Willenskräfte* körperlich leisten musste, nur unterstützt durch Tiere, Wind oder Wasserkraft: Dampfkraft trieb die Pumpen zur Entwässerung der Kohlebergwerke an und bald auch Spinn- und Webmaschinen sowie Lokomotiven. Es folgten die mit Gas oder Benzin betriebenen Motoren für Automobile und Flugzeuge sowie der universell einsetzbare Elektroantrieb. Das alles diente nicht nur der Entlastung von harter körperlicher Arbeit, sondern erweiterte auch den Aktionsradius der Menschen ins Unermessliche und half ihnen, mehr als je zuvor die äußere Welt umzugestalten. Bis in die heutige Zeit hinein sind Wissenschaft und Industrie noch immer mit der Weiterentwicklung solcher Kraftmaschinen beschäftigt.

Währenddessen setzte in der zweiten Hälfte des 19. Jahrhunderts der zweite Schritt der Ausstülpung ein: die Medienrevolution (in meiner Einführung und in Kapitel 2 schon skizziert). Innerhalb weniger Jahrzehnte häuften sich die Erfindungen zu dem Thema: Wie können wir Sinneseindrücke maschinell imitieren? Grammophon und Film, Rundfunk und Fernsehen wurden zu Instrumenten, mit denen es möglich wurde, ein Massenpublikum nicht nur zu informieren, sondern bis tief in sein *Gefühlsleben* zu beeinflussen und zu lenken.

Während die Medien weiterentwickelt wurden, trat ab der Mitte des 20. Jahrhunderts der elektronisch betriebene Computer hinzu, mit dem, wie schon ausgeführt, die logischen Strukturen des menschlichen *Denkens*, Rechenvorgänge und Gedächtnisleistungen in Maschinen ausgelagert wurden. Auch diese Entwicklung ist noch nicht abgeschlossen; weltweit arbeiten derzeit Forscher daran, die Hardware wie auch die Software der Computer nach dem Vorbild des menschlichen Gehirns so einzurichten, dass sie unserem Denkvermögen immer ähnlicher werden. Ein Nebeneffekt ist dabei die Entdeckung, wie komplex, flexibel und ökonomisch das menschliche Denken arbeitet, ganz abgesehen von seiner Inspirationsfähigkeit. Ob die in Entwicklung befindliche «Künstliche Intelligenz» (KI) das jemals erreichen oder sogar übertreffen kann, darüber streiten die Gelehrten.

Kraftmaschinen auf dem Weg zur Schwelle

Das aber ist nicht alles: Die Geister der Finsternis beschränkten sich nicht auf das Projekt der maschinellen Ausstülpung menschlicher Grundkräfte, sondern initiierten zusätzlich in jedem Bereich einen intensiven Prozess ständiger Höherentwicklung, mit dem Ziel, den Punkt zu erreichen und zu überschreiten, an dem die sinnliche Welt endet. Sie steuerten damit auf Schwellenereignisse zu, die es in dieser Art in der Geschichte noch nie gegeben hatte.

An einigen ausgewählten Beispielen möchte ich das im Folgenden verdeutlichen.

Thomas Newcomen baute 1712 die erste industriell einsetzbare Dampfmaschine. Sie hatte die Höhe eines zwei- bis dreistöckigen Hauses (Abb. 5), arbeitete sehr langsam und hatte noch einen geringen Wirkungsgrad. In der weiteren Entwicklung (1769 Dampfmaschine von *Watt,* 1860 *Otto*-Motoren, 1866 Elektromotor von *Siemens*) wurden die Maschinen immer leistungsstärker und konnten daher bei Bedarf auch wesentlich kleiner ausfallen. Daraus resultierte ein Trend, der sich früh schon in der Geschichte der Eisenbahnen zeigte:

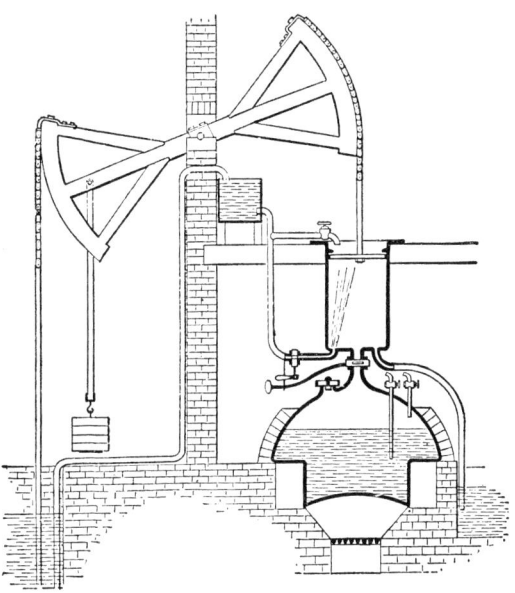

Abb. 5: Die atmosphärische Dampfmaschine von Thomas Newcomen von 1712

Alle Schienenfahrzeuge folgten zunächst dem gewohnten Muster des Pferdegespanns. Im Berliner Stadtverkehr z.B. zogen noch bis zum Ende des 19. Jahrhunderts Pferde die Straßenbahnen auf Schienen. In den überregionalen Schienennetzen hingegen wurden die Pferde ersetzt durch eine rollende Dampfmaschine, deren Leistung in Pferdestärken (PS) gemessen wurde. Erst am Ende des 19. Jahrhunderts (wenn man so will: pünktlich zum Ende des Kali Yuga) begann mit der weltweit ersten *elektrischen Straßenbahn* von Siemens & Halske 1881 in Berlin der Sprung in eine neue Ära: Der Straßenbahnwagen mit den Passagieren bewegte sich wie von Geisterhand gezogen ohne vorgespannte Lokomotive durch die Straßen. Des Rätsels Lösung: Siemens hatte den Elektromotor unter dem Boden angebracht, der Strom wurde aus den beiden Schienen bezogen. Die Antriebstechnik entzog sich also der Sichtbarkeit.[56]

Diese Zielrichtung wurde bis in unsere Tage bestimmend für die Fortentwicklung der Kraftmaschinen. Ich überspringe den weiteren Gang[57] und komme gleich zu dessen Höhepunkt um die Wende vom 20. ins 21. Jahrhundert: 1995 stellte die Presse ein fahr- und steuerbares Auto vor, das die Größe eines Reiskorns hatte, also nur noch mit einer starken Lupe genauer betrachtet werden konnte. 2000 arbeiteten amerikanische Forscher an einem winzigen U-Boot mit Bakterienantrieb, das mit einem Propeller in feinsten Blutadern herumfahren sollte, um beispielsweise Arterien zu säubern. Es sollte «kleiner als ein Millionstel Millimeter» sein.[58] 2006 wurde in den USA ein Mobil vorgestellt, das nur noch aus sechzehn Atomen bestand, mit einem molekularen Schaufelrad, das sich unter dem Einfluss von ultraviolettem Licht drehte.[59] 2016 erhielten drei Forscher den Nobelpreis für die Entwicklung und Konstruktion molekularer Maschinen, die tausendmal kleiner sind als eine Haaresdicke. Sie hatten «im Labor fabrizierte Moleküle zusammengebaut, die wie eine kleine Maschine gezielt bestimmte Arbeiten verrichten können».[60]

Die Technik überschritt damit endgültig die Grenze, die den menschlichen Sinnen gesetzt ist. Dieses Ereignis weist eine (von den ahrimanischen Geistern sicherlich gewollte) Ähnlichkeit auf mit dem Überschreiten der Schwelle zur geistigen Welt, die ja ebenfalls aus der sichtbaren in die unsichtbare Welt führt. Nur beginnt dort die *geistig-übersinnliche* Welt, während die ahrimanisch inspirierte Technik in der materiellen Welt bleibt und hier in *physisch-untersinnliche* Bereiche vordringt, nicht nur in Bezug auf die Produkte, die sich der Sichtbarkeit entziehen, sondern auch hinsichtlich der beiden Antriebskräfte Elektrizität und Magnetismus, für die der Mensch keine Sinnesorgane besitzt; nur die Wirkung dieser Kräfte können wir wahrnehmen.

Computertechnik auf dem Weg zur Schwelle

Denkprozesse sind im Gehirn bekanntlich mit feinen elektrischen Strömen verbunden, die sich abgreifen und messen lassen. So war es nur folgerichtig, dass sich die Auslagerung des menschlichen Denkens in Maschinen ebenfalls der Elektrizität bediente. Erst dadurch konnte 1936 bis 1946 die Entwicklung moderner Computer beginnen. Den Anfang machte *Konrad Zuse* 1936 in Berlin. Er entwickelte sein Modell Z 1 so weiter, dass er 1941 seine Z 3 als den ersten frei programmierbaren Digitalrechner der Welt vorstellen konnte.

Da aber die Z 3 und die gleichzeitig in den USA entwickelten Computer noch mit elektromechanischen Bauteilen (Relais) oder mit Röhren arbeiteten, hatten sie ein beträchtliches Volumen und Gewicht. So war die Z 3 groß wie eine Schrankwand und wog 1 Tonne. Der 1944 in den USA in Betrieb genommene Rechner MARK 1 wog 5 Tonnen und nahm eine Frontlänge von 16 Metern ein. 1946 folgte der von der US-Armee genutzte Computer ENIAC, der monströse Dimensionen hatte: Er beanspruchte eine Fläche von 10 x 17 Metern und wog 27 Tonnen. Für seine 17.468 Elektronenröhren und Zehntausende anderer Bauteile benötigte er laut Wikipedia 140 kW Strom und kostete (nach heutigem Wert) mehr als 7,3 Milliarden Dollar.[61]

Selbst im Traum wäre es keinem der damaligen Erbauer eingefallen zu glauben, dass solche Geräte irgendeine Bedeutung im praktischen Leben der Menschen haben könnten, außer vielleicht in einigen Fabriken und Laboratorien. Denn wer geht schon im Alltag mit solchen Kolossen um?! Dementsprechend schätzte der IBM-Chef Thomas J. Watson 1943 den weltweiten Bedarf an solchen Geräten auf «vielleicht fünf Computer»! Heute reizt diese Fehleinschätzung zum Lachen. Denn wie ging die Entwicklung weiter?

Noch zwei Jahrzehnte lang schienen die Computer tatsächlich nicht alltagstauglich zu werden. Beispielsweise hatte die 1956 von IBM entwickelte erste Computer-Festplatte die Größe eines Kühlschranks und benötigte zum Transport einen Lastwagen. Ihre Kapazität betrug 5 Megabyte; das wäre heute kaum ausreichend für das Speichern von einer Handvoll Fotos. Erst in den 1960er- und 1970er-Jahren begann der Sprung in die Zukunft: Die Elektronenröhren wurden ausgetauscht gegen Transistoren aus dem Halbleiterelement Silizium, die wesentlich kleiner waren, wenig Strom verbrauchten und überdies viel zuverlässiger arbeiteten als die häufig ausfallenden Röhren. Mit ihnen konnte man alle Bausteine eines Prozessors auf einem wenige Quadratmillimeter großen *Mikrochip* zusammenfassen, und nun begann ein jahrzehntelanger Wettlauf der Ingenieure, möglichst viele Transistoren auf einem Mikrochip unterzubringen.

Die Miniaturisierung ging so stürmisch voran, dass *Gordon Moore,* der spätere Mitbegründer der weltweit führenden Firma Intel, 1965 eine gewagte Prognose in die Welt setzte, die dann als «*Moore's Gesetz*» in die Geschichte einging: Alle 18 bis 24 Monate, so behauptete er, werde sich die Anzahl der Transistoren auf den Mikrochips verdoppeln. Erstaunlicherweise wurde das tatsächlich erreicht, weil die Ingenieure sich genau das zum Ziel setzten. Enthielt ein Intel-Prozessor 1971 noch 2.300 Transistoren, so waren es im Jahre 2018 bei gleicher Größe bereits 12 Milliarden. Die Strukturen auf einem heutigen Chip liegen infolgedessen im Bereich von wenigen Nanometern (= Millionstel Millimetern) – weit unterhalb der Sichtbarkeit.

Um die Größen- und Leistungsverhältnisse etwas anschaulicher zu machen, hier ein kleiner Vergleich: Zuses kleiderschrankgroße Z 3 konnte 64 Zahlen speichern; sie brauchte für eine Addition 0,6 Sekunden, für eine Multiplikation etwa 3 Sekunden. Ein i-Phone der neuesten Generation dagegen schafft mit seinen etwa 6 Milliarden Transistoren bis zu 8 Billionen Berechnungen pro Sekunde. Auf die Fläche, die der Punkt am Ende dieses Satzes einnimmt, passen im Smartphone mehr als 1 Million Transistoren.

Inzwischen jedoch gerät die Miniaturisierung physikalisch an ihre Grenzen, weil sie nur noch in den atomaren Bereich hinein fortgesetzt werden könnte, und auch das nicht unbegrenzt, ganz abgesehen von den exorbitanten Entwicklungskosten. Gleichzeitig fallen aber durch den wachsenden Einsatz der Künstlichen Intelligenz in vielen Bereichen (beispielsweise autonomes Fahren) gigantische Datenmassen an, für die bereits in naher Zukunft noch viel größere Leistungen erforderlich wären, und so wird schon über den Bau von Quantencomputern nachgedacht, die mit subatomaren (!) Partikeln arbeiten.

Zusammenfassend ist festzustellen: Die Computertechnik hat die Schwelle von der sichtbaren Welt in die unsichtbare (physikalische) Welt längst überschritten.

Anzufügen ist hier noch der Hinweis, dass Hand in Hand mit dem Trend zur Miniaturisierung der Trend zur *Automatisierung* technischer Abläufe ging. Wo früher Tausende von Menschen am Fließband standen und z.B. Autos zusammenschraubten, stehen heute Roboter in menschenleeren Hallen und verrichten die Arbeit. Wo früher Dutzende von Menschen gebraucht wurden, um komplizierte Berechnungen anzustellen, arbeiten heute selbsttätig elektrische Rechner in Sekundenschnelle. Automatisierung entlastet den Menschen von Arbeit, aber zugleich raubt sie ihm die Wahrnehmung der ablaufenden Prozesse, sodass der Vorgang als solcher seinen Sinnen entschwindet. Nur noch das Ergebnis wird wahrgenommen. So drängt moderne Technik auch hier in die Unwahrnehmbarkeit.

Medientechnik und die Aufhebung von Raum und Zeit

In früheren Zeiten konnte eine schriftliche Nachricht ihren Empfänger außer mit Brieftauben nur mithilfe von Boten erreichen, die zu Fuß oder zu Pferde oder mit der Postkutsche die räumliche Distanz überwanden. Sobald aber die vom Telegraphen gesteuerte Elektrizität per Kabel oder Funk die Rolle des Boten übernahm, gelangte die Nachricht in Sekundenschnelle an den Empfänger. Die Entfernung spielte keine Rolle mehr, sie war wie ausgelöscht, und mit ihr auch alle Strapazen des Überbringens. Noch faszinierender wurde der Vorgang ab dem Moment, als man mit einem weit entfernten Menschen per Telefon direkt sprechen konnte, als stünde er vor einem. Für die ersten Nutzer muss es ein erhabenes Gefühl gewesen sein: *Der Mensch ist von der uralten Bindung an den irdischen Raum befreit und aller Mühen enthoben.*

Anfangs konnte man Ferngespräche noch daran erkennen, dass sie mit vielen Störgeräuschen verbunden waren. Nach der Einführung der Digitaltechnik aber entfiel dieser Effekt, und seitdem hört man hierzulande einen Gesprächspartner z.B. aus Neuseeland im Telefonhörer genauso klar und deutlich wie einen Partner beim Ortsgespräch. Dass für dieses Wunder der halbe Erdumfang überwunden werden muss, dringt nicht mehr ins Bewusstsein. Wenn dann über Skype, zusätzlich zum Ton, auf dem Bildschirm auch noch der Gesprächspartner sichtbar wird und jeder den anderen beim Sprechen beobachten kann, ist man in der virtuellen Realität angekommen, die sich in die handgreifliche Realität hineinschiebt.

Die Digitaltechnik vermag uns aber nicht nur aus den Raumdimensionen der Erde herauszuheben; sie bewirkt auch eine Aufhebung der Zeit, wiederum auf rein technische Weise. Wie in der Einleitung schon angeklungen, werden Schallereignisse

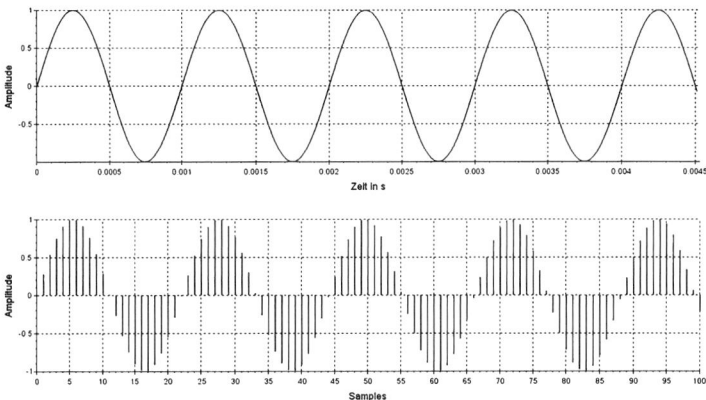

Abb. 6: Umwandlung analoger Schallsignale in digitale Messwerte durch rund 20.000 Abtastungen pro Sekunde

digital nicht als ein Schwingungsgeschehen erfasst und übertragen, sondern als eine Summe codierter Messwerte, die an den Amplitudenschwingungen gewonnen wurden. Das Schema in Abbildung 2 (S. 27) zeigte ein Verfahren, bei dem die Amplituden des Schalls 8.000mal pro Sekunde abgetastet werden. Das genügt den Minimalanforderungen an die Übertragung gesprochener Sprache. Nun ist aber jede Messung von so unendlich kurzer Dauer, dass zwischen jeder der 8.000 Messungen noch ein freier Zeitraum von 125 Mikrosekunden Platz bleibt, der zur Abtastung von parallel stattfindenden Telefongesprächen genutzt werden kann.

Abbildung 6 zeigt eine Abtastung, die pro Sekunde 20.000-mal stattfindet, und selbst da würde zwischen den Abtastungen noch reichlich Platz bleiben für viele weitere Parallelgespräche. Dieser Platz wird heute wegen der massiv anschwellenden Datenmassen dringend gebraucht. Um die Kapazität zu erhöhen, werden statt der traditionellen Kupferkabel bevorzugt Glasfaserkabel für die Übermittlung eingesetzt. Jedes Kabel dieser

Art enthält bis zu tausend einzelne Glasfasern, in denen die digitalen Daten nicht elektrisch, sondern durch Lichtimpulse transportiert werden. Die Fasern sind bis zu 9 Tausendstel Millimeter dünn und so lichtdurchlässig, dass die Impulse fast ohne Widerstand hindurchgehen. Man kann nur staunen, was damit möglich ist: Jede einzelne Faser kann rund 100 Milliarden Telefongespräche *gleichzeitig* übertragen![62] Die Zeit zwischen den Abtastungen geht infolgedessen gegen Null, ins Nichts.

Zusammenfassend können wir feststellen: Ebenso wie die Technologie der Kraftmaschinen und der Computer führt auch die digitale Medientechnik den Menschen an eine Schwelle heran, die derjenigen zu gleichen scheint, die von der physischen in jene andere Welt hinüberführt, in der die irdischen Dimensionen von Raum und Zeit keine Gültigkeit mehr haben. Traditionell wird diese andere Welt als das Jenseits oder als die Ewigkeit bezeichnet. Wer in die virtuelle Realität der Medien eintaucht, lässt technisch gesehen Raum und Zeit ebenso hinter sich, wie es ein Einweihungsschüler oder ein Sterbender tut, nur dass der Mediennutzer nicht in das Reich der übersinnlichen Mächte eintritt, sondern sich mit den untersinnlichen Kräften der Maschinenwelt verbindet, die eine Scheinwelt erzeugen – auch dies ein gelungenes Gegenbild der ahrimanischen Geister zum anstehenden Schwellenübergang der Menschheit.

Ahrimanische Aporie

Würden die vorangegangenen Skizzen so verstanden, als bedeute der Umgang mit moderner Technik ein Sich-Einlassen auf das *absolut Böse*, das uns in den Abgrund reißt, dann würde das dem wahren Sachverhalt nicht gerecht. Die Geister der Finsternis haben sich nämlich mit dem Aufbau der genannten drei

Technikbereiche ein grundsätzliches, nicht zu lösendes Problem eingehandelt, wie sich aus den folgenden Überlegungen ergibt.

Die geistige Welt hatte durch den Sturz der ahrimanischen Geister freie Hand gewonnen, wieder spirituelle Weisheit auf die Seelen «herabträufeln» zu lassen. Dieses Geschenk der göttlichen Mächte konnten die Gegenspieler nicht abwenden. Sie konnten nur versuchen, es zu konterkarieren, indem sie ihrerseits der Menschheit ein Geschenk machten, das erfreuen und verlocken würde, weil es verhieß, ohne die Mühe der Selbstverwandlung die Schwelle überschreiten zu können. Um das glaubwürdig zu erreichen, waren sie gezwungen, analog zu der welthistorisch anstehenden Ausstülpung der seelisch-geistigen Kräfte des Menschen *nach oben* in die geistige Welt eine ebensolche Ausstülpung *nach unten* in die irdische Welt zu bewerkstelligen.

Gedacht war das als ein Gegenbild oder Zerrbild zu dem göttlichen Plan, geriet aber ungewollt zur Bereitstellung eines Instrumentariums, mit dessen Hilfe die Menschheit potenziell die Bemühungen der Gegenmächte hätte scheitern lassen können. Denn die neue Technik bot bei sinnvoller Nutzung ausgezeichnete Möglichkeiten, die Entwicklung des globalen Bewusstseins, das die heutige Situation fordert, voranzutreiben, wie oben besprochen.

Etwas wie eine Ironie des Weltenschicksals liegt in diesem Vorgang: Durch ihr eigenes Tun sehen sich die ahrimanischen Mächte wie Mephisto in Goethes *Faust* in dem Dilemma, dass sie mit der festen Absicht, «*stets das Böse*» zu schaffen, zugleich auch Gutes schaffen und damit ungewollt die positiven Bestrebungen ihrer Gegner in der geistigen Welt unterstützen.

Wie sehr sie das in ihrem Kernanliegen trifft, ahnen wir, wenn wir auf das Zentralereignis der Menschheitsgeschichte blicken, auf die Opfertat Christi. Sie wäre sinnlos gewesen, wenn es im göttlichen Weltenplan gelegt hätte, die Menschen der Erde zu entfremden und dafür zu sorgen, dass ihr ganzes Streben sich nur noch himmelwärts richtete. Zur Höherentwicklung des Ich gehört auch ein neues, diesmal vollbewusstes Interesse und Engagement für die Erde, auf der wir leben. Nur wenn sich der Mensch mit derselben Intensität, mit der er sich dem Göttlichen zuwendet, auch der Erde zuwendet, um sie mit den Impulsen aus der geistigen Welt zu befruchten und zu gestalten, erfüllt er seine Mission, handelt er im Sinne des Christuswillens. Wahres Menschentum lebt im Atmen zwischen den Polaritäten von Himmel und Erde.

Die Menschheitsgeschichte war mit dem beginnenden 20. Jahrhundert an den Punkt gekommen, an dem der Mensch selbst die Verantwortung für das Schicksal von «Mutter Erde» zu übernehmen hat, und das kann er nur, indem er lernt, sein Denken, sein Fühlen und sein Handeln nicht nur egoistisch auf sich selbst und den allernächsten Umkreis zu richten, sondern es auf den ganzen Erdball und dessen Umraum auszuweiten. Dazu aber sind geeignete Werkzeuge notwendig, und ebendie wurden von den Geistern der Finsternis zur Verfügung gestellt:

- *Kraftmaschinen* ersetzen nicht nur Arbeit, sie schaffen auch Reise- und Bewegungsfreiheit bis in fernste Regionen, sodass Echtbegegnungen mit fremden Kulturen und Erdregionen stattfinden können und ein menschheitsumgreifendes Bewusstsein angelegt wird.
- *Medien* ermöglichen weltweite Verständigung unter den Menschen und die Beobachtung der Weltvorgänge in einem Umfang und einer Intensität, die früher unmöglich waren.
- *Computer* unterstützen das Bemühen, die äußerst komplexen Vorgänge des Erdorganismus und des Kosmos immer besser wahrzunehmen und wissenschaftlich zu erforschen, sodass sich das eigene Handeln daran orientieren kann.

Angenommen, die Menschen hätten diese Instrumente konsequent dazu genutzt, das Gute in der Welt zu stärken und dem Menschheitsfortschritt im rechten Sinne zu dienen, dann stünden die Geister der Finsternis vor dem Ergebnis, dass sie das, was sie verhindern wollten, nicht nur nicht verhindert, sondern sogar noch gefördert hätten. Das war das Risiko, das sie mit ihren (durchaus genialen) Bemühungen wohl oder übel eingehen mussten.

Erste Runde des Kampfes: Unentschieden

Bei einem nüchternen Blick auf die Realität wird man allerdings kaum behaupten können, die Menschheit habe die gebotenen Möglichkeiten vollständig im Sinne des Guten ergriffen. Zwar haben zahlreiche Menschen das Angebot tatsächlich so genutzt und damit sehr viel Gutes und Sinnvolles bewirkt; das sollte nicht geringgeschätzt werden. Die große Mehrheit indessen setzte die neuen Instrumente zu ganz anderen Zwecken ein, zu Erholung, Vergnügen, Spaß und Unterhaltung oder auch zugunsten des Prestiges und persönlicher Vorteile bis hin zur Steigerung des Profits, von kriminellen Motiven ganz zu schweigen. Das alles muss hier nicht näher ausgeführt werden. Wichtig ist aber festzuhalten, dass die Nutzung zu mehr oder weniger egoistischen Zwecken den Gegenmächten die Gelegenheit bot, die Menschen unmerklich doch auf ihre Wege zu lenken und sie unbemerkt zu beeinflussen.

Das bedeutet freilich nicht, dass sie ihr Spiel schon gewonnen hätten. Aber es mischten sich nun eindeutig positive Nutzungen zum Wohle der Menschheit mit einer überwiegenden Zahl fragwürdiger oder negativer Nutzungen.

Hier wird der geistige Hintergrund für die in den Kapiteln 2 und 3 besprochene rätselhafte Ambivalenz elektronischer Medien sichtbar: Das Ziel der ahrimanischen Geister war es, die Menschen zu täuschen, und so konnten sie nicht umhin, ihre «Ausstülpung nach unten» so zu gestalten, dass sie der «Ausstülpung nach oben», die von den Geistern des Lichtes befördert wurde, zum Verwechseln ähnlich sah. Ihr Gegenentwurf musste, um bei den Menschen zu verfangen, wenigstens dem Anschein nach zum Guten führen, und so enthielt er tatsächlich diese Möglichkeit – wohlgemerkt: die Möglichkeit, nicht die Garantie.

Es war nicht immer eine Lüge, wenn neue technische Geräte und Erfindungen als etwas Gutes angepriesen wurden, das dem Menschen dienlich sei. Doch um den Widersachern nicht auf den Leim zu gehen, musste in jedem einzelnen Falle sorgfältig geprüft werden, wo eine wirklich positive, unschädliche Nutzung möglich ist und wo man sich besser nicht darauf einlässt. Die Entscheidung darüber blieb den Menschen überlassen, wurde aber selten wahrgenommen, sodass man sich unversehens in die negativen Wirkungen verstrickte.

Dieses Versagen hatte jedoch einen Effekt, der den Widersachern gar nicht gefallen konnte: Indem die Menschen sich unreflektiert auf die Angebote einließen und keine Grenzen setzten, wurden die negativen Wirkungen so stark, dass in der Öffentlichkeit allmählich ein Erwachen einsetzte. Die Täuschung, der man sich naiv hingegeben hatte, war nicht mehr zu verdrängen und wurde schließlich zu einem öffentlich diskutierten Thema:

- Der Einsatz der Kraftmaschinen in Industrie, Wirtschaft und Verkehr ist statt zum Segen zu einem Fluch für die Welt geworden, weil er die Atmosphäre, Flora und Fauna und überhaupt das ökologische Gleichgewicht der Natur zu zerstören droht.

- Bildschirmmedien, extensiv genutzt, führen vor allem bei Kindern und Jugendlichen nachweisbar zu Schädigungen des Körpers, zu gesundheitlichen Beeinträchtigungen und psychischen Fehlentwicklungen. Das lässt sich ehrlicherweise nicht mehr leugnen und gibt ebenfalls Anlass zu düsteren Zukunftsaussichten.[63]
- Computer werden im Internet immer mehr zum Angriffsziel von Hackern und Kriminellen, aber auch von lästiger Werbung, Fake News und massenhaften Spams. Die geheime Überwachung der Internetaktivitäten schafft den gläsernen Bürger. Die ungenügende Sicherheit im Netz beginnt ganze Wirtschaftszweige zu bedrohen, die uferlose Erhebung persönlicher Daten beunruhigt und empört die Bevölkerung.

Die unsichtbaren Urheber dieser negativen Wirkungen werden noch immer nicht erkannt, aber die existenzielle Gefahr, die in ihrem «Trojanischen Pferd» verborgen war, liegt jetzt für jedermann sichtbar zutage. Die Menschheit hat etwas dazugelernt, und folglich müssen die Geister der Finsternis ihre Anstrengungen erhöhen und ihren Feldzug umso intensiver auf anderen Gebieten fortführen. Die erste Stufe ihres Masterplans, wenn man so sagen darf, ist abgearbeitet, eine zweite steht an.

6. Die Gespenstergalerie

Mit den geschilderten drei Technikschüben gelang es den ahrimanischen Geistern, die anstehende Ausstülpung der geistigseelischen Grundkräfte statt himmelwärts hinab ins IrdischPhysische zu lenken, also in denjenigen Bereich, der ihnen nach dem Sturz aus der geistigen Welt für ihre Machtausübung geblieben war. Ihre Wirkung war eine doppelte: Äußerlich durchsetzten sie die Welt mit Maschinen, Industrie und Technik, innerlich imprägnierten sie das Denken und Empfinden der Menschen mit extrem materialistischen Vorstellungen.

Scheinzugänge zur geistigen Welt

Nun lehrt aber die Geschichte, dass eine extreme Einseitigkeit nach einiger Zeit Gegenbewegungen wachruft, die das Pendel in die andere Richtung ausschlagen lassen. So geschah es auch hier: Ungeachtet aller technischen Triumphe stellte sich ab den späten 1960er-Jahren ein Bedürfnis nach Alternativen zum herrschenden Materialismus ein, ja es entwickelte sich sogar eine Sehnsucht nach Spiritualität und seelisch berührenden Imaginationen. In der Literatur äußerte sie sich in einer neuen Vorliebe für mythisch anmutende Stoffe wie etwa den *Herrn der Ringe*.

Damit nicht genug: Tätigkeiten wie Yoga, Meditation und Kontemplation, die aufgeklärte Zeitgenossen bis dahin als okkulten Fetischismus verspottet hatten, wurden plötzlich gesellschaftsfähig und hatten nichts Anrüchiges mehr an sich. Scharen junger Menschen begeisterten sich für esoterische Traditionen im asiatischen Raum, wo solche Übungen seit Jahrhunderten dazu dienten, in den Kosmos hinter der sinnlichen Welt vorzudringen. Von Reisen zu indischen Yogis und Gurus erhoffte man sich eine seelische Befreiung, wenn nicht sogar Erleuchtung.

Für die Gegenmächte war das mit Sicherheit beunruhigend. Denn wer ernsthaft daran arbeitet, sein Ich durch bestimmte Übungen aus der festen Leibesbindung herauszulösen, um im erhöhten Wachzustand an den Hüter der Schwelle heranzukommen, der begibt sich auf den Weg, zum bewussten Bürger der geistigen Welt zu werden und aus ihr seine Impulse zu schöpfen. Und ein solcher ist wie kein anderer in der Lage, das Treiben der Widersacher zu durchschauen.

So kann es nicht verwundern, dass der esoterische Trend sehr bald seine Stoßkraft verlor und zusehends verflachte, weil aus dem Hintergrund dafür gesorgt wurde, dass die Meditierenden nicht zu einer echten übersinnlichen Erfahrung kamen, sondern Meditation als ein Mittel zur Steigerung ihrer Gesundheit und ihres Wohlbefindens oder sogar als sexuelles Stimulans begriffen wurde statt als einen Erkenntnisweg. Ablesbar war das u.a. an den reißerischen Werbesprüchen, die an den Egoismus der Menschen appellierten, indem sie grandiose innere Erlebnisse ohne aufwendige Schulung versprachen. Die «Transzendentale Meditation» z.B. verfolgte Methoden, die tatsächlich sehr schnell und fast mühelos eindrucksvolle Erfahrungen vermittelte, mit denen aber niemand einen wirklichen Zugang zur geistigen Welt erreichen konnte. Im Übrigen erwies sich auch der Einsatz von Drogen als ein wirksames Mittel, wahrhaft suchenden Menschen ein Überschreiten der Schwelle zur geistigen Welt vorzugaukeln und sie damit der sinnlichen Welt zu entfremden, die zu gestalten und weiterzuentwickeln dann nicht mehr von Interesse war.

Der Weg zur neuen Imaginationsfähigkeit

Sosehr diese Episode auch den Anschein eines modischen Trends oder eines Strohfeuers erwecken mochte, so lag doch in ihr das Wetterleuchten einer zukünftigen Notwendigkeit, auf die hinzuweisen Rudolf Steiner nicht müde wurde, weil von ihrer Bewältigung unendlich viel abhängen wird. Es geht um eine Entwicklungsaufgabe, vor die uns das Auseinanderklaffen von Denken, Fühlen und Wollen stellt: Das seit der Antike errungene logisch-diskursive Denken darf nicht auf dem erreichten Stand stehenbleiben. Wir müssen es durch bewusste Schulung auf eine neue, höhere Stufe heben, um die Einseitigkeit der modernen Wissenschaft zu überwinden, die gerade dadurch groß geworden ist, dass sie das Fühlen und Wollen als «subjektive Faktoren» aus ihrer Arbeit verbannt hat. Ihr Erfolg hat immanent ein gewaltiges Problem geschaffen, denn das vermeintlich moralfreie «objektive» Denken droht maschinell-kalt zu werden und zeigt sich durch seine menschliche Leere in hohem Maße auch für Unmoralisches und Unmenschliches empfänglich. Wozu das führen kann, haben uns die Katastrophen des 20. Jahrhunderts gelehrt.

Die Frage ist nun: In welche Richtung sollte sich das Denken fortentwickeln, ohne seine bisher erreichten Vorzüge aufzugeben? Es lag Rudolf Steiner fern, die moderne Naturwissenschaft zu verurteilen. Gleichwohl versuchte er Gegengewichte zu schaffen durch innerseelische Tätigkeiten, die das eigentlich Menschliche, die innerste Kraft des Selbst, über sich hinauswachsen lassen – im gleichen Maße, wie die äußere Technik über sich hinauswächst. Er schlug vor, der verhängnisvollen Spaltung der seelisch-geistigen Kräfte durch eine gesteigerte Ich-Kraft entgegenzuwirken, die das Denken wieder mit dem Fühlen und Wollen zusammenführt, nicht etwa in schwärmerisch-nebulöser Art, sondern unter voller Beibehaltung der Bewusstheit und Stringenz, die durch das logisch-klare Denken erworben wurde. Er stellte dazu eine Form der Meditation vor, die beim gewöhnlichen Denken ansetzt und methodisch exakt zu einer ersten Stufe der Erkenntnis höherer Welten führen kann, zur *Imagination*.

Dieses Wort erinnert uns an das bildhafte Denken, das charakteristisch war für die Kulturen vor der griechisch-römischen Antike. Damals handelte es sich um einen letzten Rest des uralten Hellsehens, bei dem die geistige Welt nicht mehr direkt geschaut wurde, sondern nur noch in inneren, gleichnishaften Bildern sinnlicher Art, hinter denen sich das Eigentliche verbarg. Diese Bilder stellten sich beim Anblick der Sinneswelt ganz von selbst ein, vergleichbar unseren Traumbildern oder Vorstellungsbildern, die sich ebenfalls spontan einstellen.

Ganz anders bei Steiners neuer Form der Imagination: Hier vertieft sich der Meditierende z.B. in einen Spruch oder ein Mantra, indem er nicht etwa assoziativ seine Gedanken schweifen lässt, sondern den Inhalt gedanklich scharf umrissen vor sich hinstellt, zugleich aber sich bemüht, ihn mit seinem Fühlen immer mehr zu durchdringen und in sich lebendig zu machen, gewissermaßen als ganzer Mensch in ihn hineinzuwachsen. In ständiger Wiederholung des Versuchs muss enorme Willenskraft aufgeboten werden, damit das allmählich gelingt.

Erst nach langer geduldiger Übung wird sich das Ganze zu einem inneren Bild verdichten, das – obwohl durch und durch selbst erzeugt – wie ein lebensvolles eigenes Wesen vor das innere Auge tritt. Der Übende fängt an zu bemerken, dass er von einer geistigen Realität berührt wird, die eindeutig nicht aus ihm selber stammt. Sie tut sich hinter dem Schleier des Bildes kund. Es tritt also noch nicht ein Schauen der geistigen Welt ein (das erst in einer höheren Stufe erreichbar wird), wohl aber eine untrügliche Wahrnehmung ihrer Anwesenheit.[64] Diese fundamentale Erfahrung schafft das Vertrauen, auf dem Erkenntnispfad weiterzuschreiten.

Erwachender Hunger nach imaginativen Bildern

Mehr als zwei Jahrtausende hat es gedauert, bis das abstrakte bildlose Denken, das einst die Sphinx gefordert hatte, zu einer selbstverständlichen Fähigkeit der Menschheit geworden war. Inzwischen hat nach Steiner eine neue Menschheitsepoche begonnen, deren Ziel die Ausbildung eines spirituell-bildhaften Denkens und Sprechens sein wird. Er wies 1920 darauf hin, dass die Kinder schon jetzt aus der vorgeburtlichen Welt bildschaffende Kräfte mitbringen, die auf der Erde durch Bildhaftes in Sprache und Darstellung wachgerufen werden wollen:

«Jetzt beginnt die Zeit, in welcher die Seelen aus der geistigen Welt, indem sie durch die Empfängnis und die Geburt zum irdischen Leben heruntersteigen, sich Bilder mitbringen. Bilder, wenn sie mitgebracht werden aus dem geistigen Leben in dieses physische Leben herein, müssen unter allen Umständen, wenn Heil für den Menschen und für sein soziales Leben entstehen soll, unbedingt sich mit dem astralischen Leib verbinden, während sich das Bildlose nur verbindet mit dem Ich. (...) Dasjenige, was die Kinder zunächst erfahren sollen über die Wesen und Vorgänge im Tierreich, im Pflanzenreich, im Mineralreich, soll nicht in trockener, nüchterner Weise gesagt werden, sondern das soll gekleidet werden in das Bildhafte, in das Legendarische, in das Märchenhafte. Denn was da tief drinnen sitzt in der Kinderseele, das sind die in der geistigen Welt empfangenen Imaginationen. Die wollen herauf. Und wenn der Lehrer oder der Erzieher sich richtig zum Kinde verhält, bringt er ihm Bilder entgegen. Und indem der Lehrer Bilder vor das kindliche Gemüt hinstellt, zucken herauf aus dem kindlichen Gemüte diejenigen Bilder, oder besser gesagt, die Kräfte der verbildlichenden Darstellung, die empfangen worden sind vor der Geburt.»[65]

Von einer solchen Förderung des Bildhaften ist in der heute üblichen Pädagogik nicht viel zu bemerken, eher das Gegenteil: Schon den Schulanfängern und zunehmend sogar Kindergartenkindern werden bildlos-abstrakte kognitive Leistungen abverlangt, weil man darin aus Tradition das Ziel von Unterricht und Erziehung sieht. Umso stärker aber staut sich das Bedürfnis nach bildhaften Erlebnissen auf, durch die wenigstens ein Hauch von echter Spiritualität hindurchleuchtet. Findet dieser Drang in der Pädagogik des Kindesalters keine rechte Nahrung, dann sucht er sich im Erwachsenenalter andere Quellen.

Eine davon tat sich in der Literatur des 20. Jahrhunderts auf. Bahnbrechend wirkte hier die schon erwähnte Trilogie *Der Herr der Ringe* (*The Lord of the Rings*, 1954–1955) des englischen Philologen John R. R. Tolkien, die zu einem der erfolgreichsten Bücher des Jahrhunderts wurde (weltweit etwa 150 Millionen Mal verkauft). Die mythisch-magische Handlung des Werkes spielt in einer von Tolkien selbst erdachten altertümlichen Welt und handelt von dem dramatischen Kampf des Guten mit dem Bösen. – Damit war das entscheidende Thema gesetzt, das in unzähligen Lesern das Bedürfnis nach weiteren solchen Werken wach werden ließ, und das ebnete der High-Fantasy-Literatur den Weg,[66] die in der Folgezeit vielerlei Ausprägungen fand, zum Teil vermischt mit Science-Fiction oder auch Horrorliteratur.

Einen nächsten Höhepunkt bildete an der Wende zum 21.

Jahrhundert die siebenbändige Romanreihe *Harry Potter* von Joanne K. Rowling, die ihre (vor allem jugendlichen) Leser auf dem Entwicklungsweg des jungen Harry in das verborgene Reich der Magie begleitet und seinen gefährlichen Kampf gegen den Schwarzmagier Voldemort voller Spannung miterleben lässt. Die Reihe erreichte mit über 500 Millionen verkauften Exemplaren einen Weltrekord.

Von der literarischen zur digitalen Imagination

Die Filmindustrie erkannte schon früh das kommerzielle Potenzial imaginativer Themen. Bereits 1977 startete die aus mehreren Trilogien bestehende Serie *Star Wars,* die im fiktiven Universum einer fernen Vergangenheit spielt und zentral den anhaltenden Kampf zwischen Gut und Böse behandelt. Sie wurde mit Millionen Zuschauern weltweit eines der erfolgreichsten Werke der Filmgeschichte. Die vorläufig letzte Folge kam 2019 in die Kinos.

Diese Erfolgsserie zog im Laufe der Jahre einen ganzen Kometenschweif künstlerischer, literarischer und nicht zuletzt kommerzieller Aktionen nach sich: «Zum *Star-Wars*-Franchise, das eines der kommerziell einträglichsten ist, gehören über die Kernfilme hinaus Ableger-Filme und -Fernsehserien, mehr als 250 Romane sowie Comics, Spielzeug und zahllose andere Merchandising-Produkte. Bis einschließlich 2015 wurde mit dem Verkauf von Produkten der Marke *Star Wars* ein Erlös von etwa 30 Milliarden US-Dollar erzielt.»[67]

Nicht weniger spektakulär gerieten die 2001 bis 2011 erschienenen acht *Harry-Potter*-Filme. Auch sie erzielten kommerziell Spitzenergebnisse. Vor allem aber lösten sie «eine weltweite Begeisterung für Fantasy-Bücher und -Filme aus, einhergehend mit (Neu-)Verfilmungen von *Der Herr der Ringe* oder *Die Chroniken von Narnia* sowie zahlreichen weiteren Fantasy-Buchreihen».[68] Ein Blick auf die Liste der weltweit erfolgreichsten Filme der letzten zwanzig Jahre bestätigt, dass *Fantasy*-Themen den Schwerpunkt der Filmindustrie bildeten.

Das Kino und Platons Höhlengleichnis

Diese Fakten demonstrieren eindrücklich, wie stark die Sehnsucht nach einem Ausgleich zu der trockenen Nüchternheit und Enge des abstrakten Denkens geworden ist. Was die Menschen fasziniert, sind die Grenzgänge über die Schwelle von der Alltagswelt in eine geheimnisvoll-magische Welt jenseits des Bekannten, in der für die Menschheit bedeutsame Entscheidungskämpfe zwischen den Mächten des Lichts und den Mächten der Finsternis ausgefochten werden. Es sind genau die Themen, die Steiner als die für unser Zeitalter entscheidenden prognostizierte, die jetzt weltweit in bildhafter Form auf ahnungsvoll-suchende Gemüter treffen.

Es ist wohl kein Zufall, dass der Drang zunächst in Büchern seine Befriedigung fand, denn das Lesen führt zu Bildern, die in der eigenen Seele ihre individuelle Ausgestaltung erfahren und insofern eine Verwandtschaft mit dem angedeuteten Erkenntnisweg zur methodisch gesicherten Imagination aufweisen. Nachdem aber die gewaltige Anziehungskraft mythisch-magischer Stoffe deutlich geworden war, die Millionen Menschen in ihren Bann schlug, bemächtigte sich die Technik dieses Genres und in ihrem Gefolge der Kommerz, und beide zusammen lenkten die sich anbahnenden Imaginationen von der inneren Ebene auf eine äußere: die Filmleinwand und den Bildschirm.

Es scheint, dass die ahrimanischen Geister den Imaginationsdrang vorhergesehen und seine Bedeutung korrekt eingeschätzt haben. Jedenfalls lenkten sie nach der Einführung des Kinofilms die Entwicklung dahin, dass der elektronische Bildschirm zur zentralen Schnittstelle zwischen Mensch und Medium wurde. Das begann bereits mit dem Fernsehen und prägt heute unsere digitale Welt, in der alle wesentlichen Prozesse am Bildschirm wahrgenommen und betätigt werden. Der Spielfilm im Kino steuerte zu dieser Entwicklung die passende Ouvertüre bei, indem er den Betrachter genau in die Situation versetzte, in der er sich künftig vor jedem Bildschirm befinden würde. Diese Situation ist als solche bereits eine sinnlich-real geschehende, quasi magische Imagination, die an Platons Höhlengleichnis[69] gemahnt:

In Platons Gleichnis sitzt der Mensch gefesselt am Grund einer schwach erhellten Höhle und sieht auf der Rückwand sich bewegende Schatten. Er hält sie für Wirklichkeit. Befreit von den Ketten, kann er aufwärtssteigen und erkennt, dass die Schatten nur Abbilder sind von lebensecht gefertigten Figuren, die vor einem Feuer hin und her bewegt werden. Erst nach dem Verlassen der Höhle erblickt er endlich strahlend hell die wahre, lebendige Wirklichkeit und ihren Lebensquell, die Sonne. – Im Kino sitzt der Mensch im abgedunkelten Zuschauerraum, hat unsichtbar hinter sich den Projektor und die Lichtquelle, und vor sich auf der Wand sieht er strahlend hell eine Wirklichkeit, die keine ist.

Diese Verkehrung des Höhlengleichnisses lässt sich heute mit Großleinwänden und gewaltigen Lautsprechern eindrucksvoller zelebrieren als zuhause am Bildschirm, und so ist das gute alte Kino entgegen allen Voraussagen nicht im Konkurrenzkampf mit dem Fernsehen zugrunde gegangen, sondern feiert dank mythisch-magischer Filmserien fröhliche Urständ.

Man kann darin ein harmloses Vergnügen sehen, das Spaß macht und auch Spaß machen darf, da man sich der Illusion ja noch bewusst ist. Wie schon mehrfach betont, geht es nicht um eine Verteufelung. Wohl aber sollten wir aufmerksam darauf achten, wie hier durch die Gewöhnung an die unterhaltsame Quasi-Imagination eine Empfänglichkeit geschaffen wird für nachfolgende technische Entwicklungen, die den Nutzer mindestens genauso faszinieren, jedoch alles andere als unbedenklich sind. Die in diesem Kapitel zu besprechende Problematik bereitet sich in mehreren Zwischenstufen vor, in denen hinter dem Schleier des Harmlos-Vergnüglichen schon ganz andere Anwendungen zu erahnen sind.

Filme mit toten Personen

Weitgehend unbemerkt von den Kinobesuchern wurde nach der Jahrtausendwende die Aufzeichnung der Spielfilme auf Filmrollen umgestellt auf eine neue Technik, in der ungeahnte Möglichkeiten steckten: auf die Digitaltechnik. Sie kam zuerst beim Kopieren von Spielfilmen zum Einsatz, indem der Film von einem Scanner eingelesen wurde, der nach dem schon beschriebenen Prinzip jedes einzelne Bild in Abertausende von Einzelpunkten rasterte und deren Farb- und Helligkeitswerte maß. Die gemessenen Werte wurden binär codiert an den Computer weitergeleitet, der sie auf einer Festplatte speicherte. Von dort aus konnten die Daten nach einer Bearbeitung am Computer in einen analogen Film zurückverwandelt oder direkt in eine digitale Projektion geleitet werden. Als dann schließlich die in Entwicklung befindlichen digitalen Spielfilmkameras das nötige Auflösungsvermögen erreicht hatten, flossen die Daten von dort direkt in den Computer und von ihm in den Kinoprojektor; die Filmrollen hatten ausgedient. Der Spielfilm besteht seitdem nur noch aus einer Ansammlung digitaler Daten; materiell gesehen ist er unsichtbar geworden – auch das ein Schwellenereignis.

Fraglos stellt dieser Vorgang technisch und ökonomisch einen gewaltigen Fortschritt dar. Wichtiger aber ist ein hintergründiger Aspekt: Der Einsatz des Computers erlaubt mehr als nur eine originalgetreue Wiedergabe der Realität. Er bietet auch die Möglichkeit, das Bild nach Belieben zu verändern, und gerade beim Spielfilm kann der Eingriff mühelos so weit gehen, dass Szenen gezeigt werden, deren Details nicht mit dem Original übereinstimmen oder die so überhaupt nicht stattgefunden haben. Schon lange vor der Ausrufung des digitalen Zeitalters wurde diese Möglichkeit von Filmregisseuren entdeckt und genutzt. Dazu zwei Beispiele:

Während der Dreharbeiten zu dem US-Film «The Crow», dessen Drehbuch von zwei Horror- und Science-Fiction-Autoren stammte, wurde 1993 der Hauptdarsteller Brandon Lee durch einen Unfall von einer Kugel tödlich getroffen, sodass die Fertigstellung des Films unmöglich erschien. Der Regisseur jedoch drehte die noch fehlenden Szenen mit einem Double und setzte dann im Graphikcomputer auf den Körper des Doubles den Kopf des Verstorbenen. Der Film kam 1994 in die Kinos. Im selben Jahr erschien in den USA der mehrfach preisgekrönte Film «Forrest Gump» mit Tom Hanks in der Hauptrolle. Besonderes Aufsehen erregten hier Szenen, in denen – eingefügt in historisches Filmmaterial – Tom Hanks als Partner der toten US-Präsidenten John F. Kennedy und Richard Nixon auftrat. Solche Vermischungen zweier Zeitebenen kannte man bis dahin nur aus nächtlichen Traumbildern.

In den Jahrzehnten danach wurde die Technik so perfektioniert, dass man nicht nur einzelne Szenen, sondern ganze Filme mit längst Verstorbenen produzieren kann, dank der Möglichkeit, in Echtzeit beliebige Gesichter auf beliebige Körper zu setzen. Derzeit wird beispielsweise ein Film über den Vietnamkrieg gedreht, in dem James Dean die Hauptrolle spielen wird, mehr als sechzig Jahre nach seinem Tod.

CGI – Computer Generated Imagery

Bis weit ins 20. Jahrhundert konnten analoge Foto- und Filmmaterialien den Anspruch dokumentarischer Echtheit erheben (obwohl auch da schon Fälschungen vorkamen, wie z.B. auf dem berühmten Foto von Lenins Rede am 5. Mai 1920, aus dem später Stalins Rivalen Trotzki und Kamenew herausretuschiert wurden). Mit dem Beginn der Bildbearbeitung am Computer verfiel der Echtheitsanspruch endgültig, denn nun konnte jedes digitalisierte Bild oder Foto mit geringem Aufwand verändert werden. Das eröffnete einerseits vielfältige Fälschungsmöglichkeiten, förderte aber auch entscheidend die Entwicklung der Spielfilme, die mit immer perfekteren Nachbildungen der Wirklichkeit den literarischen Imaginationen den Rang abliefen.

Dem Stand der Technik entsprechend konnte man zunächst nur kleinere künstliche Passagen in den Film hineinmontieren. Der Film *Jurassic Park* z.B. bot 1993 ein erstes Beispiel für lebendig aussehende und realistisch animierte Tiere aus dem Computer, nämlich Dinosaurier, während alles Übrige noch aus Echtaufnahmen bestand. In den folgenden Jahren wurde daran gearbeitet, immer längere Filmpassagen im Computer herzustellen. 2001 gelang es erstmals, computergenerierte Menschen ziemlich lebensecht in Aktion zu zeigen, doch der Weg zu einem komplett computergenerierten Spielfilm, der Landschaften und handelnde Lebewesen absolut realistisch darstellt, war noch weit.

Eine Zwischenstation wurde für die Trilogie *Der Herr der Ringe* erreicht: Weil die Filmproduzenten sich weder finanziell noch technisch in der Lage sahen, die von Tolkien ausgemalten großen Schlachten mit den Massenheeren von Orks und Menschen in der üblichen Weise durch Schauspieler darzustellen, wurden für diesen Zweck aufwendige Computerprogramme entwickelt, und so konnte schließlich das monströse Kampfgetümmel ohne einen einzigen Menschen lebensecht generiert werden. Nur die Hauptfiguren wurden herkömmlich gefilmt und in die Schlachtszenen hineinmontiert.

Erst im Juli 2019 kam mit der Neufassung des Walt-Disney-Klassikers *Der König der Löwen* ein Film in die Kinos, in dem sowohl die Tiere als auch die Landschaften komplett aus dem Computer geschaffen waren,[70] und zwar so fotorealistisch, dass Kritiker meinten, die Echtheit der Tiere mache die Story für Kinder furchterregender als der ursprüngliche Zeichentrickfilm. Ansonsten aber ließ der musikalisch unterlegte Film mit seinen sprechenden und singenden Tieren die dahintersteckende neueste Hightech völlig vergessen und verzauberte die Zuschauer mit seinem poetisch-lyrischen Flair.

«Morphing»: Wundersame Verwandlungen

Die unterhaltsamen Zauberkunststücke der Digitaltechnik konnte das Publikum auch auf dem Feld der «Gestaltverwandlung» bewundern (technisch *Morphing* genannt, nach dem griechischen Wort *Morphé* = Gestalt). Es handelt sich dabei um einen Spezialeffekt, der mit den herkömmlichen Fototricks niemals so elegant zu erzeugen gewesen wäre wie mit der Digi-

«Morphing»: Wundersame Verwandlungen 157

Abb. 7: Verwandlung von US-Präsident George W. Bush in Arnold Schwarzenegger

taltechnik. Das Rezept dazu ist schlicht: Man wählt das Porträtfoto einer bekannten Persönlichkeit wie z.B. des US-Präsidenten George W. Bush und verwandelt es in das Foto eines anderen Prominenten wie z.B. Arnold Schwarzenegger, indem man die im Computer gespeicherten Pixel des Bush-Fotos in kleinen Schritten immer mehr in Richtung auf das Zielbild verändert (man könnte auch sagen: verzerrt), bis es ihm gleich geworden ist.

Man kann auf dem Weg vom ersten zum zweiten Originalbild beliebig viele Zwischenbilder erzeugen, und jedes sieht aus wie ein echtes Foto von Irgendwem. Abbildung 7 zeigt nur eines davon, Abbildung 8 hingegen mehrere Zwischenbilder auf dem Weg von Bush zu Obama.[71]

Abb. 8: Verwandlung von US-Präsident George W. Bush in Barack Obama

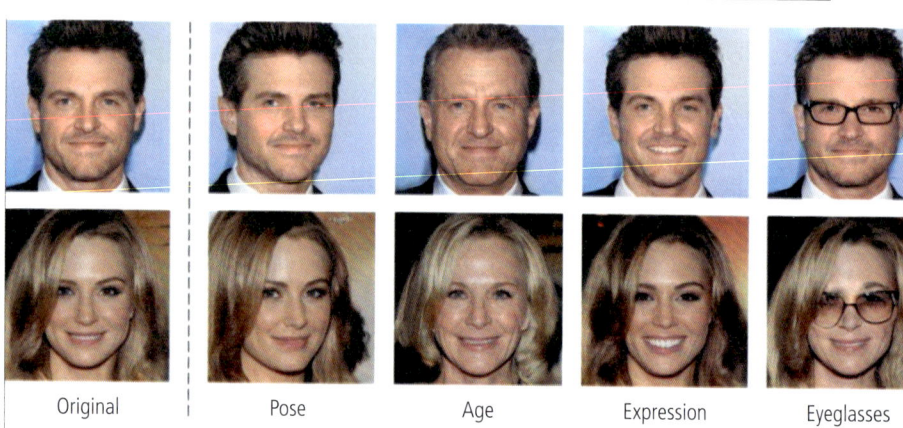

Abbildung 9: Computergenerierte Abwandlungen eines originalgetreuen Porträtfotos.

Mit derselben Methode kann aber auch das Bild einer einzelnen Person in beliebige Richtungen abgewandelt werden, ohne ihr realistisches Aussehen zu verlieren. Man kann ihr z.B. eine andere Pose geben, ein späteres Alter, eine andere Frisur, einen anderen Gesichtsausdruck oder eine Brille. Abbildung 9 zeigt das exemplarisch an zwei Personen; nur die beiden Fotos links sind echt, alle anderen «gemorpht».[72]

Wie nicht anders zu erwarten, lässt sich das Morphing-Verfahren außer zum Spaß auch noch zu betrügerischen, selbstsüchtigen und kommerziellen Zwecken nutzen. So musste 2020 das Bundesinnenministerium einschreiten, um Betrug bei Passbildern zu verhindern.[73] Hauptsächlich aber wird es zu Werbezwecken benutzt, um Menschen attraktiver aussehen zu lassen. «Von Männermagazinen bis zu Frauen-, Lifestyle-, Regenbogen- oder Modepresse: Wo immer Titelschönheiten inszeniert werden müssen, waren zuvor die Manipulatoren am Bildschirm zu Gange», kommentierte die Presse bereits 2002.[74]

Seit 2017 kann jedermann sein eigenes Porträt verändern lassen, indem er eine App namens *Face App* auf sein Smartphone herunterlädt. Der in Petersburg ansässige Anbieter verlangt eine Gebühr, wenn das ausgewählte «Selfie» jünger und attraktiver aussehen soll, verzichtet aber auf die Gebühr, wenn das eigene Gesicht um eine bestimmte Anzahl von Jahrzehnten älter gemacht werden soll. Die kostenlose Variante ist zum Renner geworden: 2019 stand die App bei Google und Apple schon auf Platz 1 der meistgeladenen Apps.

Auf diese Weise einen «Blick in die eigene Zukunft» zu werfen ist zu einem Riesenspaß geworden, der in den Sozialen Medien massenhaft geteilt wird. Wie aber bei allen spaßigen Dingen im Internet ist die Frage zu stellen: Was passiert eigentlich mit den Daten?

Die Frage ist umso dringlicher, als die App alle Selfies aus dem Smartphone-Speicher des Nutzers auf angemietete Cloud-Server bei Amazon hochlädt und nur dort das ausgewählte Bild bearbeitet; was hält den Anbieter davon ab, eine Kopie zurückzubehalten und für andere Zwecke zu verwenden? Er versichert zwar, dass die Daten nach Gebrauch gelöscht würden, aber kontrollierbar ist das nicht. Der Nutzer muss ferner seine Zustimmung geben, dass seine Internet-Protokolladresse, die Gerätenummer und Daten zur installierten Software für «personalisierte Werbung» dauerhaft gespeichert bleiben, selbst wenn die App verkauft wird.[75]

Datenschützer sehen Anzeichen dafür, dass der Anbieter, abgesehen von den Werbeeinnahmen, heimlich einen Fundus von Milliarden Gesichtsbildern aufbauen will, wie andere große Konzerne auch, um damit die in Entwicklung befindlichen Computerprogramme für die maschinelle *Gesichtserkennung* zu trainieren, an der das große Geld verdient wird.[76] Die finsteren Aspekte dieses Projekts werden uns in Teil III beschäftigen.

Niemandsbilder aus der Retorte

Für die Digitaltechnik sind Bilder aus der Sinneswelt nichts anderes als ein Rohstoff, der seinen Wert erst dadurch gewinnt, dass er in Tausende abgetasteter Rasterpunkte zerstückelt wird, aus denen dann eigene, nie dagewesene Kreationen geschaffen werden können. Ebendarin liegt ihr Reiz für die Forscher und Entwickler. Sie fühlen sich wie bildende Künstler, die phantasie- und trickreich erkunden, was sich aus den Realitätssplittern Neues herausholen lässt. Erste Erfolge auf diesem Wege haben wir in den vorigen Abschnitten gesehen. Doch spornte der Erfolg nur umso mehr zu neuen Experimenten an.

Ein solches ist 2019 der Firma *Generated Photos* mithilfe Künstlicher Intelligenz gelungen: Sie bietet im Internet 100.000 synthetische Gesichter frei zum Download für jedermann an – unter dem durchaus zutreffenden Motto «Unendliche Diversität». Das dahinterstehende Programm basiert auf einem Pool von 29.000 Porträts von 69 tatsächlich lebenden Menschen und operiert mit 160 frei kombinierbaren «Styles», die ein menschliches Gesicht ausmachen: Kopfhaltung, Haare, Form des Gesichts, Haut und Falten, Hautfarbe, Augenfarbe, kombiniert mit Alter und Geschlecht, emotionalem Ausdruck, Ethnie, Gemütslage usw.

Daraus lassen sich schier unendlich viele verschiedene Porträts gestalten, auf die niemand Persönlichkeitsrechte anmelden kann, weil niemand abgebildet ist; nur ein im Computer entstandenes Wirklichkeitsgespenst erscheint, das in den meisten Fällen durchaus realistisch anmutet, also ein echtes Foto zu sein scheint (Abb. 10). In jedem Bild steckt das eine oder andere Pixel von den 69 Personen, und doch sind die Bilder ein reines Maschinenprodukt, losgelöst von den realen Menschen.

Diese Anonymität weckte bei den Filmproduzenten sogleich

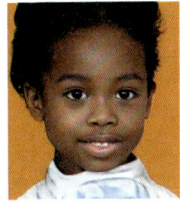

Abb. 10: Computergenerierte Physiognomien von nichtexistenten Menschen

Begehrlichkeiten: Braucht man dann überhaupt noch Schauspieler, um Filme zu drehen? Brächte das nicht eine erhebliche Kostenersparnis? Der Haken an der Sache ist, dass man mit Standbildern keine Filme machen kann, denn dazu müssten die Personen sich bewegen und sprechen. Kaum erwogen, keimt schon ein neuer Gedanke: Wir müssen den Bildern das Sprechen beibringen ...

Musik aus dem Nichts digitaler Schnipsel

Die Grundidee, die zu den synthetischen Porträts führte, revolutionierte auch die Filmmusik: Ab 2000 wurde in Wien in langjähriger Arbeit die *Vienna Symphonic Library* aufgebaut, die im Computer sämtliche Töne und Geräusche, die Orchesterinstrumente hervorbringen können, in allen nur erdenklichen Ausführungen und Verbindungen einzeln gespeichert hat.[77] Aus den gewonnenen mehr als 1 Million Tonschnipseln bringt die Software dieser einzigartigen «Bibliothek» jedes beliebige Orchesterkonzert aus dem Nichts zum Erklingen, angepasst sogar an die spezielle Akustik bekannter Konzertsäle, und das alles in einer Perfektion, dass auch geübte Ohren keinen Unterschied zur Originalmusik mehr feststellen können, es sei denn, sie schöpfen bei einer Darbietung Verdacht, weil sie absolut frei ist von Fehlern, was in der Wirklichkeit so gut wie nie vorkommt (woraufhin dann kleine Fehler sogar absichtlich eingebaut wurden, um die perfekte Illusion zu erhöhen).

Dieses Instrumentarium erspart den Filmproduzenten viele teure Orchesterproben, und dem Publikum im Kino kann die Täuschung schon deshalb nicht auffallen, weil ohnehin nie ein Live-Orchester die Filmvorführung begleitet. Die Berufsmusiker in Wien haben ihr instrumentales, mühsam erworbenes Können zur Verfügung gestellt, und damit haben sie im Bereich der Filmmusik ausgedient. Man braucht nur noch einen Komponisten und das Computerprogramm.

Indessen sind es nicht nur die großen Produzenten, die mit solchen Illusionskünsten operieren. Vergleichbar den Bildbearbeitungsprogrammen für Fotos, die sich heute jeder Amateurfotograf auf seinen PC herunterladen kann, gibt es auch eine Art «Photoshop» für Musikdateien zum allgemeinen Gebrauch. Was lange Zeit als unmöglich galt, nämlich bei polyphonen Musikstücken aus den sich überlagernden Frequenzen der verschiedenen Instrumente einzelne Töne herauszugreifen und zu verändern, gelang erstmals der 2000 gegründeten Firma Celemony mit der Software *Melodyne,* mit der sich durch entsprechende Algorithmen jedes digitalisiert vorliegende Klangmaterial nach Belieben umgestalten lässt.

Seit 2008 kann man mit den verbesserten Versionen von *Melodyne* nicht nur falsche Töne, Lautstärke, Vibrato, Tonansatz und Tempo nachträglich korrigieren, sondern auch jede Musikaufnahme «fast beliebig umbauen. Wer will, schiebt den einen Ton höher, den anderen tiefer, rückt andere zu neuen Harmonien übereinander», baut ein neues Solo ein, hebt die Sängerin eine Oktave höher oder wechselt mit einem Mausklick von Dur nach Moll.[78] Kurz: Auch hier erlaubt die Künstliche Intelligenz des Computers nach dem Zerhacken des Originals die völlig freie Verfügung über das Klangmaterial. Der Phantasie sind keine Grenzen gesetzt.

Videorealistische Lippenbewegungen beim Sprechen

Was in der Musik möglich ist, sollte auch bei der menschlichen Sprache möglich sein – so die Erwartung der Software-Entwickler. Das Problem war nur, dass zum Erklingen der Sprache bestimmte Lippenbewegungen gehören sowie die je nach Inhalt und Stimmung wechselnden Veränderungen der Gesichtsmuskulatur, unterstützt von der Gestik mit Armen und Händen.

Ein Foto kann lügen – das wusste man schon lange. Videos und Filmaufnahmen indessen galten den meisten Menschen bislang als echt, wenn sie ungeschnitten sind oder live gesendet werden, vor allem aber, wenn bei der sprechenden Person die Lippen- und Gesichtsbewegungen genau synchron zu den hörbaren Lauten und Wörtern stattfinden und auch mit dem bekannten typischen Gestus des Sprechers übereinstimmen. Das alles digital zu imitieren bedeutete eine gewaltige Herausforderung. Aber sie wurde angenommen.

Den ersten Durchbruch erreichte 2002 Tony Ezzat, ein Computerforscher am Massachusetts Institut of Technology (MIT). Die von ihm entwickelte Software zeigte auf dem Monitor eine gefilmte Persönlichkeit, deren Mundbewegungen sich so manipulieren ließen, dass sie exakt zu bestimmten Wörtern passten, perfekter als bei jedem Synchronsprecher. Fachkollegen erkannten sofort, dass man damit künftig einer Person beliebige Sätze in den Mund legen kann, die sie nie gesprochen hat; sie fürchteten weitreichende Konsequenzen. In einem Pressebericht[79] hieß es dazu vielsagend:

> «Auch Ezzat räumt Missbrauchspotenzial ein: In falschen Händen könne seine Technik ‹ein gefährliches Werkzeug› sein. Gefragt, welche Reaktionen er aus Kreisen der Sicherheits- und Geheimdienste bekommen hat, sagt er nur: ‹kein Kommentar›. Mit Firmen aus der Unterhaltungsbranche jedoch stehe er bereits in konkreten Gesprächen.»

Noch allerdings war das Täuschungspotenzial begrenzt: Die Software funktionierte nur bei ruhiger Kopfhaltung und vertrug keinen Perspektivwechsel der Kamera, und wenn mehr als ein oder zwei gefälschte Sätze gezeigt wurden, wurde die Fälschung bemerkbar an den fehlenden Veränderungen der Gesichtsmuskulatur. Außerdem konnte noch nicht die originale Stimme der Person kopiert werden. Weitere Entwicklungsarbeit war notwendig.

Geklonte Sprechstimmen

Es dauerte geraume Zeit, bis die Technik das Ziel erreicht hatte, individuelle menschliche Stimmen maschinell zu erzeugen bzw. zu «klonen», wie es die Techniker nennen. Welche Hürden dazu überwunden werden mussten, schildert der folgende Bericht eines Kenners:[80]

> «Bislang war es langwierig und teuer, eine Computerstimme zu erschaffen. Ein Sprecher musste für viele Stunden ins Studio und dort Tausende Sätze aufnehmen – langsam und schnell, laut und leise, in verschiedener Betonung, als Frage, als Aufforderung. Diese Aufnahmen wurden in einzelne

Lautabschnitte zerhackt. Daraus stückelte der Computer dann, je nach Text, neue Sätze zusammen. Es bedurfte einige Tricks, bis eine halbwegs erträgliche Satzmelodie herauskam. Trotzdem klang die Maschine oft blechern und geknödelt, kurz: wie ein Roboter. Heute dagegen hören sich die besten Kunststimmen auf wundersame Weise lebendig an.

Dahinter steckt Künstliche Intelligenz: Der Computer verkettet keine vorgefertigten Wortschnipsel mehr – er spricht einfach selbst. Wie das geht, lernt er anhand von Aufnahmen verschiedener Sprecher. Sogenannte neuronale Netze trainieren damit so lange, bis sie imstande sind, menschliche Laute zu erzeugen. Nach einiger Zeit gelingt das recht fließend, mit 16.000 Signalen und mehr pro Sekunde. Das genügt, um hie und da auch schon ein feines Gehör zu täuschen.»

2016 war es so weit: Die Firma Adobe präsentierte *VoCo*, eine Software zur Stimmanalyse, der schon zwanzig Minuten Sprachmaterial ausreichten, um die Charakteristika einer Stimme zu erfassen und mit ihr synthetisch beliebige Texte erklingen zu lassen – ein simples Verfahren für jedermann.[81] Technisch wurde die künstliche Stimme dadurch möglich, dass der Computer nicht mehr bei jeder neuen Stimmfarbe und Sprechweise das Trainingsprogramm von Grund auf neu durchlaufen musste, sondern bereits über eine Art Allzweckstimme verfügte, der lediglich die individuellen Besonderheiten beigemischt wurden. Da Adobe auch Lizenzen an die international tätige US-Spielzeugfirma Hasbro vergab, ist damit zu rechnen, dass eines Tages irgendwelche interaktiven Plüschtiere oder Miniroboter im Kinderzimmer auftauchen, die auf die Äußerungen des Kindes mit der geklonten Originalstimme von Mama oder Papa antworten.[82]

Der Präsident als Sprechmarionette

Um die Täuschung perfekt zu machen, musste nun die Technik der Stimmfälschung mit der Technik der gefälschten Lippen- und Gesichtsbewegungen zusammengeführt werden. Dieses Meisterwerk gelang 2017 drei Forschern an der University of Washington, die auf die Modellierung von Gesichtern am Computer spezialisiert waren. Sie setzten sich folgendes Ziel: Die Sprechpassagen werden nicht nachträglich mit künstlich erzeugten Lippenbewegungen in ein schon vorhandenes Filmmaterial eingefügt, sondern die im Video erscheinenden Gesichtszüge der Person werden in ihren Bewegungen direkt von der Tonaufzeichnung gesteuert und modelliert, sodass sämtliche Gesichts- und Lippenveränderungen, Kopfbewegungen usw. absolut synchron mit den gesprochenen Wörtern erfolgen.

Als Trainingsmaterial für das Videobild wählten sie die rund 300 Fernsehansprachen von US-Präsident Obama aus seinen acht Jahren Amtszeit – insgesamt 17 Stunden Videomaterial mit ca. 19 Millionen Einzelbildern. Als Tonmaterial legten sie eine von Obama tatsächlich gehaltene Rede zugrunde. Aus beidem zusammen errechneten sie am Computer unter Einsatz von rückgekoppelten neuronalen Netzen (also mit Künstlicher Intelligenz) die komplette Anmutung und Mimik von Obamas Gesicht in Koppelung mit dem Tondokument der Rede.

Aus diesem Material stellten sie von ein und derselben Obama-Rede vier fotorealistische Videos her, die sehr verschieden voneinander sind und sogar im Lebensalter differieren, aber stets so, dass sie unbezweifelbar «realistische Obama-echte Lippen- und Kopfbewegungen aufweisen, dass Falten und Linien um Mund, Wangen, Nase, Kinn stets lippensynchron und realistisch bleiben, auch in den Millisekunden der sichtbaren Redepausen und der Atmung, den Momenten des Nachdenkens».

Der Berichterstatter der *Süddeutschen Zeitung* meinte sogar, «dass die synthetischen Videos nun ‹echter› und eher nach typischem Obama aussehen als die Originalbilder, die von ihm während solcher Reden geschossen wurden».[83]

Das Bedeutsame des Projekts scheint mir darin zu liegen, dass hier Lautsprache und Körpersprache, die bisher getrennt bearbeitet wurden, erstmals in einem einzigen Rechenprogramm miteinander verknüpft wurden, analog zum realen Leben, wo beide Vorgänge stets untrennbar synchron auftreten. Dass aber von ein und derselben Obama-Rede vier sehr verschiedene Videos erstellt werden konnten, die akustisch und visuell alle dem Anspruch völliger Originaltreue genügen, zeigt die jetzt errungene Allmacht der Programmierer über das von ihnen geschaffene «Gesicht» eines Menschen: Man könnte eine andere Obama-Rede zugrunde legen, und wieder würde das Gesicht präzise die zu den gesprochenen Wörtern gehörenden Körperbewegungen zeigen, und wieder könnte man diese Reaktionen glaubwürdig variieren. Man könnte das Gesicht aber auch eine erfundene Rede sprechen lassen, die Obama nie gehalten hat, und niemand würde den Betrug bemerken.

Der springende Punkt ist dieser: Das im Film gezeigte Gesicht hängt wie eine Marionette an den Fäden eines Spielers, der im Hintergrund bleibt. Er allein entscheidet, a) welchen Redetext das Gesicht mit dem Stimmklon zum Besten geben soll, b) in welcher Tingierung hinsichtlich Gemütslage, Lebensalter etc. das geschehen soll. Bleibt nur die Frage, wer dieser Spieler ist, der da Regie führt.

In heutiger Zeit gibt es von jeder bekannten Persönlichkeit genügend Audio- und Filmmaterial, um mit ihrem Gesicht das gleiche Spiel zu treiben. Würde also z.B. der Film *Forrest Gump* heute noch einmal gedreht, dann würde der Hauptdarsteller dem toten Präsidenten John F. Kennedy nicht bloß die Hand schütteln, sondern der Präsident würde sich mit seiner geklonten Originalstimme und seiner geklonten Originalmimik auch mit ihm unterhalten und würde etwas zur Handlung Passendes sagen. Das wäre doch lustig, oder?

Der Präsident als Mimikmarionette

Matthias Nießner, ebenfalls Professor für Visual Computing, demonstrierte 2018 in der Technischen Universität München, wie einfach es mit modernster Technik geworden ist, das Videogesicht eines Menschen zur Marionette zu machen:

«Auf seinem Computer ruft er ein Video auf, das den russischen Präsidenten Wladimir Putin bei einer Neujahrsansprache zeigt. Gleichzeitig filmt er sich selbst mit einer einfachen Webcam. Dann vollbringt die Software Face2Face ihr Zauberwerk: Lacht Nießner, lacht auch Putin. Zieht Nießner die Augenbrauen hoch, tut es ihm Putin gleich. Der russische Präsident ist die Marionette des Informatikers. Der Trick funktioniert, weil der Putin auf Nießners Bildschirm gar nicht mehr der Präsident aus dem ursprünglichen YouTube-Video ist. Stattdessen wird der Original-Putin von einer Putin-Maske überdeckt, einem perfekten 3-D-Abbild des Präsidenten. Diese Gesichtsmaske kann Nießner anschließend mit seiner eigenen Mimik gleichsam fernsteuern.»[84]

Wer will, kann das als eine kabarettreife Scherznummer abtun. Sie unterstreicht aber die schon angesprochene Allmacht der Programmierer über das menschliche Gesicht, und diese technische Macht wird sich in Zukunft mit Sicherheit nicht auf lustige Filmtricks und Faschingsscherze beschränken, sondern massiv in das praktische Leben eingreifen. Ein wenig konnte man schon davon ahnen, als der Wissenschaftler Tony Ezzat (s. oben, S. 164) auf die Frage, ob sich der Geheimdienst bereits für seine Methode interessiert habe, erwiderte: «Kein Kommentar». Fraglich ist also nicht mehr, ob der Missbrauch geschieht, sondern wann und wo. Eines steht aber schon jetzt fest: Nach den Fotos haben nun auch Videos als Tatsachenbeweis ihre Gültigkeit eingebüßt; die Wahrheit muss auf anderen Wegen gesucht werden.

Wehe, wenn sie losgelassen ...

Es kann nicht überraschen, dass die beschriebenen Stimm- und Bildfälschungen (im Fachjargon *DeepFake* genannt[85]) geradezu einladend sind für allerlei fragwürdige und sogar kriminelle Anwendungen. Kriminelle lieben es ja, neueste Technik einzusetzen, solange sie noch wenig bekannt ist. Schon ab 2016 benutzten sie den als *Fake President* bezeichneten Trick, dass ein Geschäftsführer mit der geklonten Stimme seines Chefs telefonisch angewiesen wird, einen hohen Geldbetrag an eine Adresse im Ausland zu überweisen. Noch im März 2019 fiel der Geschäftsführer einer deutschen Firma darauf herein und verlor damit 220.000 Euro. Ähnliche Fälle häuften sich, und man las, dass praktisch alle Branchen davon betroffen seien, zunehmend auch kleine und mittelständische Unternehmen. Die Schadenssummen für die Versicherungen gingen in die Millionen. Dabei hätte es ein ganz einfaches Gegenmittel gegeben: Im Mai 2017 rief ein Buchhalter des Schokoladenherstellers Ritter Sport nach einem solchen Fake-Anruf einfach seinen wirklichen Chef an, und schon flog der Betrug auf.

Nicht weniger gravierend ist der immaterielle Schaden durch Video-Fakes, die für Prominente rufschädigend wirken. Erstmals aufgeschreckt wurde die Öffentlichkeit im Herbst 2017 durch einige *Deepfakes* im Internet: Die Gesichter bekannter Schauspielerinnen waren da plötzlich in Porno-Clips eingebaut.[86] Die Urheber hatten das System *TensorFlow* für den digitalen Gesichtsaustausch genutzt, ein von Google für die Forschung (!) freigegebenes Werkzeug der Künstlichen Intelligenz (KI).[87] Im Januar 2018 kam dann die frei verfügbare *FakeApp* auf den Massenmarkt, mit der sich der Gesichtsaustausch auf Videos ganz leicht bewerkstelligen ließ. Kein Wunder, dass daraus schon bald ein Volkssport wurde.

Das auf die Erkennung von Deepfakes spezialisierte Unternehmen *Deeptrace* untersuchte im Herbst 2019 die Verbreitung und den Inhalt von öffentlich verfügbaren Deepfake-Videos im Internet: Gezählt wurden rund 15.000, fast doppelt so viele wie neun Monate zuvor. In 96 Prozent von ihnen waren die Gesichter bekannter Schauspielerinnen und Sängerinnen in Pornofilme montiert. Einschlägige Webseiten verzeichneten deutlich mehr als hundert Millionen Aufrufe.[88]

Noch brisanter wirken Deepfakes im politischen Bereich. Auch dazu ein Beispiel: Im Mai 2019 kursierte in den USA ein Video, auf dem die 79-jährige Nancy Pelosi, Vorsitzende der Demokraten im Repräsentantenhaus, betrunken oder anderweitig verwirrt zu sein schien. Der Eindruck entstand, weil die Abspielgeschwindigkeit leicht reduziert war, die Tonhöhe aber nachträglich wieder an das Original angepasst wurde, damit die Fälschung nicht auf den ersten Blick auffiel. Das Video wurde millionenfach angesehen und natürlich besonders im Umfeld von Donald Trump verbreitet. Facebook weigerte sich, es zu löschen, mit der haarsträubenden Begründung: «Wir haben keine Regel, wonach eine Information, die du auf Facebook veröffentlichst, wahr sein muss.»[89]

In den vorgenannten Fällen waren die Fälschungen noch

relativ leicht aufzudecken. Was aber geschieht, wenn das nicht gelingt, weil sich die Echtheit oder Unechtheit nicht ohne Weiteres nachprüfen lässt? Die Philosophin Regina Rini von der York University in Toronto warnte 2019 in der *New York Times* bereits vor einer neuen Ära von Rufmord und Meinungsmanipulation: «Die Fähigkeit, überzeugende Video-Fälschungen zu produzieren, wird fast genauso verbreitet sein wie die Fähigkeit, zu lügen.»[90] Der amerikanische IT-Spezialist Aviv Ovadja sieht sogar einen Sturm heraufziehen, der zum kompletten Verlust unseres Urteilsvermögens führen könnte, wenn Echt und Unecht nicht mehr unterscheidbar sind. Das würde die Grundlagen der Demokratie und die Errungenschaften der Aufklärung zunichtemachen.[91]

Der Boden dafür ist bereitet, seit Präsident Donald Trump «Fake News» zum Kampfbegriff erhob, mit dem er jede Nachricht belegte, die ihm nicht passte. Wahrheit wird zur Lüge erklärt und Lüge zur Wahrheit. Nachgewiesene Falschbehauptungen stellte Trumps Pressesprecherin Kellyann Conway als «alternative Fakten» vor – ein Widerspruch in sich selbst.[92]

Symptomatisch für Trumps Umgang mit Tatsachen ist eine Begebenheit, auf die auch Ovadja hinweist: 2016 musste sich Trump für seine berüchtigte Äußerung «grap them by the pussy» öffentlich entschuldigen. Als er aber 2018 mit dem Originalvideo konfrontiert wurde, behauptete er, das sei nicht seine Stimme; was also hieß: Das Video ist ein Deepfake. Und diese offenkundige Lüge war dann für seine Anhänger die Wahrheit.

Doch das Problem hat eine noch größere, personenunabhängige Dimension: Wenn die Öffentlichkeit mit einer Flut immer perfekterer Deepfakes bombardiert wird, so befürchtet Ovadja, werden die Menschen entweder Nachrichten und Fakten generell nicht mehr zur Kenntnis nehmen, auch wenn sie authentisch sind («Realitätsapathie» nennt er das), oder sie werden nur noch das wahrnehmen, was ihren Überzeugungen entspricht. Letzteres ist die gefährlichere Variante, weil sie die Spaltung der Gesellschaft zementiert – ein Phänomen, das sich etwa in der US-amerikanischen Gesellschaft sehr deutlich beobachten lässt.

Aber auch außenpolitisch drohen Gefahren. Man stelle sich nur vor, ein gefälschtes Video tauchte auf, in dem Nordkoreas Machthaber Kim Jong-Un den Abschuss von Atomraketen gegen die USA ankündigt. Würde ein US-Präsident à la Trump da mit dem Gegenschlag warten, bis die Unechtheit des Videos eindeutig geklärt ist?

Lügen, täuschen, verwirren – Signatur eines altbekannten Wesens

Es ist wie mit Händen zu greifen, wer hier sein Unwesen treibt: Der Lügengeist geht um. Das ist nicht metaphorisch gemeint. Denn die Entwicklung, die zu der Missbrauchsflut geführt hat, war mehr als ein unglücklicher Zufall; sie hatte System, und das sollte uns die Augen öffnen, womit wir es zu tun haben: Die Fälschungsmöglichkeiten sind keinem bloß vorgestellten Hirngespinst entsprungen, sondern sind das Produkt einer realen geistigen Macht. Als solche bleibt sie sinnlich unsichtbar, nicht aber ihr Wirken, das sich präzise beobachten lässt, wenn man von ihr weiß.

Alte Völker kannten und benannten diese geistige Macht: Im altpersischen Kulturraum hieß sie *Ahriman*, Geist der Finsternis. Im Hebräischen wurde sie *Satanas* genannt. In der Septuaginta, der griechischen Übersetzung des Alten Testaments, wurde Satanas mit *Diabolos* übersetzt, einem Wort, das für griechische Ohren ein sprechender Name war: Zugrunde liegt nämlich das Verbum *diaballein*, das «entzweien, verleumden, täuschen, betrügen, irreführen» bedeutete. Aus *Diabolos* wurde im Deutschen das Lehnwort *Teufel,* in dem wir die Wesensmerkmale nicht mehr hören können. Goethe zog es vor, in seinem *Faust* aus der mittelalterlichen Tradition den Namen *Mephistopheles* zu übernehmen, in dem vermutlich die hebräischen Wörter *mefir* = «Zerstörer, Verderber» und *tophel* = «Lügner» stecken.[93]

Wenn nun Rudolf Steiner aus seiner geistigen Forschung von dem Sturz der Geister der Finsternis berichtet, so ist damit kein wiederaufgewärmter Mythos gemeint, sondern eine Tatsachenbeschreibung, die nicht auf bloßen Glauben hingenommen werden sollte, sondern – wie immer bei Steiner – eine Aufforderung darstellt, sie vorurteilslos an den greifbaren Realitäten zu prüfen. Das dürfte in diesem Falle nicht schwerfallen, vorausgesetzt, man hängt nicht naiv dem mittelalterlichen Glauben an, der Teufel wirke von außen auf den Menschen ein. Wie schon referiert, weist Steiner ausdrücklich darauf hin, dass die ahrimanischen Geister sich in das Menscheninnere einnisten, «indem sie ihre Kräfte hineinsenden in die Gedanken, Gefühle, Willensimpulse der Menschen».[94] Da sie aber Meister der Täuschung sind, wiegen sie den Menschen in der Illusion, seine Ideen und Antriebe kämen allein aus ihm selbst: «Den Teufel spürt das Völkchen nie, und wenn er sie beim Kragen hätte», sagt Mephisto triumphierend zu Faust. Aber selbst dieser Faust muss die bittere Erfahrung machen, dass er Mephisto zwar durchschaut, aber nicht von ihm loskommen kann, weil der in seiner eigenen Seele das Feuer schürt und ihn damit beherrscht (Szene *Trüber Tag, Feld*).

Souveränität gegenüber Ahrimans Weltmacht

Den gleichen Sachverhalt entdecken wir in dem geschilderten Gang der Bildbearbeitungstechnik: Nirgendwo auf der Erde ist eine Persönlichkeit oder Machtzentrale zu finden, die von außen alles das dirigiert hätte, was sich entwickelte. Vielmehr flammten tief im Inneren der Forscher und Programmierer die entscheidenden technischen Inspirationen auf, die sich in ihrem Denken und Handeln niederschlagen, sodass sie wie besessen waren von dem Drang, aus der computergenerierten Künstlichen Intelligenz imposante optische und akustische Täuschungseffekte herauszuholen und die technische Raffinesse immer höher zu schrauben.

Sie taten das, ohne danach zu fragen, was ihre Erfindung in der Lebenswirklichkeit anrichten wird. Ebendies muss man ihnen zum Vorwurf machen. Sicherlich verfolgten die Entwickler des Obama-Projekts nicht die Absicht, den Missbrauch ihrer Erfindung zu fördern. Wer sich aber heutzutage angesichts der unübersehbaren Ambivalenz der Digitaltechnik immer noch hinter dem Satz verschanzt «Das habe ich nicht gewollt», der handelt ebenso weltfremd und verantwortungslos wie ein Camper, der inmitten eines dürren Waldes sein Lagerfeuer anzündet.

Im Übrigen bedeutet die Ausrede «Das habe ich nicht gewollt» zugleich das Eingeständnis, dass ein anderer Wille am Werke war, eine höhere Macht, der man ungewollt Vorschub leistete. Und genauso ist es: Untergründig wirkte eine Macht, die nicht in sinnlich-materieller Gestalt auftritt. Verweigert man sich jedoch dieser Einsicht und betrachtet übersinnlich wirkende Mächte als Aberglauben, dann können die ahrimanischen Geister ungestört ihrer Tätigkeit nachgehen und ein Trojanisches Pferd nach dem anderen in die Welt setzen, auf das die Menschen hereinfallen. Wie lässt sich dieses Dilemma auflösen?

Erforderlich ist dazu nach Rudolf Steiner, sich Klarheit darüber zu verschaffen, dass wir einer gewaltigen geistigen Macht gegenüberstehen, deren Angriffen wir nicht ausweichen können. Sie zu meiden oder gar besiegen zu wollen ist illusorisch. Dennoch dürfen wir dem Kampf angstfrei entgegensehen, denn diese Macht kann uns nicht daran hindern, die eigenen Kräfte durch die Auseinandersetzung so zu stärken, dass wir ihr schließlich *auf Augenhöhe* begegnen. Eine solche Souveränität zu erlangen, darin sah Steiner ein wesentliches Ziel des gegenwärtigen Zeitalters. Das Problem lag für ihn nicht in dem Umgang mit der ahrimanischen Technik, sondern in der Gefahr, Ahriman zu verfallen.[95]

7. Der Sog ins digitale Jenseits

Nachdem die Menschheit sich durch mehrere Jahrzehnte an den täglichen Gebrauch des Fernsehens gewöhnt hatte, zielten die von kommerzieller Seite gepushten Innovationen eindeutig darauf, die Menschen durch neue Techniken noch viel stärker an den Genuss elektronisch erzeugter Bilder zu binden. Eine erste Verstärkung brachten die dreidimensional wahrnehmbaren Kinofilme, gedreht von zwei getrennten Kameras im Augenabstand und dem Publikum präsentiert durch 3-D-Brillen, die jedem Auge das passende Bild herausfiltern, sodass ein überwältigender räumlicher Eindruck entsteht. Den eigentlichen Schub aber brachten die «interaktiven Bildschirmmedien», die es dem Nutzer ermöglichen sollten, nicht nur in stehende Bilder, sondern auch in bewegte Bilder aktiv einzugreifen. Das ermöglichte u.a. Computerspiele völlig neuer Art, auf die ich weiter unten noch eingehen werde.

«Total Immersion» – ein Quantensprung der Illusionserzeugung

Ein besonders großer Sprung vorwärts gelang den Firmen, die sich an das revolutionäre Vorhaben heranwagten, Bildschirm und Betrachter im wörtlichen Sinne hautnah zueinander zu führen. Dieses Projekt war technisch schwierig und in seiner Anwendung nicht unproblematisch. Es mutet aus heutiger Sicht eher wie ein Pilotprojekt an, mit dem künftige Möglichkeiten ausgelotet werden sollten. Die Ergebnisse jedoch verdienen unser besonderes Interesse, weil sich darin wie in einer Zukunftsvision schon die Ziele abzeichneten, auf welche die ahrimanischen Geister langfristig zusteuern. Hier zunächst ein Bericht über das äußere Geschehen.

Bisher war der Bildschirm ein Objekt unter vielen anderen, das stets zusammen mit dem umgebenden Raum wahrgenommen wurde. Das sollte sich jetzt grundlegend ändern durch eine Technik, die den Blick vollkommen in die Scheinwelt des Bildschirms hineinzieht und ihn gewissermaßen verschluckt, sodass der eigene Körper und seine Umgebung nicht mehr sichtbar sind. *Total Immersion* nennt das die Fachsprache der Medienproduzenten, was so viel wie «total eingesogen werden, totales Eintauchen» bedeutet.[96]

Gemeint war damit nicht nur das *seelische* Eintauchen in ein imaginäres Geschehen, wie man es vom Lesen oder einer spannenden Darbietung kennt, sondern vor allem die *sinnlich* erzeugte Illusion, man befinde sich in einem realen dreidimensionalen Raum mit Oben und Unten, Vorne und Hinten, Links und Rechts. In diesen Raum soll der Gerätenutzer eintreten, darin herumgehen, die Blicke schweifen lassen und alles nach Belieben betrachten können. Eine Hebung des Kopfes, eine Drehung des Körpers soll genügen, um sofort den Anblick vor Augen zu haben, den man auch im wirklichen Leben bei der entsprechenden Wendung vor Augen haben würde. Mit anderen Worten: Das Ziel ist, den Zuschauer so vollkommen in die künstliche Welt hineinzuziehen, dass er sich ringsum von ihr umgeben sieht, wie in der Wirklichkeit selbst. Das lässt den passiven Zuschauer von einst, so das Versprechen an die Käufer, zu einem aktiven Wanderer in elektronischen Welten werden. Schnell war auch ein neues Wort für diesen künstlichen Raum gefunden: *Cyberspace*.[97] Daran angelehnt wurde der Wanderer im Cyberspace als *Cybernaut* bezeichnet.

Abb. 11: Datenbrille und Kopfhörer für die totale Illusion

Um eine so perfekte Illusion zu bewerkstelligen, müssen die Augen vollständig von der Außenwelt abgeriegelt werden durch eine «Datenbrille» (siehe Abb. 11), die jedes Auge mit einem Miniaturbildschirm bedeckt.[98] Wie beim natürlichen Sehen gibt der eine Schirm das wieder, was man mit dem linken Auge sehen würde, der andere, was man mit dem rechten Auge sehen würde, und aus der Verschiedenheit beider Bilder ergibt sich der Anschein räumlicher Tiefe. Der Computer liefert also für jeden Anblick zwei entsprechend differierende Bilder.

Die einfachste Anwendung besteht in der Darbietung von Landschaften, Bauten und Innenräumen, die virtuell «begangen» werden können. Architekten beispielsweise können das künftige Haus, Autohersteller das geplante Fahrzeug virtuell erstellen und von innen und außen besichtigen, können beliebige Änderungen vornehmen und mögliche Inneneinrichtungen erproben, Touristen können zerstörte Bauwerke in einer Rekonstruktion erkunden usw.

Abb. 12: Computerspieler mit Datenbrille

Die Blicklenkung wurde anfangs noch manuell mit einem kleinen Steuergerät bewirkt, später aber allein durch die Kopfbewegungen. Das freilich stellt höchste Anforderungen an die Computer, denn jede Änderung des Blickwinkels muss in Sekundenbruchteilen berechnet und in der Datenbrille realisiert werden, um die Kunden nicht durch abgehackt ruckelnde Bilder zu verärgern. Es soll sich alles anfühlen wie in der echten Welt.

Allerdings können Situationen auftreten, die sich doch nicht so anfühlen wie in der echten Welt; nicht, weil die Technik versagt, sondern weil der vergessene eigene Körper sich meldet:

Viele Airlines benutzen zur Schulung ihrer Piloten Flugsimulatoren, und wenn dort der Pilot einen Looping fliegt, dann erlebt er auf dem Schirm, wie sich das Flugzeug zur Seite dreht und die Welt schließlich verkehrtherum zu sehen ist. Sein Körper jedoch meldet das Gegenteil, denn sein Kopf ist immer noch oben. Sehsinn und Körpereigenwahrnehmung widersprechen sich also, und das irritiert den Organismus und führt zu heftiger Übelkeit.[99] Professionelle Flug- und Fahrsimulatoren versuchen, dem durch passende Kippbewegungen des Benutzerstuhls entgegenzuwirken, doch löst auch das nicht vollständig das Problem. Jugendliche hingegen setzen sich in ihren Computerspielen (siehe Abb. 12) zuweilen gerne dem Nervenkitzel solcher Extremerfahrungen aus.

Rendezvous im Cyberspace

Die bisher genannten Anwendungen genügten den Produzenten nicht. Der Cybernaut sollte in den elektronischen Räumen auch Menschen begegnen, die sich bewegen, die auf ihn zugehen, ihm vielleicht die Hand reichen. Der Händedruck sollte täuschend echt erlebt werden, indem der Cybernaut seine Hand auf die des Partners zuführt und bei der vermeintlichen Berührung tatsächlich auf seiner Haut den entsprechenden Druck spürt. Um das zu erreichen, braucht der Cybernaut zusätzlich zur Datenbrille einen Datenhandschuh, der einerseits mit Stimulatoren bestückt ist, die der Haut durch elektrische Reizung eine Tastwahrnehmung vorgaukeln, und zum anderen mit Sensoren, die sowohl die Bewegungen als auch die räumliche Lage der Finger und der ganzen Hand registrieren und die Daten an den Rechner weiterleiten, der für die entsprechenden Reaktionen im Bildgeschehen sorgt.

Abb. 13: Spiegel-Cover von 1993

Da aber mit einem bloßen Händedruck kein Geld zu verdienen ist, plante man zu Beginn der 1990er-Jahre, den Datenhandschuh zu einem Datenanzug («*Datasuit*») zu erweitern, der den gesamten Körper und besonders die Geschlechtsorgane mit Sensoren und Stimulatoren bedeckt, sodass der Benutzer die Möglichkeit erhält, im «Datenhelm» (so wurde das früher noch klobige Gerät genannt) seinen Wunschpartner auftreten zu lassen, ihn nach Belieben zu berühren und sich auch selbst berühren zu lassen, bis hin zum imaginären Koitus. Sogar die Körperwärme des Partners wollte man simulieren. «Cyber-Sex» wurde diese Gespensterpaarung genannt (siehe Abb. 13 aus *Der Spiegel*, 15.11.1993).

Ein verräterisches Experiment

Anders als die Datenbrillen, die ständig weiterentwickelt wurden, hat sich der Datenanzug nicht durchgesetzt. Er blieb in den Anfängen stecken, vermutlich wegen der hohen Entwicklungskosten bei geringen Gewinnaussichten, ganz abgesehen von seiner Unhandlichkeit. Solche Misserfolge hat es in der Technikgeschichte öfter gegeben. Aufhorchen lässt aber, was hier geplant war, denn darin offenbarten sich für einen wachen Beobachter bezeichnende Merkmale der Strategie, die von den ahrimanischen Geistern bis in die heutige Zeit verfolgt wird. Diese Merkmale möchte ich hier Punkt für Punkt hervorheben.

- *Heraussaugen aus der Welt- und Körperwahrnehmung:*
Mit der totalen Immersion verfolgen die Medienproduzenten erklärtermaßen das Ziel, ihre Nutzer in den Cyberspace hineinzuziehen. Doch ist das nur die Hälfte der Wahrheit. Die andere Hälfte wird stets verschwiegen: Das *Hineinziehen* in die Scheinwelt bedeutet zugleich das *Herausziehen* des Menschen aus der realen Welt. Wer in den Cyberspace eintritt, dessen Bewusstsein wird vollständig abgezogen von der Umgebung, in der sich sein Körper befindet. Mehr noch: Er wird auch aus der Wahrnehmung seines Körpers herausgesaugt und tritt in eine quasi außerkörperliche Wahrnehmung ein, bei der die leiborientierten Sinnesorgane für Gleichgewicht, Bewegung, Tasten und Gesamtbefinden («Lebenssinn») zu schweigen haben. Sie machen sich höchstens noch – wie bei der Flugsimulation – als Störung bemerkbar. Der Mensch ist körperlich buchstäblich «von Sinnen».

- *Müheloser Gang über die Schwelle, aber Richtung Exitus:*
Das Heraustreten aus der Sinneswelt und aus der Verbundenheit mit dem eigenen Leib ist die Schwelle, um die es in die-

sem Buch schon seit mehreren Kapiteln geht. Wir alle trennen uns beim Einschlafen von unserem Leib und überschreiten als geistig-seelische Wesen die Schwelle; aber nur der Eingeweihte kann dabei durch intensive Schulung sein Wachbewusstsein aufrechterhalten. Der Cybernaut hingegen braucht keine Schulung: Er passiert ebenfalls lebend und mit Wachbewusstsein die Schwelle von der Außenwelt in eine innere Welt, aber die gehört nicht den höheren Mächten des Himmels, sondern ist Ahrimans Machtbereich. Zwar kommt es bei diesem Vorgang zu keiner vollständigen Trennung vom Leib, doch die Abschnürung von der Außenwelt ist so radikal, dass ein Sonderzustand eintritt, der das Lebensgefüge des Nutzers infrage stellt. Ihm selbst bleibt das unbewusst, und so spricht auch niemand davon; es scheint sich ja nur um eine technisch erzeugte Schwelle zu handeln – äußerlich gesehen. Innerlich aber läuft der Vorgang in letzter Konsequenz auf die real existierende Schwelle zu, die wir beim Tode überschreiten. Das ergibt sich aus dem Folgenden:

- *Seelisches Verhungern:*
Die Seele des Menschen muss, um sich gesund zu erhalten, frei atmen können zwischen Innen und Außen. Wird der Mensch von der Außenwelt und von dem Kontakt mit anderen Menschen völlig abgeschnitten, spürt er sehr bald, dass ihm etwas Wesentliches fehlt, das genauso unentbehrlich ist wie die leibliche Nahrung. Tausende Menschen in Italien und Spanien, die in den ersten Wochen der Corona-Pandemie 2020 ihre Wohnung dauerhaft nicht verlassen durften, haben diese Entbehrung leidvoll erfahren und ebenso zahllose alte Menschen in Alters- und Pflegeheimen. Im Cyberspace scheint das kein Problem zu sein, denn dort gibt es ja Sinneseindrücke in Hülle und Fülle. Die aber ernähren die Seele nicht, denn sie rühren nicht von lebendigen Wesen her, von

echten Pflanzen, Tieren, Menschen, sondern von seelenlosen Pixeln auf dem Bildschirm, von leeren Phantomen.
- *Der Sinnessarg – seelisches Ersticken:*
Wenn man sich zur Datenbrille und den Ohrstöpseln noch die Datenhandschuhe und den Ganzkörper-Datasuite hinzudenkt, dann ist der Cybernaut mit seinem Körper wie eine Mumie eingesargt in eine Sinneskapsel, die nichts von außen eindringen lässt, sodass seelisch kein Atmen mehr möglich ist; bei Dauergebrauch erstickt die Seele, genauso wie Gregor Samsa in seinem Panzer oder wie die Hikikomori in ihrem Zimmer. Damit der Nutzer aber die innere Öde und Leere und damit auch die Gefahr nicht bemerkt, wird er pausenlos mit Sinnesreizen beschossen, damit er nicht zur Besinnung kommt.
- *Exkarnierende Wirkung statt Stärkung der Inkarnation:*
Die ahrimanischen Geister wollen verhindern, dass der Mensch in der realen Welt seine Aufgaben wahrnimmt, und versuchen deshalb, ihn aus der Welt heraus- und in ihre künstlichen Welten hineinzuziehen. Er könnte ja sonst im Sinne des Christus-Impulses das Gute in der Welt befördern. Schon bei der Fernsehnutzung ließ sich beobachten, dass dieses Gerät physiologisch eine Wirkung ausübt, die vor allem Kinder daran hindert, in gesunder Weise in ihren Leib hineinzukommen; sie blockiert das Ich, das sich inkarnieren möchte, wie sich in erschütternden Befunden gezeigt hat.[100] Bei allen nachfolgenden Bildschirmmedien tritt der Effekt gesteigert auf, indem sie, wie beschrieben, den Menschen unbemerkt aus der Leiblichkeit herausziehen statt hinein. Sie wirken der Tendenz nach *exkarnierend*.
- *Den Menschen in die Vereinzelung treiben:*
Aus Gründen, die später noch zu besprechen sind, ist es den ahrimanischen Geistern besonders wichtig, die Begegnung von Mensch zu Mensch, von Ich zu Ich immer mehr zu unter-

binden. Die Datenbrille als Sinnessarg erscheint mir wie ein Pionierprojekt, um den Einzelnen in die innere Einsamkeit zu bannen und geistig vertrocknen zu lassen. Jedenfalls ist es kein Zufall, dass im Datenbrillen-Cyberspace als Hauptattraktion der Cybersex angeboten wurde, offensichtlich als Ersatz für menschliche Nähe. Heute braucht man dafür keine Datenbrille mehr: Nicht wenige der weltweit vernetzten Smartphone-Benutzer fühlen sich, wie auf S. 122 berichtet, inmitten von Tausenden virtuellen Freunden einsam, und wieder wird als Helfer in der Not eine Maschine angeboten.

- *Mensch und Maschine zu einer Einheit zusammenbinden:* Die Datenbrille dürfte der erste Fall in der Menschheitsgeschichte sein, wo der menschliche Kopf hautnah in ein technisches Gerät gezwängt wird, das ihn blind und taub macht gegenüber der vorhandenen Welt. Das erinnert an die auf den Vogel Strauß gemünzte Redewendung «den Kopf in den Sand stecken», womit ja gemeint ist: die drohende Gefahr nicht sehen wollen. Unbekümmert steckt der Cybernaut seinen Kopf in den Datensand der Sinneskapsel und fragt nicht, was mit ihm geschieht. Eine solche Verblendung ist ganz im Sinne der ahrimanischen Geister, denn ihnen geht es in Wahrheit nicht um Belustigungen für Technikfreaks, sondern um schleichende Gewöhnung und immer festere Bindung des Menschen an die von ihnen geschaffene Maschinenwelt. Das Heranführen an Todeskräfte gehört zu ihrer Mission.

Wer diese meine Charakterisierungen für bloße Behauptungen hält, den kann ich nur bitten, sie unvoreingenommen an den Fakten zu prüfen, die in diesem Buch schon berichtet wurden und noch werden. Ich meine, wir sollten auch ungewohnten Tatsachen angstfrei ins Auge sehen, statt den Kopf in den Sand zu stecken. Nur das kann uns weiterbringen.

«Second Life» – Leben außerhalb des Lebens

Mit der Datenbrille wurde kein Millionenpublikum erreicht; der Kreis der Nutzer blieb beschränkt. Mit fortschreitender VR- (Virtual Reality)-Technik aber gelang es immer besser, Menschen auch ohne ein spezielles technisches Equipment intensiv in virtuelle Räume hineinzuziehen, in denen man sich nach eigenem Geschmack betätigen kann. Sehr erfolgreich war in dieser Hinsicht die Firma *Linden Lab* in San Francisco, die von 1999 bis 2003 eine 3D-Internetplattform namens *Second Life* aufbaute. Sie verhieß das Abenteuer, ein unerschlossenes Territorium im digitalen Nirgendwo zu besiedeln und dort Handel und Wandel, Kunst und Kultur zu entwickeln. Auf einem Hauptland und einer Kette von Inseln konnte jedermann Land kaufen und dort sein Anwesen aufbauen. Alles, was man dazu brauchte, wurde mit den virtuellen *Linden-Dollars* bezahlt, die mit echten Dollars von der Firma zu erwerben waren.

Anders als vielleicht erwartet, entstand im *Second Life* keine Utopie, sondern eine Kopie der realen Welt, in der es beispielsweise Kaufhäuser gab, Dependancen bekannter Autofirmen und Banken, Postämter, eine virtuelle Bild-Zeitung, Botschaften, Kunstgalerien, Bars und Diskotheken, Nachbauten berühmter Kirchen, aber auch Rotlichtmilieu und Kriminelle – kurzum: ein Paralleluniversum. Bevölkert war es von den «Siedlern», die jedoch nicht in eigener Gestalt auftraten, sondern sich hinter einem sogenannten *Avatar* verbargen, einem virtuellen Stellvertreter, dessen Geschlecht und Aussehen, Gestalt und Kleidung jeder selbst bestimmen konnte (natürlich gegen Bezahlung). Maskiert wie beim Karneval, hofften offenbar viele, das erleben und ausleben zu können, was ihnen im realen Leben verwehrt war, und so spiegelten sich in dem Doppelgänger unerfüllte geheime Wünsche, aber auch die persönliche Eitelkeit und der narzisstische Drang, die Aufmerksamkeit der anderen auf sich zu ziehen.

In diesem Tanz um das eigene Ego lag der eigentliche Reiz des Spiels. Dass genau dies die Absicht war, beweist die Aufforderung an die Kundschaft, jeder solle sich einen *Avatar* erschaffen. Für die meisten Menschen war das nur ein schön klingendes Fremdwort. Der Produzent aber wusste offenbar, dass dieses Wort aus dem Sanskrit stammt und das Herabsteigen einer Gottheit in irdische Sphären bedeutet. Im Hinduismus bezeichnete man damit die Inkarnationen von Vishnu, einer der höchsten Gottheiten. Das Ego des Second-Life-Kunden sollte sich also wie ein Gott empfinden, der sich seine eigene Welt erschafft – unverkennbar ein luziferischer Einschlag. Es ist überhaupt zu beobachten, dass die geistige Großmacht Luzifer, bekannt als die Schlange im Paradies, in der Geschichte der Menschheit immer wieder mit der Verführung zur Hybris voranging und eben dadurch Ahriman den Boden bereitete, auf dem dieser unbemerkt seine Tätigkeit entfalten konnte.

Der virtuelle Avatar erweist sich als ein diabolisches Gegenbild zu dem, was Steiner als den Hüter der Schwelle schilderte, der dem Menschen kein schmeichelhaftes Selbstbildnis zeigt, sondern ihm die Maske vom Gesicht reißt und ihn erkennen lässt, was sich in seinen dunkelsten Seelenregionen verbirgt und umzuschmelzen ist. Im *Second Life* wird die wahre Selbstverwandlung umgangen, indem man sich einfach eine Maske überstülpt.

Erwähnt sei noch, dass die Zahl der Mitspieler im *Second Life* laut Wikipedia bis 2013 auf rund 36 Millionen anwuchs – ein prächtiges Geschäft – und dass von ihnen «meist 30.000 bis 65.000 Nutzer gleichzeitig in das System eingeloggt» waren. Eine wöchentliche Nutzungsdauer von über 30 Stunden war keine Seltenheit.[101] Es hockte also jeder allein vor seinem Bildschirm und tanzte im Maskenball der Zehntausende mit. Vermutlich stellte sich auch hier allmählich das große Einsamkeitsgefühl ein. Jedenfalls wurde es in den Folgejahren allmählich still um den digitalen Karneval. Das i-Phone eröffnete neue Felder.

Telepräsenz: Das Ich verlässt den Körper

In den besprochenen Experimenten mit der Datenbrille blickte der Nutzer in eine real erscheinende Umgebung – ganz so, wie man sonst mit seinen Augen auf die Objekte ringsherum schaut, ohne sich selbst zu sehen. Wie wäre es nun, wenn der Nutzer in der Datenbrille auch sich selbst sehen könnte, wie er in der virtuellen Umgebung herumgeht? Dann würde er gewissermaßen von außen auf seinen eigenen Körper und dessen Aktionen blicken.

Ohne diese Frage so konkret gestellt zu haben, untersuchten amerikanische Forscher 1998 mit einem aufsehenerregenden Experiment das Rätsel außerkörperlicher Wahrnehmungen, das ja schon lange als «Phantomschmerz» bei amputierten Gliedmaßen bekannt war: Die Versuchsteilnehmer legten ihre rechte Hand auf einen Tisch hinter einen Sichtschirm, der die Hand für sie verdeckte. Vor den Schirm wurde für sie sichtbar eine rechte Hand aus Gummi gelegt. Der Versuchsleiter berührte nun die echte und die unechte Hand synchron mit abwechselndem Streicheln und Antippen. Nach 20 bis 30 Sekunden spürten die Probanden die Berührungen nicht mehr an der verborgenen eigenen Hand, sondern an der Gummihand.[102]

Die verblüfften Forscher vermuteten, dass der Effekt der Ähnlichkeit der Attrappe mit der Hand zuzuschreiben sei. Doch weit gefehlt: Andere Forscher wiesen 2003 nach, dass es bei gleicher Versuchsanordnung schon genügt, wenn der Assistent anstelle einer Handattrappe einfach den Tisch antippt, synchron mit der echten Hand. Das Unglaubliche geschah: Die Probanden erlebten nach einiger Zeit den Tisch als Teil ihres eigenen Körpers. Und dieser Eindruck blieb auch nach dem Ende der Berührungen noch eine Weile bestehen. Der Versuchsleiter prüfte das durch einen simulierten Schlag gegen den Tisch: Die Probanden zuckten sofort spontan zurück oder reagierten mit einem Schweißausbruch wie bei drohender Gefahr.[103]

Nach diesen Ergebnissen lag es nahe, Probanden auch einmal mit dem eigenen Körper zu konfrontieren. Das geschah 2007 durch das folgende Experiment:[104]

«Durch eine 3D-Brille sah der Proband sich selbst von hinten – einige Meter voraus in eine virtuelle Umgebung hineinprojiziert. Dann berührte der Versuchsleiter den Rücken des Probanden in gleichmäßigem Rhythmus mit einem Stock. Die verdutzten Teilnehmer berichteten schon nach kurzer Zeit übereinstimmend, sie empfänden sich auf merkwürdige Weise jenseits des eigenen Körpers. Besonders deutlich wurde dieser Effekt, als die Forscher die Probanden einige Schritte wegführten, während diese die Augen geschlossen hielten. Wurden sie anschließend gebeten, sich an ihren ursprünglichen Platz zurückzustellen, marschierten viele schnurstracks dorthin, wo ihr fiktives Selbst im virtuellen Raum gestanden hatte, oder bewegten sich zumindest in diese Richtung.»[105]

Der schwedische Forscher Henrik Ehrsson variierte 2007 die Versuchsanordnung, indem er das fiktive Körperbild rund zwei Meter nach hinten in den Raum verlegte, wo eine Kamera stand. Entsprechend fühlten sich die Probanden hinter sich stehend. Zur Kontrolle des Erfolgs schlug Ehrsson mehrmals mit einem

Hammer in die Richtung der virtuellen Projektion, worauf die Teilnehmer heftige Stressreaktionen zeigten.[106]

Historisch scheint dieser neue Forschungszweig bei dem Projekt *Second Life* Pate gestanden zu haben: Die oben genannte spektakuläre Erstuntersuchung an der Gummihand wurde 1998 publiziert. Im Jahr darauf gründete Philip Rosedale seine Firma *Linden Lab*. 2003 erschien eine zweite wichtige Veröffentlichung,[107] und im selben Jahr ging *Second Life* online. Ich halte diese Parallelen nicht für Zufall, sondern vermute, dass die wissenschaftlichen Publikationen, die ja auch in der Presse Widerhall fanden, Philip Rosedale dazu inspirierten, seine Plattformteilnehmer mit Avataren auszustatten.[108] Er vertraute darauf, dass dies die Immersion auch ohne Hautberührungen kräftig verstärken werde. Spätere Forschungen bestätigten das und fanden auch den Grund dafür, den ich im nächsten Abschnitt ausführen werde.

Die außerkörperliche Wahrnehmung, die hier entdeckt und zum Geschäftsmodell gemacht wurde, ist auch aus anthroposophischer Sicht interessant: Sie ist keine Einbildung, kein bloßes «Austricksen des Gehirns», wie die Forscher das interpretierten. Sie ist eine Realität, die immer wieder im Zusammenhang mit Nahtoderfahrungen berichtet wird: Der aus dem Leib heraustretende Mensch blickt in voller Bewusstheit auf seinen eigenen Körper. Im Übrigen ist das Ich auch im Leben nicht völlig an den Körper gebunden, sondern betätigt sich bei jeder Wahrnehmung außerhalb des Körpers, wie Steiner 1911 in Bologna ausgeführt hat.[109]

Communio digitalis. Das Ich verschmilzt mit seinem Avatar

Dass der Computerspieler im digitalen Jenseits einen Avatar ins Rennen schickt, wurde zum Standard moderner Computerspiele und zugleich zum Garant für deren wirtschaftlichen Erfolg. Denn die (meist männlichen) jugendlichen Nutzer verbringen nicht nur einen beträchtlichen Teil ihrer Zeit mit dem Avatar (2017 waren es im Mittel 22 Stunden pro Woche), sondern bauen auch eine starke Beziehung zu diesem ihrem Alter Ego auf, mit dem sie sich, wie Befragungen ergaben, emotional ähnlich eng verbunden fühlen wie mit ihrem besten Freund.

Wissenschaftler, die das genauer untersuchten, stellten fest: «Wenn Computerspielfans mit ihren virtuellen Figuren unterwegs sind, erleben sie eine Art *Ganzkörperillusion*: Sie haben das Gefühl, in den Körper ihres Avatars zu schlüpfen. (...) Bei dieser Illusion scheint eine Struktur im Gehirn aktiv zu sein, die als ‹temporoparietale Übergangsregion› bezeichnet wird. Sie spielt ebenfalls bei außerkörperlichen Erfahrungen eine Rolle, bei denen die Betroffenen den Eindruck haben, *als eine Art Geist über ihrem Körper zu schweben.*»[110] Im vorigen Abschnitt wurde berichtet, dass die Forscher dieses Erlebnis stets durch rhythmisches Berühren der Haut synchron mit den Seheindrücken erzeugten. Wie aber kann das Erlebnis sich außerhalb des Labors am heimischen Computer einstellen, wo solche Berührungen nicht stattfinden? Die Wissenschaftler kamen zu folgendem Ergebnis:

«Bei den Schweizer Versuchen entstand die Illusion durch das synchrone Sehen und Fühlen der Berührung. Das Gleiche kann aber auch durch das Verknüpfen visueller und *motorischer* Reize hervorgerufen werden. Das Gehirn will den

Avatar steuern und entsprechende Handlungen mit Maus oder Tastatur ausführen; gleichzeitig macht die Figur genau das, was wir ihr auftragen. Dadurch kann das Gehirn zeitweise den Avatar mit dem eigenen Körper verschmelzen.«[111]
An die Stelle des Tastsinns kann also auch der Bewegungssinn treten, der durch die zwar kleinen, aber ständig stattfindenden Aktionen mit der Maus oder der Tastatur in Verbindung mit dem visuellen Bild genügt, um die außerkörperliche Wahrnehmung hervorzurufen. Philip Rosedale durfte sich bestätigt fühlen.

Der PC-Avatar – Exkarnation bis zum Exitus

Die Forscher sehen in den von ihnen trickreich erzeugten außerkörperlichen Wahrnehmungen nichts als eine Sinnestäuschung, eine pure Illusion. Sie blenden dabei jedoch eine wichtige Tatsache aus: *Inhaltlich* sind die Handlungen der Avatare im Computerspiel tatsächlich rein virtuelle Ereignisse. Das dabei stattfindende Verschmelzen mit dem Avatar aber hat eine Wirkung, die alles andere als eine Illusion ist: Wenn das Ich sich für längere Zeit aus dem Körper herauszieht, um sich im Cyberspace mit dem Avatar in aufregende Abenteuer zu stürzen, dann hört es nicht mehr auf die Signale seines Körpers; der Betreffende spürt weder Durst noch Hunger, fühlt kein Schlaf- und Erholungsbedürfnis, und er bemerkt auch nicht mehr die Schmerzen, mit denen der Körper Alarm schlägt. Dieses Verstummen der *Propriozeption*, wie es die Wissenschaftler nennen, ist bei Dauerspielern ein absolut realer Vorgang – der auch sehr reale Folgen hat. Sagen wir es deutlicher: Das Ich ist dabei, sich zu exkarnieren; es nähert sich der Todesschwelle. Der Avatar entpuppt sich als Trojanisches Pferd.

Wer bei suchtfördernden Computerspielen wie *World of Warcraft* oder *Fortnite* noch rechtzeitig den Absprung findet, kann von Glück sagen, denn der Sog solcher Spiele ist gewaltig. Er kann sogar tödlich enden, wie sich schon früh in hochtechnisierten Ländern zeigte:

- 2005 starb in Taiwan ein 28-jähriger Mann an Herzinfarkt, nachdem er 50 Stunden ohne Essen und Trinken ununterbrochen mit Computerspielen beschäftigt war.[112]
- 2015 spielte ein junger Mann in einem Internet-Café in Taipeh drei Tage lang fast ununterbrochen, bis er tot zusammenbrach.
- Ebenfalls in einem taiwanesischen Internet-Café starb ein 38-jähriger Mann vor dem PC, nachdem er fünf Tage am Stück gespielt hatte.
- «Nach Polizeiangaben reagierten andere Computerspieler in beiden Fällen völlig gleichgültig und spielten weiter», hieß es in der Pressenotiz abschließend.[113]

Die Schlussbemerkung deutet auf den völligen Verlust der Empathiefähigkeit, der sich zusätzlich zu der Abstumpfung der Körpersinne einstellt. Der Hirnforscher Gerald Hüther hat schon früh auf diesen bedenklichen Effekt hingewiesen, der gerne übersehen wird.[114]

Das Computerspielen kann einen Menschen indes auch ohne Todesfolge aus der Bahn werfen, wenn es zu einer Besessenheit wird, die ihm jegliche Selbstbeherrschung, Sinne und Verstand raubt. Dazu ein Beispiel aus der Praxis eines Therapeuten:[115]

«Weil sein PC am Samstagnachmittag wegen eines defekten Ventilators ausgefallen und am Wochenende kein Ersatzteil für die Reparatur zu beschaffen war, hat ein 15-jähriger Schüler unlängst in einem mehrstündigen Wutanfall die gesamte Einrichtung zunächst seines eigenen Zimmers und dann

auch noch der elterlichen Wohnung zertrümmert. Erst eine von den Eltern herbeigerufene Polizeistreife konnte dem Zerstörungswerk ein Ende bereiten und den Jungen in eine psychiatrische Klinik einliefern. Bis zu diesem Zeitpunkt war er nie auffällig oder gar gewalttätig geworden.«
Hierher gehören ferner Vorfälle, die mit dem Tod unschuldiger Mitmenschen endeten:[116]
- Eine Mutter, die an Online-Spielsucht litt, erdrosselte ihren zweijährigen Sohn, weil der sie mit der Frage belästigt hatte, ob er etwas zu essen bekommen könnte.
- Ein Ehepaar war so tief in ein Online-Spiel vertieft, dass es nicht mitbekam, wie die kleine Tochter währenddessen verhungerte.
- Ein Dreizehnjähriger prügelte seine Mutter zu Tode, weil sie ihm vorwarf, zu viel Zeit mit Computerspielen zu verbringen.

Ich kann diesen traurigen Bericht nicht beenden, ohne die Frage aufzuwerfen: Wie verzweiflungsvoll öde muss wohl das seelische Milieu und die geistige Situation solcher Menschen gewesen sein, dass die Computerspiele zum einzigen Lebensinhalt wurden, an den sie sich wie Ertrinkende klammerten? Was ist da bereits in der Kindheit versäumt worden?

Endstation Askaban?

So unmenschlich die zuletzt genannten Taten auch waren – bedenkt man es recht, so waren diese Menschen in einem Zustand, den die Juristen als Unzurechnungsfähigkeit bezeichnen würden. Überwältigt von der Sucht, war ihnen die Fähigkeit abhandengekommen, als ein freies Ich sich selbst zu bestimmen und ein seelisches und geistiges Leben zu pflegen, das mit der

Welt und anderen Menschen verbindet. Das alles zu verlieren ist wie ein Tod vor dem Tode.

Verdichtet zu einer zeitgemäßen Imagination, finden wir diesen Verlust in einem erschütternden Wahrbild, das von einer Gegenwartsautorin geschaffen wurde: In den *Harry-Potter*-Bänden von Joanne K. Rowling ist öfter von dem Gefängnis *Askaban* die Rede, dessen Gefangene von *Dementoren* bewacht und nicht selten in den Wahnsinn getrieben werden. Wie der erfundene lateinische Name schon sagt, saugen Dementoren ihre Opfer mental aus. Sie ernähren sich von dem Besten, was Menschen in sich tragen. Verteilt über mehrere Bände, entrollt sich vor Rowlings Leserschaft ein grauenvolles Bild dieser allenthalben gefürchteten Wesen:

«Wenn sie ohne Schrittgeräusche herangleiten, verbreiten sie eine klamme Kälte um sich, und alles wird düster. Gelegentlich kommt unter dem Mantel eine ihrer fahlen schleimigen Hände zum Vorschein. Normalerweise sind die Hände wie die Gesichter der Dementoren aber ganz vom Mantel verdeckt. Die Kapuzen der Mäntel verhüllen auch den Schlund, mit dem die Dementoren gierig rasselnd einatmen. Dabei holen sie nicht nur Luft, sondern entziehen gleichzeitig magischen und nicht-magischen Menschen in ihrer Nähe alle glücklichen Erinnerungen. Ihren Opfern bleiben dann nur schreckliche und quälende Gedanken und Erfahrungen. Sie werden depressiv, verlieren ihre Kräfte und ihren Lebensmut.

Etwas ‹Schlimmeres als der Tod› droht, wenn Dementoren ihre Kapuzen tatsächlich einmal lüften, weil sie dann jemand ‹küssen› wollen. Sie saugen ihrem Opfer dabei durch den Mund die Seele aus, sodass nur noch ein leerer, aber funktionsfähiger Körper ohne Persönlichkeit, Erfahrungen und Gefühle übrigbleibt.»[117]

Selbstverständlich kann aus diesem literarischen Bild nicht der Schluss gezogen werden, allen Computerspielern drohe der Dementoren-Kuss. Dennoch sollte es uns nachdenklich machen. Der Umgang mit dem virtuellen Avatar hat ja durchaus etwas Magisches; er saugt den Nutzer unwiderstehlich an, raubt ihm Lebenskräfte, kettet ihn an sich wie einen Gefangenen und kann ihn sogar in den Wahnsinn treiben. Angesichts dieser Parallelen drängt sich die ernste Frage auf: Werden die Dauernutzer von Computerspielen nicht tatsächlich seelisch und geistig ausgesaugt, sodass sie in einen schleichenden Prozess der Entmenschlichung driften, wenn sie dem Sog nichts entgegenzusetzen haben? Die Frage ist existenziell, denn sie betrifft den innersten Kern des Menschen, ebenjenen, um den Faust mit Mephisto wettete. Kulturbeobachter wissen es seit Langem: Wir haben einen «faustischen Pakt» geschlossen.

Smartphone-Nutzer: Leibhaftig abwesend

In einer wesentlich schwächeren, dafür aber pandemisch die ganze Menschheit erfassenden Weise zeigt sich die exkarnierende Wirkung der Bildschirmmedien auch beim Smartphone. Jeder kennt die Situation in öffentlichen Verkehrsmitteln: Kaum eingestiegen, wird sofort das Handy gezückt. Man sitzt eng an eng, aber jeder ist von seinem Gerät absorbiert, oft sind auch noch die Ohren zugestöpselt; kaum jemand blickt interessiert umher. Die von den ahrimanischen Geistern beförderte Isolierung des Menschen inmitten der Menschenmenge, bewirkt durch den Sog aus dem Hier und Jetzt in eine andere Welt – hier ist sie handgreifliche Realität.

Bedrückend wird dieses Erlebnis, wenn Mütter mit dem Smartphone hantierend oder telefonierend den Kinderwagen schieben oder am Rand des Spielplatzes sitzen, während das kleine Kind dringend die Aufmerksamkeit der Mutter sucht, mit ihr sprechen möchte, aber ignoriert wird, weil die Mutter mental ganz woanders weilt – und das nicht nur gelegentlich, sondern oft und oft.[118] Wie soll das Kind sich inkarnieren, wenn die Mutter das Gegenteil pflegt? Das gleiche Problem stellte sich ungewollt während der Corona-Krise bei denjenigen Eltern, die im Home-Office arbeiten mussten.

Drohende Zerrüttung der Gesundheit

Nicht anders als bei den Computerspielen birgt auch die intensive Smartphone-Nutzung die Gefahr, ein Suchtverhalten zu entwickeln, das genauso gravierende Folgen hat wie die Abhängigkeit von substanzgebundenen Drogen. Zwar wurde das von interessierten Kreisen lange Zeit heftig dementiert und auch die Betroffenen selbst weisen es meist weit von sich, doch sprechen die inzwischen vorliegenden Tatsachen eine klare Sprache:

Eine von der DAK in Auftrag gegebene Forsa-Studie an 1.001 Kindern und Jugendlichen im Alter von 12 bis 17 Jahren untersuchte 2018 erstmals die Häufigkeit einer Social-Media-Abhängigkeit repräsentativ für Deutschland.[119] Das Kernergebnis war: 2,6 Prozent der Befragten sind süchtig nach WhatsApp, Instagram oder Snapchat. Hochgerechnet auf alle 12- bis 17-Jährigen in Deutschland bedeutete das: Etwa 100.000 Jugendliche waren schon betroffen.[120] Erweitert man den Fokus auf die Internetnutzung insgesamt, vergrößert sich die Zahl auf 600.000 Abhängige und 2,5 Millionen Gefährdete, wie auf S. 70 berichtet.

Welche konkreten Symptome die Smartphone-Sucht im Alltag mit sich bringt, erforschte 2015 das Projekt *Menthal*

Balance der Universität Bonn,[121] das über eine freiwillig aufgespielte App das Verhalten von 60.000 Smartphone-Nutzern beobachten durfte: Durchschnittlich wurde 88 Mal am Tag der Bildschirm eingeschaltet, davon 35 Mal für einen Blick auf die Uhr oder ins Notebook, 53 Mal aber, um E-Mails zu checken, Facebook zu posten, WhatsApp zu schreiben, und nicht zuletzt zum Surfen, Spielen und Chatten im Internet. Umgerechnet auf 16 Stunden Wachzeit wurde also im Schnitt alle 18 Minuten die Tätigkeit unterbrochen, mit der man gerade beschäftigt war. Gespräche wurden sofort abgebrochen, wenn das Handy klingelte. Eine Zusatzstudie ergab, dass pro Tag mehr als 2 ½ Stunden dem Gerät gewidmet wurden, davon nur 7 Minuten zum Telefonieren. Das Fazit des Forschers lautete: «Insgesamt führt die digitale Welt dazu, dass wir unsere Aufmerksamkeit zerhackstückeln.»[122]

Bekannte Folgen dieses Verhaltens sind Konzentrationsstörungen, Schlafstörungen mit nachfolgendem Leistungsabfall, Nervosität, teilweise sogar Angst, ferner Panik bei Entzug oder Ausfall des Geräts, Klagen über ein Gefühl der Leere und Einsamkeit in stillen Momenten.[123] Ärzte weisen schon seit Längerem auch auf zunehmende Haltungsschäden hin. Besonders alarmierend fanden die Autoren der DAK-Studie das Auftreten von Depressionen: Hier war das Risiko um den Faktor 4,6 erhöht gegenüber Nichtsüchtigen. Andere Studien gehen derzeit der Frage nach, welche Veränderungen diese Sucht im Gehirn verursacht.[124] Dass ein ausgeschaltetes Handy durch seine bloße Anwesenheit die kognitiven Leistungen verringert, wurde auf S. 84 schon dargestellt.[125]

Smartphones richten mehr an als der Alkohol

Kein Zweifel: Mit dem Smartphone kann auch sehr Positives bewirkt werden; Beispiele habe ich weiter oben genannt. Dennoch ist im Großen und Ganzen festzustellen: Die Menschheit hat sich mit den Vorzügen zugleich ein gewaltiges Problem eingehandelt, wenn man auf den Schaden blickt, den die extensive Nutzung bei Millionen Menschen und vor allem jungen Menschen anrichtet. Sie lassen sich in den psychischen Sog hineinziehen, den die Programmierer zugegebenermaßen mit voller Absicht so gestaltet haben, dass die Nutzer von ihm abhängig werden wie von einer Droge (siehe Kap. 2). Die Nutzer steigern folglich nicht nur die Milliardengewinne weltweit beherrschender Social-Media-Konzerne, sie bezahlen obendrein mit einer schleichenden Unterminierung ihrer Gesundheit und Leistungsfähigkeit.

Und wieder stoßen wir auf das Phänomen, dass die Produzenten, die den Schaden angerichtet haben, auch daraus noch finanziellen Nutzen ziehen, indem sie sich scheinheilig als Wohltäter gerieren und neue Apps anbieten, die der Selbstkontrolle dienen und so zu einem «vernünftigen» Umgang mit dem Gerät führen sollen. Die langjährigen Erfahrungen mit der Therapie von Drogensüchtigen haben gelehrt, wie schnell der Versuch einer Entwöhnung an Grenzen stößt, wenn die Betroffenen nicht bereit sind, sich wie Münchhausen am eigenen Schopf zu packen, um aus dem Sumpf herauszukommen. Gelingt das nicht, bleiben sie im Morast stecken, und am Ende steht der Ruin des Körpers.

Ruinös, ja sogar tödlich kann das Smartphone auch noch auf andere Weise wirken: «Smartphones sorgen für mehr Verkehrstote als Alkohol» titelte Ende 2019 die Presse und meinte damit nicht nur telefonierende Autofahrer, sondern auch Fußgänger:

«Der im April vorgestellten Allianz-Studie *Sicher zu Fuß* zufolge telefonieren zwei Drittel der Fußgänger regelmäßig, 35 Prozent lesen Texte oder sehen sich Bilder sowie Videos an, 43 Prozent schreiben Nachrichten. Fast die Hälfte (45 Prozent) nutzt die Geräte demnach auch beim Überqueren von Straßen.»[126]

Dazu ein Beispiel: Am 17.1.2018 wollte eine 17-Jährige in Karlsruhe die ebenerdigen Gleise einer Straßenbahnlinie überqueren. Weil sie Kopfhörer aufgesetzt hatte und auf ihr Handy starrte, hörte sie nicht das Warnsignal der herannahenden Straßenbahn, wurde erfasst, zu Boden geschleudert und starb am nächsten Tag an ihren schweren Kopfverletzungen. Daraufhin wurden Überlegungen laut, vor Gleisübergängen aggressiv blinkende Ampeln in den Boden einzulassen, damit selbst «Smombies» (Smartphone-Zombies) mit ihrem abwärts gerichteten Blick auf die Gefahr aufmerksam werden. In Köln wurde das noch 2018 realisiert.[127]

Finale Fotosucht

Weil man mit den Smartphones recht gute Fotos machen und digital sofort per Internet an Freunde und Bekannte verschicken kann, hat sich überraschend eine bis dahin unbekannte Leidenschaft verbreitet, in der sich mehrere Bedürfnisse zu einer narzisstischen Melange verbinden: persönliche Eitelkeit, der Drang, sich selbst zur Schau zu stellen und anderen Eindruck zu machen, aber auch der Reiz, die im Netz zirkulierende Schwemme banaler Alltagsbilder – allein auf Instagram wurden 2019 täglich mehr als 80 Millionen Fotos herumgeschickt – durch außergewöhnliche Schnappschüsse zu toppen. Alles das führte weltweit zu dem Trend, «Selfies» zu knipsen, bei denen man selbst der Hauptdarsteller ist. Eine Überbietungsspirale setze ein, bei der jeder versucht, noch spektakulärer herauszukommen als andere, und das bedeutet: Die Inszenierung benötigt immer gefährlichere Orte oder Situationen. Wie in einem Rausch vergessen viele Fotografen dabei die gebotene Vorsicht, und so kam es in den letzten Jahren zu vielen tödlichen Unfällen. Im Sommer 2019 erschien eine weltweite Übersicht, aus der ich hier einige Passagen zitiere:[128]

«Die indische Fachzeitschrift ‹Journal of Family Medicine and Primary Care› hat recherchiert: Demnach starben zwischen Oktober 2011 und November 2017 weltweit mindestens 259 Menschen bei Selfie-Aufnahmen. 50 Menschen wurden im selben Zeitraum durch Haie getötet. (...)

An der Spitze der Statistik steht Indien: 159 Menschen starben dort beim Versuch, sich selbst zu fotografieren. Das entspricht mehr als der Hälfte der weltweiten Selfie-Todesfälle. Der überwiegende Teil der 1,3 Milliarden Inder ist jung und Gruppenfotos sind sehr beliebt. (...) Die Behörden schlugen Alarm und richteten Zonen ein, in denen Selfies verboten sind – 16 allein in Mumbai, der größten Stadt des Landes.

Mit 16 Todesfällen nimmt Russland mit großem Abstand den zweiten Platz in der Statistik der Todesfälle ein. Menschen stürzten mit dem Smartphone in der Hand von Brücken und Hochhäusern oder erschossen sich versehentlich. In einem Fall endete der Versuch, ein Selfie mit Landmine aufzunehmen, tödlich. (...)

In den USA starben 14 Menschen beim Selfie-Knipsen – die meisten erschossen sich, als sie mit Waffe vor der Handy-Kamera posierten. Mehrere Menschen stürzten im Grand Canyon zu Tode. (...) Im Januar kam die als Bikini-Bergsteigerin bekannte Taiwanerin Gigi Wu beim Sturz in eine Schlucht ums Leben. Die 36-Jährige hatte im Internet mit ihren Selfies für Aufsehen gesorgt, auf denen sie im Bikini auf Berggipfeln posierte. (...)

In Bremen verletzte sich ein 14-Jähriger lebensgefährlich, als er 2017 Selfies auf einem Oberleitungsmast schoss. Er erlitt einen Stromschlag und musste mehrfach operiert werden.

Auch in Hongkong verbieten Schilder am sogenannten Monsterhaus im Stadtteil Quarry Bay Selfies. Nicht, weil dort jemand beim Fotografieren zu Tode gekommen wäre, sondern weil die Bewohner des engen bunten Hochhauses die Horden Selfie-Touristen einfach satthatten.»

Es fällt auf, wie das Ich dieser jungen Menschen den prickelnden Selbstgenuss stets von Situationen erhofft, die hart an die Möglichkeit eines Suizids heranführen, so als sei der Selbsterhaltungstrieb ausgeschaltet und habe der Sehnsucht Platz gemacht, über die Todesschwelle hinwegzuschreiten. Wie sinnentleert müssen diese Menschen ihr Erdendasein erleben, wenn es ihnen nichts ausmacht, für einen kurzen Moment des Selbstgenusses ihr Leben aufs Spiel zu setzen, als sei es nichts wert? Schwingt da nicht Verzweiflung mit?

Junge Menschen sind diejenigen, die aus der geistigen Welt frische Impulse für die Gestaltung der Zukunft mitbringen, und es scheint, dass die Geister der Finsternis gerade sie am heftigsten attackieren, um das «Herabträufeln spiritueller Weisheit» aus den Zukunftskräften der geistigen Welt um jeden Preis zu verhindern. Der Kampf tobt um den unausweichlichen Schwellenübergang unseres Zeitalters: Er kann die Menschheit in höhere Sphären führen, kann sie aber auch in Abgründe führen. Es liegt an den Menschen, sich zu entscheiden.

Kurz vor seinem Tod widmete Steiner seine letzten Zeilen an die Mitglieder der Anthroposophischen Gesellschaft dieser Situation. Die Technik, schrieb er, «ist *nicht Natur*, sondern *Unternatur*. Es ist eine Welt, die sich nach unten hin von der

Natur emanzipiert.» Sie soll aber nicht gemieden werden, sondern der Mensch soll «sich mit seinem eigenen Wesen in das rechte Verhältnis zu diesem Ahrimanischen bringen»:

«Der Mensch muss die Stärke, die innere Erkenntniskraft finden, um von Ahriman in der technischen Kultur nicht überwältigt zu werden. Die Unter-Natur muss als solche begriffen werden. Sie kann es nur, wenn der Mensch in der geistigen Erkenntnis mindestens gerade so weit hinaufsteigt zur außerirdischen Über-Natur, wie er in der Technik in die Unternatur heruntergestiegen ist. Das Zeitalter braucht eine über die Natur gehende Erkenntnis, weil es innerlich mit einem gefährlich wirkenden Lebensinhalt fertig werden muss.»[129]

Diesem gefährlichen Lebensinhalt können wir nicht mehr aus dem Wege gehen, wie die folgenden Kapitel zeigen werden.

Teil III
Der Drache erhebt sein Haupt

8. Die Büchse der Pandora

Der griechischen Mythologie zufolge brachte Prometheus gegen den Willen der Götter den Menschen vorzeitig (!) das Feuer sowie alle darauf gründende Technik und Kultur. Zur Strafe schickte Zeus die wunderschöne Pandora auf die Erde, die Epimetheus, den Bruder des Prometheus, heiratete. Sie brachte von Zeus ein Gefäß mit, das die Menschen auf keinen Fall öffnen sollten.[130] Es enthielt alle Übel der Welt. Nach der Hochzeit aber öffnete Pandora neugierig das Gefäß, und alles, was darin an Leiden, Lastern, Untugenden und sonstigen Übeln enthalten war, entwich und befiel die Menschheit, nur die Hoffnung blieb zurück.

Moderne Interpreten sehen in diesem von Hesiod aufgezeichneten Mythos den Beginn aller Frauenfeindlichkeit und verkennen dabei, dass es im Kern um etwas ganz anderes geht, nämlich um die immerwährende Diskrepanz zwischen der rasch voranschreitenden Technik (für die Prometheus steht; sein Name bedeutet *Der Voraus-Bedenkende*) und der dahinter zurückbleibenden Entwicklung der Menschheit (für die Epimetheus steht; sein Name bedeutet: *Der Nachher-Bedenkende*). Die Menschheit kann nicht sofort Schritt halten mit der rasanten Entwicklung und ist deshalb den Gefahren und Problemen, welche die Technik neben allem Nützlichen und Erfreulichen unausweichlich mit sich bringt, noch nicht gewachsen; sie kann erst im Nachhinein überlegen, wie sie mit den entstandenen Übeln zurechtkommt.

Ebendas ist auch unsere Situation heute: Die Medien- und Computertechnik stürmt mit atemberaubender Geschwindigkeit voran, sodass allein schon unser Bewusstsein Mühe hat, mit der Flut von Neuigkeiten mitzuhalten, geschweige denn, dass wir bereits probate Mittel und Wege hätten, um die ausufernden Probleme dauerhaft in Schach zu halten. Das alles entscheidende Problem, vor dem wir in jüngster Zeit stehen, ist die immer weiter aufreißende Kluft zwischen den bewundernswerten Glanzleistungen moderner Wissenschaft und Ingenieurskunst einerseits und dem erschreckend niedrigen Stand der moralischen Entwicklung andererseits. Das ist das Thema dieses Kapitels.

Die Tarnkappe, die den Doppelgänger sichtbar macht

Man stelle sich einmal vor, Jugendliche bekämen eine Kappe geschenkt, die auf magische Weise jeden, der sie aufsetzt, unsichtbar macht. Sie würden sicher sofort ausprobieren, was sich damit anstellen lässt: Sie könnten ihren Mitmenschen allerlei Streiche spielen, sie foppen und verwirren. Vermutlich würde ihnen das aber schon bald nicht mehr genügen; sie würden beginnen, egoistische Gelüste auszuleben, wobei Warendiebstahl oder Schwarzfahren in der Bahn nur ein Anfang wären. Man könnte seinem Hass gegen Mitschüler*innen oder Lehrer*innen freien Lauf lassen, könnte in einer Bank auf Geldtransporte lauern, könnte Firmen erpressen oder Politiker bedrohen – kurz: der Phantasie wären keine Grenzen gesetzt. Das Aufsetzen der Tarnkappe würde finstere Neigungen freisetzen.

Wer meint, so etwas könne im realen Leben nicht passieren, kennt die digitale Welt nicht. Sie bietet jedem die Möglichkeit, bei seinen Handlungen unsichtbar zu bleiben, ja mehr noch: Man muss nicht einmal körperlich präsent sein, sondern kann von fast jedem Punkt der Erde aus über das Internet massiv in das Leben anderer Menschen eingreifen. Ein Ich, das keinen Halt in sich selbst findet, sondern ständig Bestätigung von außen braucht, erlebt daher vor seinem Computer oder Smartphone ein hehres Gefühl von Macht und Stärke, und so öffnet sich die Büchse der Pandora, und alles platzt heraus, was sonst verborgen bliebe.

Etwas wie ein Offenbarungseid geschieht: Indem der Körper aus der Sichtbarkeit entschwindet, wird die Wahrheit hinter der Leibesfassade sichtbar. Das Gleiche ereignet sich beim nächtlichen Verlassen des Leibes oder nach dem Tod: Jenseits der Schwelle begegnen sich die Menschen unverhüllt in ihrer seelisch-geistigen Realität, und jeder sieht den anderen, wie er wirklich ist. Wer aber noch im Leben in voller Wachheit in die geistige Welt eintreten möchte, dem versperrt das schreckliche Bild seiner selbst den Weg; der Hüter der Schwelle hält ihm den Spiegel vor, was sich hinter der Leibesfassade an niederen Instinkten, wilden Leidenschaften und unbeherrschten Charaktereigenschaften in den Untergründen der Seele verbirgt. Das Eigenartige ist nun, dass genau dieser Spiegel heute auch der gesamten Menschheit vor Augen gehalten wird, wenn sie in die Abgründe des Internets blickt. Dazu hier einige Schlaglichter.

Blicke ins Grauen

Auf der Social-Media-Plattform *Facebook* werden jeden Tag massenhaft Gewaltvideos, Kinderpornos und Hasskommentare hochgeladen. Um aber möglichst viele Menschen möglichst lange auf der Plattform zu halten, hat der Konzern Tausende «Content-Moderatoren» eingestellt, deren Aufgabe es ist, alles zu löschen, was gegen die hauseigenen Regeln verstößt. Lange Zeit wurde versucht, diesen Arbeitsbereich geheim zu halten. 2016 gelangten jedoch Reporter der *Süddeutschen Zeitung* (SZ) an große Teile des Regelwerks und fanden in Berlin unter dem Dach des Bertelsmann-Dienstleisters Avarto auch ein Facebook-Löschzentrum.

Mehr als 600 Menschen aus aller Herren Länder, die froh waren, als Migranten einen Job gefunden zu haben, arbeiteten dort unter enormem Druck als eine Art digitale Müllabfuhr. Viele von ihnen und auch ehemalige Mitarbeiter führten insgeheim längere Gespräche mit der SZ. Sie erzählten Details, so berichten die Reporter, «die zu grausam sind, um sie zu drucken». Schon das wenige, was der Bericht[131] im Originalwortlaut zitiert, ist kaum zu ertragen:

- «Ich habe Sachen gesehen, die mich ernsthaft am Guten im Menschen zweifeln lassen. Folter und Sex mit Tieren.
- Ein Hund war angebunden. Eine nackte Asiatin quälte das Tier mit einem heißen Eisen. Dann überschüttete sie es mit kochendem Wasser. Das war als Fetisch gemeint für Leute, die sich daran aufgeilen.
- Kinderpornografie war das Schlimmste. Dieses kleine Mädchen, maximal sechs Jahre, das in einem Bett liegt, Oberkörper frei, und darauf sitzt ein fetter Mann und missbraucht sie.
- Irgendwann kamen Enthauptungen, Terror, ganz viel Nacktheit. Ein Schwanz nach dem anderen. Unendlich viele Schwänze. Und immer wieder besonders Grauenhaftes.
- Ein Video kriege ich nicht aus dem Kopf: Darin zertritt eine Frau mit hochhackigen Schuhen ein Katzenbaby als Teil eines Sex-Fetisch-Videos. Ich dachte nicht, dass Menschen zu so etwas fähig sind.
- Da war ein Mann mit einem Kind. Ein etwa dreijähriges Kind. Der Typ stellte die Kamera ein. Er nimmt das Kind. Und ein Schlachtermesser. Ich habe selbst ein Kind. Genau so eins. (…)»

Damit nicht genug: Eine Facebook-Führungskraft verriet 2016, dass weltweit pro Tag mehr als eine Million Facebook-Beiträge von Nutzern als anstößig gemeldet werden. Für deren Prüfung wurden vermutlich an die 100.000 Menschen benötigt. Einige Hundert davon saßen also in Berlin und mussten vierzig Stunden pro Woche im Akkord Bilder, Videos oder Filme komplett auf Verstöße gegen das Regelwerk prüfen. Sie berichteten, dass sie stets pro Stunde auf ein bis zwei unerträgliche, verstörende Beiträge mit besonders grauenhaften Inhalten trafen.

Wie nicht anders zu erwarten, waren viele dieser Menschen schon nach wenigen Monaten seelisch so zermürbt und verzweifelt, dass sie kündigten. Andere flüchteten sich in Alkohol oder Drogen, gaben aber Neuanfangenden den Rat: «Schmeißt den Job hin, so schnell ihr könnt, er wird euch fertigmachen.»

2016 hatte Facebook 1,8 Milliarden Nutzer, Ende April 2020 waren es fast 3 Milliarden.[132] Die gestiegene Flut problematischer Inhalte wird jetzt angeblich zu knapp 90 Prozent automatisch von einer Software mit Künstlicher Intelligenz geprüft. Aber die schlimmsten zehn Prozent müssen noch immer von Menschen beurteilt werden, die damit ihre seelische Gesundheit ruinieren. 2020 verklagten in den USA 11.000 ehemalige Mitarbeiter Facebook auf Entschädigung für die erlittenen posttraumatischen Belastungsstörungen und Depressionen. Facebook wurde verurteilt, zahlte aber nur 52 Millionen Dollar, von denen nach Abzug der Anwaltskosten 37 Millionen Dollar übrigblieben – deutlich weniger, als die Firma pro Tag verdient.[133] Wie stark die Anziehungskraft der Facebook-App trotz allem ist, beweist die Schlussbemerkung der SZ-Reporter: Sie fragten ihre Informanten, ob sie nach den erlittenen seelischen Qualen als «Content-Moderatoren» Facebook noch privat nutzen würden, und stellten verblüfft fest: «Fast alle bejahten. *Es ist wie eine Sucht*, sagte eine.»

Im Bannkreis schwarzer Magie

Der Gedanke könnte aufkommen, dass durch die aufopferungsvolle Arbeit der Content-Moderatoren die übrige Menschheit davor bewahrt bleibt, sich so grässliches Material anschauen zu müssen. Doch in Wirklichkeit wird bei Weitem nicht alles Unzumutbare gelöscht. Die SZ-Reporter fanden in Abschnitt 15.2 der Facebook-Regeln folgende Anweisung zum Umgang mit extremer Gewalt: «Wir erlauben nicht, wenn Menschen Bilder oder Videos teilen, in denen Menschen oder Tiere sterben oder schwer verletzt werden, wenn diese Form der Gewalt *dabei zusätzlich bejubelt wird.*» Man glaubt es kaum, aber die Erläuterungen zu der Regel lassen keinen Zweifel zu, dass es Facebook tatsächlich gleichgültig ist, was auf dem Bild zu sehen ist. Entscheidend ist nur, ob sich aus der Kombination mit dem Kommentar des Nutzers eine inakzeptable Bewertung ergeben könnte. Fehlt ein Kommentar oder kann er als bloße Meinungsäußerung gelten, dann bleiben die Bilder ungelöscht. So musste z.B. das Katzenvideo wegen Sadismus gelöscht werden, aber unendlich viel anderes Material nicht.

Auf diese Weise werden Milliarden Nutzer in aller Welt Tag für Tag an Gewaltdarstellungen gewöhnt. Die Frage ist nur: Wer hat eigentlich so großes Interesse an dieser Verrohung, die auch andere Plattformen betreiben? Das Geldverdienen kann nicht das einzige Motiv sein. Vielmehr drängt sich der Verdacht auf, dass hier mit voller Absicht alles Niedrige, Bestialische aus den Seelen herausgekitzelt wird, bis hin zu dem Punkt, wo die furchtbarsten Schmerzen und Folterungen, die man anderen Lebewesen zufügt, zum Genuss werden, zu einem Hochgefühl der eigenen Macht.

Dieser Vorgang ist von alters her bekannt als der okkulte Einweihungsweg in die Schwarze Magie. Merkwürdig nur, dass die

SZ-Journalisten ihrem Bericht zwar den Titel gaben «Im Netz des Bösen», über die auffällig zutage tretende Signatur der Schwarzen Magie aber kein Wort verloren. Indes, diese Blindheit ist nicht neu: «Den Teufel spürt das Völkchen nie, und wenn er sie am Kragen hätte.»

Auf der anderen Seite ist auf die Menschen zu blicken, die solche Horrorbilder ins Netz stellen. Sie halten es nicht aus, ihren perversen Neigungen im Stillen nachzugehen; alles muss unbedingt bildlich aufgezeichnet und der Netzcommunity präsentiert werden. Selbst der eigene Suizid wird zur «Real-Life-Show» stilisiert, indem er nicht selten vor laufender Kamera vollzogen und den Gaffern in Echtzeit dargeboten wird. Mit diesem selbst gesetzten Zwang zur Bildaufzeichnung scheinen sie den Selfie-Freaks des vorigen Kapitels zu gleichen. Ihr innerer Antrieb speist sich jedoch aus einer anderen Quelle:

Bei der Jagd nach Selfies geht es noch relativ harmlos um den Erlebniskitzel am Rande des Abgrunds, um die schmeichelhafte Selbstbestätigung der eigenen Person durch das Erstaunen und den Beifall der anderen. Erst wenn man Aufsehen erregt, «ist man wer». Der Wert des eigenen Lebens kommt bei ihnen also von außen – typisch für das einsam gewordene, in seinem Ego-Panzer gefangene Ich vor dem Nadelöhr, das den Durchbruch zu dem höheren Ich scheut.

Tierquäler und Pädophile hingegen, die ja gesellschaftlich geächtet sind, können nur im Schutz der Dunkelheit (im «Darknet») agieren und stacheln sich als verschworene Gruppe gegenseitig zu immer perverseren Taten an. Ihre Befriedigung ziehen sie nicht aus der luziferischen Selbstbeweihräucherung, sondern aus der ahrimanischen Gier nach Macht über die Seelen und Leiber fremder Menschen, vor allem aus dem Genuss der Schmerzen und Todesängste wehrloser Kinder. Die Freude an der Qual und Zerstörung von Lebewesen ist ein Egoismus ahrimanischer Art: Er macht den Menschen seelisch hart und kalt, gefühllos und brutal, frei von Gewissensbissen.

Ein schwer auszuhaltendes Beispiel dafür bot der Prozess gegen einen 27-jährigen Bundeswehrsoldaten vor dem Landgericht Kleve. Er wurde im Mai 2020 wegen schweren sexuellen Missbrauchs von Kindern in mehr als dreißig nachgewiesenen Fällen zu zehn Jahren Haft und Einweisung in die Psychiatrie verurteilt. Völlig emotionslos hatte er in allen Details gestanden, wie er seine zweijährige Tochter, seinen fünf Jahre alten Stiefsohn, seine dreijährige Nichte und ein weiteres zweijähriges Mädchen sexuell missbraucht hatte. Das zuletzt genannte Mädchen war die Tochter seines besten Freundes. Die beiden Männer hatten sich gegenseitig ihre Kinder zur Verfügung gestellt, um sich an ihnen zu vergehen.[134]

Tauschbörsen für Verbrechen an Kindern

Der Soldat gehörte zu einer weltweit per Skype vernetzten Gruppe von Pädophilen mit mehr als 1.000 Mitgliedern. International kooperierende Kriminalisten fanden in jüngster Zeit heraus, dass es noch viele weitere solcher Gruppen gibt. Um den zu befürchtenden Imageschaden abzuwenden, verpflichteten sich in den USA die Firmen Facebook, Google, Yahoo und Microsoft, auf ihren Plattformen kinderpornografische Aufnahmen ausfindig zu machen und mitsamt der IP-Adresse an die Organisation NCMEC weiterzuleiten.[135] Diese schickt die Daten an die zuständigen Ermittlungsbehörden in aller Welt, und so erhielt 2019 auch das deutsche Bundeskriminalamt (BKA) rund 62.000 Meldungen. *Der Spiegel* vermittelte 2020 einen Eindruck von den Bildern, die sich BKA-Beamte jeden Tag anschauen müssen. Hier einige Auszüge:[136]

«‹Wir sehen härteste Kinderpornografie, auch mit Säuglingen›, sagt Mathias Wenz, Leiter der Zentralstelle für die Bekämpfung von Sexualdelikten an Kindern und Jugendlichen. (...) Es gebe Filme, in denen Täter, auch in Gruppen, vor laufender Kamera Kinder vergewaltigen, manchmal spielen Tiere eine Rolle. BKA-Beamte berichten von zunehmender Brutalität, ein neueres Genre seien ‹Hurt-Core›-Filme, in denen Kindern absichtlich Schmerzen zugefügt würden. Es gebe Filme, in denen wenige Wochen alte Babys vor der Kamera gefesselt, missbraucht, geschlagen, gequält und gefoltert würden. ‹Es gibt leider keine Grenze, in welche Richtung Sie auch denken mögen›, sagt Wenz, er spricht von ‹Verrohung›. Manche Sammler schaufelten solches Material in Massen auf ihre Festplatten.

Die Polizisten können immer wieder Netzwerke zerschlagen, wie 2017 die Missbrauchsplattform Elysium im Darknet, eine Tausch- und Kontaktbörse mit zuletzt 87.000 Mitgliedern. (...) Plattformen wie Elysium sind gigantische Tauschbörsen. Es gibt Foren für praktisch alle denkbaren sexuellen Vorlieben und Perversionen, die verschiedenen Segmente sind oft mit eigenen Zugangscodes gesichert. Neueinsteiger bekommen zunächst altes Material zu sehen und werden aufgefordert, mit Kindern aus dem Verwandten- oder Bekanntenkreis eigene Beiträge zu produzieren oder anderen Forumsteilnehmern Kinder gegen Geld zur Verfügung zu stellen. (...)

‹Das Smartphone ist das ultimative Tatwerkzeug›, sagt Julia von Weiler, Vorsitzende der Kinderschutzorganisation *Innocence in Danger.*»
Zum Tatwerkzeug wird das Smartphone auch noch in einem anderen Sinne: Schüler nutzen WhatsApp nicht nur für Hausaufgaben und Neuigkeiten; auch kinderpornografische Videos

finden inzwischen den Weg in ihre Smartphones. Dazu Gewaltdarstellungen aller Art, IS-Enthauptungsvideos, volksverhetzende Neonazi-Videos und Selfie-Videos von Attentätern. Mancherorts zirkulieren solche Produkte bereits in der fünften Klasse im gemeinsam betriebenen WhatsApp-Chatraum der Klasse.[137] Wie das möglich ist? Vor fünf Jahren hatten erst 50 Prozent der Fünftklässler ein Smartphone, 2020 waren es bereits 90 Prozent. Neuerdings gibt es Klassenchats sogar schon in zweiten Klassen.

Offiziell darf WhatsApp zwar erst ab sechzehn Jahren genutzt werden, mit Einwilligung der Eltern aber dürfen Kinder es beliebig früh, und das wird immer häufiger genutzt, ohne dass die Eltern sich darum kümmern, was damit geschieht. Erstaunt hören sie dann, dass sie bei Kindern unter vierzehn Jahren strafrechtlich verantwortlich sind für illegale Inhalte auf deren Smartphone.

Cybermobbing unter Jugendlichen

Kindesmissbrauch gab es schon lange. Dass aber Pädophile sich zusätzlich zu ihrer eigenen Obsession auch noch weltweit vom Anblick der Untaten anderer Täter inspirieren lassen können, diese Möglichkeit wurde erst durch die Digitaltechnik geschaffen. Das Gleiche ist beim Mobbing zu beobachten: Mit Internet und Smartphone ausgeführt, nennt man es heute *Cybermobbing*. Hier wird keine physische Gewalt ausgeübt, dafür aber eine umso intensivere seelische Attacke durch Denunziation, Häme, Demütigungen und Beleidigungen, die man dem anderen nie ins Gesicht sagen würde. Die rasche Zunahme eigener Smartphones hat in den Schulen vielfach einen Tsunami von Cybermobbing ausgelöst, der Einzelne anprangert, böswillig verhöhnt, beschimpft, verächtlich macht und sie aus der Peer-Gruppe ausgrenzt. Das ist zu einem ernsten Problem geworden, das immer wieder Medienpädagogen und Fachleute bis hin zur Kriminalpolizei auf den Plan ruft. Ein Bericht vom April 2020 über die Erfahrungen Jugendlicher mit Cybermobbing von 2010 bis 2019 nennt dazu Zahlen:[138]

«Ein knappes Drittel der Jugendlichen im Alter von 12 bis 19 Jahren gaben 2019 im Rahmen der jährlichen JIM-Studie an, jemanden in ihrem Bekanntenkreis zu haben, der schon mal im Internet oder über das Handy fertiggemacht wurde. Der Anteil der Mädchen, die dies angaben, war mit 35 Prozent höher als der Jungenanteil von 26 Prozent. Im Jahr 2010 hatten nur 23 Prozent der befragten Jugendlichen ein Opfer von Cyber-Mobbing in ihrem Bekanntenkreis gehabt. (...) Facebook war einer Annalect-Umfrage aus dem Jahr 2018 zufolge das Medium, das am meisten von Mobbing, Fake News und Hate Speech betroffen war. Auf einer Skala von 1 = ‹überhaupt nicht betroffen› bis 10 = ‹sehr häufig betroffen› erreichte Facebook 7,9 Punkte. Instagram folgte mit 6,5 Punkten auf dem zweiten Platz.»

Stalking unter Erwachsenen

Erwachsene scheinen weniger häufig von Cybermobbing betroffen zu sein: 2018 gaben sieben Prozent der Männer und elf Prozent der Frauen an, selbst schon einmal Opfer von Cybermobbing gewesen zu sein.[139] Zu einer wirklichen Bedrohung aber hat sich das *Stalking* entwickelt. Bedrängte früher der hartnäckige Liebhaber seine Angebetete trotz energischer Abfuhr noch mit Briefen, Blumen und Geschenken, so dominiert heute meist der Hass, und er bedient sich mit Vorliebe der vorhandenen Kommunikationsmedien: Die Skala der Angriffe reicht von unaufhörlicher Belästigung durch Telefonanrufe über das Verschicken von Textnachrichten und E-Mails zu allen Tages- und Nachtzeiten bis zur modernsten Form, dem *Online-Stalking*, einem Spionageangriff, mit dem meist Männer ihre Partnerin oder Ex-Partnerin rund um die Uhr überwachen.

Benötigt wird dazu eine billige App, die in einem unbeobachteten Moment auf dem Smartphone der Partnerin installiert wird. Mit ihr kann man alle Telefonate abhören, Textnachrichten abfangen, Passwörter abgreifen und den Aufenthaltsort in Echtzeit verfolgen. Man kann aber auch ein Smartphone kaufen, auf dem die Spionage-App bereits installiert ist, und es der nichtsahnenden Partnerin zum «Geschenk» machen. Hat diese die Überwachung bemerkt und ändert deshalb ihre Passwörter, kommen häufig Morddrohungen.

Das alles sind schwer zu unterbindende kriminelle Machenschaften, die einen Menschen seelisch und physisch tatsächlich «fertigmachen» können; sie erzeugen ein Gefühl der Ohnmacht und des Ausgeliefertseins. Die Opfer fühlen sich in ihrer Wohnung nicht mehr sicher und scheuen sich, ihr Handy oder ihren Computer zu nutzen, was dazu führt, dass sie praktisch von allem ausgeschlossen sind, wofür man im Alltag das Smartphone braucht.

Nach deutschem Recht handelt es sich um einen strafbaren Tatbestand, um den sich die Behörden allerdings kaum kümmern, obwohl Deutschland in Europa bei der Häufigkeit solcher Vorgänge an der Spitze steht. Weltweit hat der Einsatz von Stalker-Software massiv zugenommen: Laut der bekannten russischen IT-Sicherheitsfirma Kaspersky wurden 2018 rund 40.400 Menschen attackiert, 2019 waren es schon 67.500, also 67 Prozent mehr.[140]

Identitätsdiebstahl

In jüngster Zeit wurde eine Heimsuchung besonderer Art bekannt: Kriminelle, die unerkannt und unerkennbar in den Dunkelzonen des Internets agieren, eignen sich mit allen Tricks der IT-Technik die Identität eines Menschen an, der dann für ihre zahlreichen Betrugsdelikte haftbar gemacht wird. Ein solcher Fall wurde im Mai 2020 zum Thema eines Presseberichts:[141]

Claudia Pfister, eine 50-jährige Unternehmensberaterin, stellte eines Tages fest, dass von ihrem Geschäftskonto diverse Überweisungen getätigt worden waren, die sie selbst nicht veranlasst hatte. Während sie noch rätselte, wer der Urheber sein könne, meldete sich bei ihr die Polizei, die gegen einen falschen Online-Shop ermittelte, der im Internet Kaffeevollautomaten anbot. Von einem Kunden, der bestellt und bezahlt, aber nichts erhalten hatte, lag eine Betrugsanzeige gegen Frau Pfister vor, denn auf der Internetseite war sie als Inhaberin genannt, mit ihrer Privatadresse. Sie musste dringend handeln: Ihr Anwalt wusste von ahnungslosen Opfern eines Identitätsmissbrauchs, die bei der Einreise in die USA vom FBI abgeführt und in Untersuchungshaft genommen wurden, weil ein internationaler Haftbefehl vorlag.

Durch gründliche Ermittlungen stellte sich heraus, dass der Anbieter, bei dem Frau Pfister vor Jahren ihre Webseite in Auftrag gegeben hatte, 2018 von Cyberkriminellen gehackt worden war und ihre persönlichen Daten und Passwörter im Darknet zum Verkauf standen, auf einer Plattform, auf der man für etwa 800 Euro 1 Million gehackter E-Mail-Adressen bekommt. Diese Entdeckung bedeutete, dass ihre gesamte private und geschäftliche E-Mail-Korrespondenz in fremde Hände gefallen war und gegen sie verwendet werden konnte.

Doch damit nicht genug: Die Ermittler fanden zwei weitere

Fakeshops auf Frau Pfisters Namen, einen davon verlinkt mit Pornoseiten und Instagram-Accounts. Auf diese Weise werden Nutzer doppelt geschädigt: Die Täter verkaufen an sie Ware, die es nicht gibt, und spielen obendrein jedem, der eine der verlinkten Seiten benutzt, Schadsoftware auf den Computer, sodass sie nicht nur alles mitlesen, sondern auch die Identitäten dieser Nutzer abgreifen und ebenfalls missbrauchen können.[142]

Das Betreiben von Fakeshops ist heute ein wesentliches Betätigungsfeld für Internetkriminelle. Laut dem Bundesamt für Sicherheit in der Informationstechnik hat die Zahl falscher Onlineshops während der Corona-Krise sprunghaft zugenommen, etwa um Schutzanzüge und Masken zu verkaufen, die es nicht gab. Als die Bundesregierung Unternehmern die Möglichkeit bot, zur Überbrückung der Corona-Krise im Frühjahr 2020 Soforthilfegelder zu beantragen, waren Kriminelle sofort zur Stelle mit gefälschten Webseiten, auf denen sie sich als zuständige Institution zur Beantragung ausgaben. Dadurch gelangten sie an Hunderte, wenn nicht gar Tausende persönlicher und unternehmensbezogener Daten, mit denen sich neue kriminelle Aktionen bewerkstelligen ließen.[143]

Der perfekte Trojaner – jeder betrügt jeden

Die Angriffe der Internetkriminellen auf *einzelne Personen* können sehr verschiedene Motive haben: Schon genannt wurden Mobbing und Stalking sowie Betrugsabsichten und Rachegelüste. Ein anderer Typus offener Angriffe richtet sich in erster Linie gegen die *Netzwerke* von Firmen, Behörden und Institutionen, indem z.B. der Zugang zu sämtlichen Daten blockiert wird mit der Androhung, sie zu löschen, wenn das geforderte Lösegeld nicht gezahlt wird. Auch Privatpersonen werden auf diese Weise erpresst. Ein dritter Typus richtet sich mit verdeckten Angriffen gegen große Konzerne zum Zweck der Wirtschaftsspionage.

Das alles wäre nicht möglich ohne die Hacker, die oft als Amateure beginnen, bevor sie daraus einen Beruf machen. Ihre Leidenschaft gilt dem Ziel, die Schwachstellen fremder Computer und Computernetze ausfindig zu machen. Die Suche ist in jedem Falle aussichtsreich, weil es praktisch kein Computerprogramm gibt, das nicht irgendwelche Sicherheitslücken aufweist. Je komplexer die Software, desto mehr Angriffspunkte gibt es, die trotz aller Abwehrmaßnahmen ein unbefugtes Eindringen ermöglichen. Diese Stellen zu finden weckt den Ehrgeiz vor allem junger Technikfreaks – aber nicht nur den Ehrgeiz: Manche können sogar davon leben, denn Firmen, die solche Angriffe fürchten müssen, zahlen viel Geld, um vorhandene Schwachstellen rechtzeitig zu erfahren und zu beseitigen.

Noch lukrativer aber ist es, wenn Hacker brisante Entdeckungen nicht an die betroffenen Firmen verkaufen, sondern an Unternehmen wie die berüchtigte israelische NSO-Group, die paradoxerweise nicht durch Abwehrprogramme gegen Eindringlinge berühmt wurde, sondern durch Angriffswerkzeuge für Eindringlinge: Sie hat die Spionage-Software *Pegasus* entwickelt, die sich nicht wie herkömmliche Trojaner in einem E-Mail-Anhang oder in einem Link verstecken muss, um durch Herunterladen auf das fremde Handy zu gelangen. Ihr genügt ein Sprachanruf, den man nicht einmal beantworten muss, und schon ist das Handy infiziert und kann komplett ausgelesen werden, oder das Mikrofon und die Kamera werden eingeschaltet, sodass das Gerät als Wanze dient. Derartiges wurde schon auf den Handys von Dissidenten, Menschenrechtsanwälten und Journalisten entdeckt, obwohl *Pegasus* offiziell nur an Regierungsorganisationen verkauft wird, die damit Terrorismus (!) bekämpfen sollen.[144] Nach Recherchen des kanadischen Forschungszentrums *Citizen Lab* ist diese Software in 45 Ländern im Einsatz. Die NSO nutzte für ihr Produkt eine unbekannte Sicherheitslücke auf WhatsApp – ein peinlicher Vorgang für Facebook, das sich WhatsApp 2014 gegen 19 Milliarden Dollar einverleibt hatte.

Wegen der rasanten Fortschritte der Computer- und Internettechnik wurde es für die Regierungen in aller Welt immer dringlicher, ihre geheimsten Kommunikationskanäle durch ein exzellentes Verschlüsselungsprogramm gegen fremde Spionage abzusichern. Ihre Wahl fiel auf die Firma Crypto AG, den Weltmarktführer für Chiffriermaschinen, ansässig in der neutralen und von daher vertrauenswürdigen Schweiz. Deren Gerät CX52 galt als unknackbar, und so wurden die Regierungen von mehr als 130 Staaten Kunden dieser Firma.

Was sie nicht wussten: Die Crypto AG war Ende der 1960er-Jahre insgeheim an zwei Geheimdienste verkauft worden – an den deutschen Bundesnachrichtendienst und die CIA der USA. Beide teilten sich den Kaufpreis und erhielten dafür Hintertürchen in den Verschlüsselungsgeräten, die es ihnen ermöglichten, weltweit Regierungen, deren Streitkräfte und vor allem deren Geheimdienste auszuspähen. Die wahren Besitzverhältnisse wurden jahrzehntelang erfolgreich verschleiert, nur der schweizerische Geheimdienst wusste davon. Erst Anfang 2020 kam der Sachverhalt ans Licht – ein veritabler Skandal, «denn über hundert Staaten zahlten Milliarden Dollar dafür, dass ihnen ihre Staatsgeheimnisse gestohlen wurden».[145]

Automatisierte Cyberkriminalität: Botnetze greifen an

Kein E-Mail-Account bleibt verschont von den täglichen *Spams,* den unerwünschten Werbeanzeigen, die selbst durch Spamfilter nicht völlig zu eliminieren sind. Jeder kennt sie, aber nicht jedem ist bewusst, welche Gefahr hinter unverfänglich erscheinenden Spams oder Fake-News lauert: Ein einziger Klick auf einen angebotenen Link oder Mail-Anhang kann schon genügen, um sich ein Schadprogramm einzufangen, das innerhalb des infizierten Geräts wie ein eigenständiger Computer arbeitet. Die kriminellen Absender setzen ihn ferngesteuert für ihre Zwecke im Internet ein, ohne dass der Besitzer etwas bemerkt. Der eigene Rechner wird dadurch zum *Bot,* wie die Fachsprache das nennt, und dieser Bot ist nur einer unter Tausenden, die ein weltweites Netz bilden.

Als 2008 eine amerikanische Sicherheitsfirma ein offenbar von Russland aus gesteuertes Botnetz erkunden ließ, stellte sie fest, dass es mehr als 100.000 Rechner in 106 Ländern umfasste, also eine ganze Armee von Computern, gesteuert von nur zehn bis fünfzehn Personen. Jeden Tag wurden damit etwa 160 Milliarden Werbemails verschickt. Text und Betreffzeile der Mails änderten sich automatisch alle fünfzehn Minuten, ebenso der Absender. Ferner wurden alle dreißig Sekunden die Bots automatisch überprüft, ob sie noch einsetzbar waren; falls nicht, übernahm ein anderer Bot die Aufgaben.[146]

Ferner stellte sich heraus, dass die kriminellen Drahtzieher aus ihrem Botnetz doppelten Nutzen zogen. Sie hatten ein Marktgesetz erkannt, das bis heute gilt: Die endlose Flut von Werbemails mag sinnlos erscheinen, weil jeder halbwegs vernünftige Gerätenutzer sie sofort als Müll beiseiteschiebt. Werden aber täglich viele Milliarden davon verschickt, so finden sich doch immer noch genügend Menschen, die darauf hereinfallen und z.B. gefälschte Pharmaka wie etwa Viagra bei einem Online-Versand bestellen, der daran Millionen verdient. Aber selbst wenn die Spam nur angeklickt und nichts bestellt wird, ist der Rechner bereits für das Botnetz gekapert oder kann mit einem Spähprogramm infiziert werden, durch das die Kriminellen Passwörter und persönliche Daten erfahren. Was sich damit anstellen lässt: siehe oben.

Ein eindrucksvoller Beleg für das horrende Wachstum der Botnetze wurde der Öffentlichkeit im März 2020 vorgestellt: Der Firma Microsoft war es gemeinsam mit Partnern aus 35 Ländern nach achtjähriger Vorarbeit gelungen, eines der größten Spam-Botnets der Welt zu zerschlagen. *Necurs,* so hieß dieses Netz, soll aus über 9 Millionen Rechnern bestanden haben. «Laut Microsoft hat bereits ein einziger mit *Necurs* infizierter Computer mehr als 3,8 Millionen E-Mails an mehr als 40,6 Millionen Opfer verschickt.»[147] Angeblich konnte das Netz auch für kriminelle Zwecke gemietet werden. Welche, das bleibt unserer Phantasie überlassen.

900 Millionen Schadprogramme

Die wachsende Zahl krimineller Angriffe bewirkte im Laufe der Jahre, dass Privatpersonen und Wirtschaftsunternehmen erheblich wachsamer wurden und auch größere Anstrengungen unternahmen, ihre «Firewall» mit neuester Technik aufzurüsten. Die organisierte Cyberkriminalität reagierte darauf mit einer beispiellosen Vermehrung ihrer Schadprogramme: Das Bundesamt für Sicherheit in der Informationstechnik (BSI) registrierte in den zwölf Monaten von Juni 2018 bis Mai 2019 in Deutschland insgesamt «rund *114 Millionen neue Varianten von Schadprogrammen* und bis zu *110.000 Bot-Infektionen täglich*».¹⁴⁸ Hacker verfügen seitdem über 900 Millionen verschiedene Angriffsprogramme. Als besonders tückisch wird derzeit der Trojaner *Emotet* eingeschätzt, den der BSI-Präsident als «König der Schadsoftware» bezeichnete.

Gleichzeitig rückten aber auch neue Angriffsziele in den Fokus, denn die Cyberkriminellen passen sich stets geschmeidig der aktuellen Lage an, wie die regelmäßigen Beobachtungen der Firma Kaspersky bestätigen: Ist ein bestimmter Bereich nicht mehr ergiebig genug, richtet sich der Blick auf neue Betätigungsfelder. Verlockend erschien offenbar das von der Industrie propagierte «Internet der Dinge», das die Geräte der privaten und öffentlichen Infrastruktur miteinander verknüpfen soll (siehe S. 51). Um das Interesse daran zu erkunden, stellte Kaspersky 2018 einen «Honeypot» ins Internet (ein angebliches Gerät, dessen Software absichtlich eine Schwachstelle enthielt), um festzustellen, wie viele Angriffe darauf erfolgen würden und von welchen Absendern. Ergebnis: Im ersten Halbjahr 2018 wurden 12 Millionen Cyberattacken darauf registriert, die von 69.000 IP-Adressen kamen; im ersten Halbjahr 2019 waren es bereits 105 Millionen Cyberattacken, also rund neunmal so viele wie im gleichen Zeitraum des Vorjahres, und dieses Mal kamen sie von mehr als 276.000 IP-Adressen.¹⁴⁹ Offenbar witterten die Cyberkriminellen Möglichkeiten für Erpressungen großen Stils.

Cyberangriffe auf öffentliche Institutionen

Zur gleichen Zeit erhielt der Deutsche Bundestag Kenntnis von einer Cyberattacke, die schon 2015 begonnen hatte, deren beängstigende Dimension jedoch erst im Laufe der nachfolgenden Jahre zutage trat: Unbekannte Hacker hatten sich mit einem hochprofessionellen Programm Zugriff auf vierzehn

Bundestagsserver verschafft, darunter auch auf den Hauptserver mit sämtlichen Zugangsdaten zum Parlament.

Eine Rekonstruktion ergab, dass ihnen der Einbruch verblüffend einfach gelungen war: Im April 2015 erhielten mehrere Bundestagsabgeordnete eine E-Mail, deren Absenderadresse mit «@un.org» endete, sodass man sie für eine echte Mail der Vereinten Nationen halten musste. Ein eingefügter Link schien auf ein UN-Dokument zu führen, jedoch war die angeklickte Webseite mit einem Trojaner präpariert, der sich unbemerkt installierte. Mit ihm wühlten sich die Hacker in den folgenden Wochen durch das gesamte IT-System des Parlaments, griffen Passwörter ab und machten sich zu Administratoren des Netzwerks, sodass sie eine unübersehbare Fülle von Daten absaugen konnten. Um den Angriff zu beenden, musste zeitweise das gesamte Netz des Bundestages abgeschaltet werden.[150]

Was bis dahin erbeutet worden war, davon bekam die Öffentlichkeit 2017 und 2018 zahlreiche Kostproben im Internet durch die Veröffentlichung sensibler Daten von Hunderten Personen des öffentlichen Lebens. Betroffen waren Abgeordnete des Bundestags, des Europarlaments und der Landtage bis hin zu Kommunalpolitikern, aber auch Schauspieler und Fernsehmoderatoren und führende Politiker, deren Handynummern und Adressen publiziert wurden. Ferner gab es ein Sammelsurium aus privaten Dokumenten, Chats und Sprachnachrichten.

Das Bundeskriminalamt ermittelte 2020 als Hauptakteur des Angriffs einen Mitarbeiter des russischen Militärgeheimdienstes GRU, der auch schon vom US-Geheimdienst FBI gesucht wurde, weil er an Hackerangriffen auf die US-Demokraten im Präsidentschaftswahlkampf 2016 sowie auf die World Anti-Doping Agency WADA mitgewirkt haben soll. Welchen Zweck aber verfolgte der Angriff auf den Deutschen Bundestag? Klar war nur, dass es sich nicht um finanzielle Interessen handelte, sondern um den bislang größten Datendiebstahl in der Geschichte der Bundesrepublik. Doch wozu?

Die gleiche Frage stellte sich bei weiteren Angriffen auf öffentliche Einrichtungen, die alle im Herbst 2019 stattfanden: In Neustadt am Rübenberge war mehr als eine Woche lang die gesamte Stadtverwaltung lahmgelegt, und zwar mit dem schon erwähnten Schadprogramm *Emotet*. Ferner gab es Attacken auf Kliniken im Saarland, auf die Medizinische Hochschule in Hannover und auf das Kammergericht in Berlin.

Wer hinter alledem steckte, ließ sich nicht ermitteln und erst recht nicht das Motiv. Wo die Spuren zum russischen GRU führten, konnte man politische Absichten vermuten, aber welcher Art diese gewesen wären, blieb unklar. Mit Sicherheit waren hier keine Amateure am Werke; dazu war der Angriff zu professionell. Vielleicht ging es nur darum, eine große Menge Daten zu rauben, die für spätere kriminelle Zwecke brauchbar sein könnten. Dazu passt allerdings nicht, dass sie anschließend massenhaft im Internet veröffentlicht wurden.

Das Schüren von Gewalt und Mord, Panik und Massenhysterie als Ziel

Das Motiv bleibt also rätselhaft, und es drängt sich der Gedanke auf, dass möglicherweise überhaupt keine rationalen Absichten dahinterstanden, sondern das teuflische Vergnügen daran, durch die Adress- und Handyangaben Menschen in Angst und Verzweiflung zu treiben, den Hass auf Politiker und Prominente zu schüren, Rechtsextremisten nach der Ermordung des Kasseler Regierungspräsidenten Walter Lübcke (1.6.2019) zu weiteren Attentaten aufzustacheln, die Radikalisierung voranzutreiben und den sozialen Frieden zu untergraben. Mit im

Spiele war wohl auch der eigensüchtige Drang, aus dem Hinterhalt seine Macht auszuspielen und den Politikern wie auch der Hackerszene ein Spionage-Meisterwerk zu präsentieren. Vielleicht war es sogar ein Initiationsritus? Jedenfalls wurde hier eine Schwelle überschritten, die an Steiners Wort vom Bösewerden der Intelligenz erinnert.

Dass auch mit puren Mord- und Destruktionsgelüsten zu rechnen ist, zeigte sich in ländlichen Regionen Indiens, wo es 2018 zu einer Flut von Gewalt und Morden kam. Den Anlass boten Gerüchte, Fremde würden Kinder rauben und töten, um ihre Organe zu verkaufen. Obwohl nichts dergleichen vorlag, wurden 2017 sieben Männer gelyncht, und 2018 folgten bald im ganzen Lande weitere solche Taten, angestachelt z.B. durch ein zwei Jahre altes Aufklärungsvideo aus Pakistan, das mit einer gestellten Entführungsszene warnen wollte. Die Szene wurde herausgeschnitten und mit gefälschten Texten auf WhatsApp verbreitet, sodass der Eindruck entstand, es handle sich um eine aktuelle Tat in der Nachbarschaft. Dutzende von Angriffen des Mobs auf vermeintliche Kindesentführer waren die Folge, allein im Mai 2018 wurden zwanzig Menschen in verschiedenen Bundesstaaten zu Tode geprügelt.[151] Die Hintermänner der Lynchorgien wurden nicht bekannt. Die Zeitschrift *India Today* titelte «WhatsApp als Waffe», und das traf auch den Mutterkonzern *Facebook* schwer, denn WhatsApp hat in Indien mehr als 200 Millionen Nutzer.

Der Kampf gegen das Ungeheuer

Genug der schlimmen Nachrichten. Es war nicht meine Absicht, mit der Fülle der Fakten und Zahlen Verwirrung und Erschrecken zu bewirken, sondern einmal in einem Teilbereich

Der Kampf gegen das Ungeheuer 229

Abb. 14: Herakles kämpft mit Iolaos gegen die Hydra (Hans Sebald Beham 1545)

ein wirklichkeitsgesättigtes Gegenwartsbild von dem zu geben, was Rudolf Steiner so nüchtern als das Einnisten der gestürzten Geister der Finsternis in das Denken, Fühlen und Wollen der Menschen beschrieb. Es ergeben sich daraus einige Einsichten, die ich vorsichtig umreißen möchte.

Der Menschheit ergeht es heute wie dem mythischen Helden Herakles bei seinem Kampf gegen die neunköpfige Hydra: Schlug er dem Ungeheuer einen Kopf ab, wuchsen sofort zwei neue nach. Wenden wir das auf die heutige Situation an, so bedeutet auch das jüngst gelungene Zerschlagen eines weltweiten Botnetzes keinen Sieg, sondern bewirkt eine Verdoppelung der Kriminalität auf anderen Schauplätzen.

Eine Einzelheit des Mythos verdient besondere Beachtung: Wegen des sofortigen Nachwachsens neuer Köpfe war Herakles nicht in der Lage, das Ungeheuer allein mit seiner Waffe zu vernichten. Um der Hydra Herr zu werden, brauchte er den Gefährten Iolaos, der nach dem Abschlagen jedes Hydrakopfes den Stumpf sofort mit Feuer ausbrannte. So ist es auch uns unmöglich, den ahrimanischen Geistern allein mit technischen Mitteln beizukommen. Jeder muss in sich das Feuer des Mutes entfachen, um das vielköpfige Ungeheuer in der eigenen Seele zu bezwingen, den Drachen, der, wenn er unbezwungen bleibt, sich mit grausigen Kindesmisshandlungen, Mobbing, Stalking und vielen anderen Untaten hervorwagen kann, sobald die Menschen sich in die Höhle der digitalen Anonymität verkriechen:

«Man fühlt sich hinter dem Bildschirm mächtig, und selbst gute Menschen tun schreckliche Dinge, die sie in der analogen Welt nie tun würden. Die Technologie hat diesen Teil der menschlichen Natur entfesselt, der in analoger Gesellschaft durch unseren Anstand unterdrückt wird.»

Der Mann, der diese Worte 2020 in einem Interview gesprochen hat, war selbst einige Jahre in der Höhle der Datenkrake *Facebook* als Sicherheitschef tätig.[152] So recht er auch mit seiner Analyse hat, so beweist doch sein daran anschließender Satz «Wir müssen die Produkte so bauen, dass die Menschen sich verhalten, als würden sie voreinander stehen», dass er das Wesentliche nicht erfasst hat: Nicht die Produkte müssen besser werden, sondern die Menschen, die mit ihnen umgehen. Wir müssen im Sinne des Hüters der Schwelle über unser Ego hinauswachsen und uns ethisch zu einer solchen Höhe heraufarbeiten, dass wir den ahrimanischen Mächten das Gute abringen können, ohne von dem Bösen überwältigt zu werden.

Dieses Ringen beginnt mit dem Durchschauen, was in Wahrheit vorgeht. Wie schwer das fällt, zeigt sich schon an der Tatsache, dass die Öffentlichkeit noch immer nicht die Perfidie bemerkt, die darin liegt, dass die Digitaltechnik die gefürchteten Angriffe der Cyberpiraten unbedingt benötigt, um den Strom kostspieliger neuer Entwicklungen nicht abreißen zu lassen: Es sind die Cyberpiraten, die durch das volle Ausschöpfen digitaler Mittel immer anspruchsvollere Abwehrprogramme provozieren. Die werden dann mit noch raffinierteren Methoden wieder konterkariert, und so geht es immer weiter. Was also stimuliert die Entwicklung, ganz abgesehen von dem unausrottbaren Drang zur Pornografie? Lug und Betrug, Täuschung und Beraubung, Nötigung und Erpressung.

Diese Handschrift kennen wir: Es ist die des Lügengeistes, des Herrn der Finsternis. Er beschleunigt mit dem Hochschaukeln von Angriff und Abwehr die Perfektionierung der Digitaltechnik, macht sie zur führenden Industrie der Welt und überzieht mit ihr die gesamte Menschheit – angeblich zu ihrem Wohle, aber in Wirklichkeit vergiftet durch den Sog der Immersion, der in die persönliche wie auch in die systemische Abhängigkeit zu führen vermag. Das ist die Nagelprobe, an der sich die Reife der Nutzer erweisen muss.

Übrigens hat die von Herakles bekämpfte Hydra in der griechischen Mythologie einen Bruder: den Höllenhund Kerberus, der den Eingang zur Unterwelt bewacht. Beide stammen von Eltern, die für die Zeugung von angsterregenden Monstern bekannt und gefürchtet waren.

Angst und Furcht gehören zum Arsenal ahrimanischer Mächte. Sie waren in diesem Kapitel mehrfach zu empfinden, wenn von den finsteren Untergründen des Internets die Rede war, deren Kriminalität das *World Wide Web* wie eine Seuche durchsetzt. Als dann 2020 die Seuche Covid-19 die Welt überzog, wurden die Begriffe «Virus» und «Infizierung», die in der Computerwelt nur als Metaphern verwendet werden, plötzlich handfeste, lebensbedrohliche Mächte. Angst und Furcht erfasste zahllose Menschen, der Rückzug in die Einsamkeit der eigenen vier Wände wurde angeordnet. Und was wurde als Ersatz angeboten? Digital vermittelte Kommunikation ...

9. Digitale Technologie als Herrschaftsinstrument

Die Macht der ahrimanischen Wesenheiten würde erheblich eingeschränkt, wenn die Menschen sich der Tatsache bewusst wären, dass in ihnen etwas steckt, wovor diese Mächte ihrerseits größte Angst haben. Dieses gewisse Etwas ist der innerste Wesenskern des Menschen, ist das Ich, von dem die heutige Wissenschaft behauptet, es sei letztendlich nur eine im Gehirn erzeugte Illusion. Wer sich das weismachen lässt, der verleugnet sich selbst und wird zum Opfer. Wer sich aber genügend Spiritualität bewahrt hat, um zu spüren, dass er einen göttlichen Funken in sich trägt, der ihn aus der geistigen Welt auf die Erde geführt hat, um dort seine Impulse und Lebensmotive zu verwirklichen, der weiß auch, dass er als Mensch die einzigartige Möglichkeit hat, sich immer weiter und weiter zu entwickeln.

Ebendieses unberechenbare Entwicklungspotenzial als «geprägte Form, die lebend sich entwickelt» (so die Formulierung Goethes in *Urworte. Orphisch*), macht ihn für die Geister der Finsternis gefährlich, denn dieser Mensch könnte spirituelle Substanz aus den höheren Welten auf die Erde bringen, und das würde ihren eigenen Plänen zuwiderlaufen. Deshalb ist ihr wichtigstes Ziel, das Ich von seinem Wege abzubringen und es unter ihre Herrschaft zu zwingen. Zwar kommen sie an das im Menschen keimhaft veranlagte höhere Selbst, dessen Entwicklung noch bevorsteht, nicht heran; wohl aber an das selbstzufriedene, entwicklungsunwillige Ego. Sie nutzen dazu verschiedene Methoden.

Der digitale Zwilling – das gläserne Ego

Beim Surfen im Internet wird unbemerkt jeder einzelne Klick auf Google, Facebook, WhatsApp und anderen Plattformen von Dutzenden «Data-Mining»-Firmen beobachtet, die darauf spezialisiert sind, diese sogenannten Verlaufsdaten minutiös zu erfassen und auszuwerten (siehe Kap. 2). Sie formen daraus den «digitalen Zwilling», ein Konstrukt aus Algorithmen, das ständig mit neuen Details angereichert wird. Auf diese Weise entsteht ein virtueller Doppelgänger des Ego, der alle offenen wie auch geheimen Neigungen und Vorlieben, Süchte und Geschmacksrichtungen, sexuelle Orientierung, Lebensweise, Krankheiten, Ernährungsgewohnheiten, familiäre Situation usw. zu einem Persönlichkeitsprofil zusammenführt.

Laut Wikipedia bezieht *Google Analytics* seine Verlaufsdaten aus 50 bis 80 Prozent aller Webseiten der Welt. Es ist daher durchaus glaubwürdig, wenn Kenner versichern, dass Google mehr über uns weiß als wir selbst. Wir werden analysiert bis in die letzten Fasern. Und wozu der Aufwand? Die Daten werden an interessierte Firmen verkauft, die dann im Netz «personalisierte Werbung» platzieren können, abgestimmt auf die individuelle Interessenlage. Der gläserne Konsument, erzeugt durch Big Data, verhilft zur Gewinnmaximierung.

Auch *Facebook* pflegt diese Art von Spionage. Im April 2020 hatte der Konzern mit seinen verschiedenen Plattformen 2,99 Milliarden Mitglieder. Das waren 38 Prozent der gesamten Weltbevölkerung und viermal so viel wie die Bevölkerungen der EU und der USA zusammen. 2,36 Milliarden Facebook-Mitglieder waren jeden Tag aktiv.[153] Facebook zeichnet aber nicht nur die unzähligen Aktionen auf den eigenen Plattformen auf, sondern erhält durch spezielle Vernetzungen mit vielen fremden Apps und großen, vielbesuchten Webseiten auch noch deren Verlaufsdaten, sodass der Konzern faktisch Milliarden Menschen beim Surfen über die Schulter schaut, ohne dass sie es merken. Die Nutzer sind dem bisher schutzlos ausgeliefert, weil Facebook für die Nutzung seiner Netze die Zustimmung zu der umfassenden Datensammlung zwingend verlangt, auch für die Daten, die von fremden Netzen eingehen.[154]

Filterblasen und Echokammern – Isolationshaft des Geistes

Die *kommerzielle* Ausbeutung des digitalen Zwillings ist nur ein bescheidenes Präludium, ein erster Einstieg in einen Masterplan von ganz anderen Dimensionen. Denn von noch größerem Interesse für die Drahtzieher im Hintergrund ist die *politische* Einstellung des Nutzers. Wenn auf diesem Felde massenhafte Manipulation gelingt, dann greift das tief in die Weltpolitik ein. Daher wird heute versucht, die Menschen, ähnlich wie bei der kommerziellen Werbung, über das Internet zu beeinflussen. Gegenüber den öffentlichen Präsentationen politischer Parteien hat dies den Vorteil, dass die Manipulation unbemerkt geschieht.

Eine Methode, um das zu erreichen, ist diese: Man sorgt dafür, dass der Nutzer nur Informationen erhält, die seinen Ansichten entsprechen, dass er nie die Gegenseite dargestellt bekommt, immer nur Bestätigung findet und kontroversen Diskussionen aus dem Wege geht. Technisch geschieht das dadurch, dass in den Suchmaschinen der sozialen Netzwerke die verfügbaren Informationen personenbezogen gefiltert werden, sodass der Nutzer gewissermaßen in eine *Filterblase* eingesperrt wird. Dieser Begriff wurde 2011 von dem Politaktivisten Eli Pariser geschaffen in seinem Buch *Filter Bubble: Wie wir im Internet entmündigt werden*.[155]

Ein zweiter Weg führt über die sogenannten *Echokammern,* die sich meist von selbst einstellen, indem Menschen sich in den sozialen Medien gerne mit Gleichgesinnten umgeben und dabei die Neigung entwickeln, nur noch das wahrzunehmen, was mit der eigenen Überzeugung übereinstimmt. Gegenteilige Ansichten oder Fakten werden dann ignoriert oder als Fake diffamiert. Das fördert extreme Positionen und vergiftet die politische Debatte.

Hinzu kommt der Effekt, dass diejenigen, die sich in einem Netzwerk fortwährend von den anderen bestätigt sehen, zu der Überzeugung kommen, die Mehrheit der Bevölkerung teile ihre Ansichten. Stoßen sie außerhalb ihrer Gruppe dennoch auf starke gegenteilige Überzeugungen, verändert das ihre Meinung nicht etwa, sondern verstärkt sie sogar, weil sie den anderen grundsätzlich destruktive Absichten unterstellen.[156] Sinnvolle Diskussionen sind unter diesen Umständen nicht mehr möglich, und so kommt es zu «Grabenkriegen» und verhärteten Fronten. Wie das eine ganze Nation spalten und in wechselseitigen Hass treiben kann, war in den USA schon vor dem Amtsantritt von Präsident Trump zu beobachten und hat sich seitdem in erschreckendem Maße gesteigert.

Welchen Nutzen ziehen daraus die ahrimanischen Geister? Ein Mensch, der keinen echten Dialog in gegenseitigem Respekt mehr kennt, nur noch nach Selbstbestätigung giert und unverrückbar an seiner einmal gefassten Meinung festhält, verliert seine geistige Beweglichkeit und Offenheit für Neues. Eine Entwicklung kann nicht mehr stattfinden, der freie Blick in die Welt ist verrammelt, Seele und Geist verholzen.

Fernsteuerung der Internetnutzer in «industriellem Ausmaß»

Lange bevor die Öffentlichkeit davon erfuhr, haben die Filterblasen und Echokammern schon in die große Politik eingegriffen: Erst 2018 wurde bekannt, dass sich das Datenunternehmen *Cambridge Analytica* illegal Daten von 87 Millionen Facebook-Nutzern beschafft hatte. Diese Informationen soll die Firma genutzt haben, um personalisierte Wahlwerbung zu schalten. Anfang Januar 2020 meldete die Presse:

«Die Praktiken von Cambridge Analytica geraten nun erneut in den Fokus: Der Twitter-Account @Hindsight-Files veröffentlicht Dokumente von der Whistleblowerin Brittany Kaiser, die vier Jahre lang für die Firma gearbeitet hat. Das Material soll Kaiser zufolge das ‹industrielle Ausmaß› belegen, mit der die US-Wahl 2016, das Brexit-Referendum und weitere Abstimmungen weltweit manipuliert worden seien. ‹Ich habe große Angst vor dem, was bei der kommenden US-Wahl geschehen wird›, sagte Kaiser dem *Guardian*. Es sei ‹offensichtlich, dass unsere Wahlsysteme weit offen für Missbrauch sind›. Der Facebook-Skandal sei nur Teil weit größerer Vorgänge. Cambridge Analytica habe für Regierungen, Geheimdienste, Unternehmen und politische Kampagnen gearbeitet, um Menschen zu manipulieren.»[157]

Entscheidend für die Verfestigung von Echokammern sind die Informationen, die der Gruppe Gleichgesinnter im Netz zugespielt und weitergereicht werden. Die ergeben sich nicht nur aus Textnachrichten, sondern auch aus Bildern und Videos, und hier kommen die im Kapitel 6 vorgestellten *Deepfakes* ins Spiel, die absolut realistisch aussehenden Videos, in denen Prominente Sätze sagen, die sie nie gesagt haben. Die Täuschung hat hier technisch eine solche Perfektion erreicht, dass sich Facebook im Januar 2020 veranlasst sah, derartige Produkte auf seiner Plattform zu verbieten.[158]

Das war umso dringender, als das Unternehmen schon seit Jahren ein massives Problem mit Fake-Accounts hat. Ein Team des *Spiegel* war im Sommer 2019 – während einer Recherche über rechtsextreme Verdachtsfälle – bei Facebook auf ein großes Netzwerk von Fake-Profilen aus über dreißig Ländern gestoßen. In solchen Profilen stellen sich Personen vor, die es gar nicht gibt – mit Bild und ausführlichen, oft sehr glaubwürdig wirkenden Lebensläufen, die frei erfunden sind. Und noch gespenstischer: Hunderte dieser Unpersonen pflegen soziale Kontakte untereinander und mit echten Nutzern, die sich auf Befragen überzeugt geben, dass ihr Gesprächspartner wirklich so ist, wie er sich in dem Fake-Profil zeigt, wirklich eine Frau oder wirklich ein Mann.

«Es gibt Freundschaften über Ländergrenzen hinweg, Liebesbekundungen, Alltagsdebatten, vermeintliche Familienmitglieder, die sich hassen. Wie im echten Leben prägen etwa Eifersucht, psychische Erkrankungen, Schicksalsschläge, aber auch große persönliche Erfolge die Beziehungen und Unterhaltungen.»[159]

Auf dieser persönlich-privaten Schiene kommunizierend, lassen sich heimtückisch Überzeugungen beeinflussen, Emotionen aufpeitschen, politische Ausrichtungen formen, Wahlentscheidungen nahelegen. Über das Ausmaß der Aktionen kann man nur staunen: Von Januar bis September 2019 entdeckte und löschte Facebook rund 5,4 Milliarden (!) gefälschte Profile. Und wer steckt dahinter? *Der Spiegel* stellte fest:

«Die falschen Freunde können von ihren Schöpfern zu unterschiedlichen Zwecken genutzt werden, zum Beispiel zur politischen Einflussnahme. Vor wenigen Jahren geriet

Facebook international in die Schlagzeilen, weil russische Akteure versuchten, über die Plattform die Öffentlichkeit während der Präsidentschaftswahl 2016 in den USA zu beeinflussen. Neben manipulativer Werbung kamen bei der Kampagne auch Fake-Profile zum Einsatz. Weltweit nutzen private Sicherheitsunternehmen und Regierungen Facebook-Konten, um verdeckte politische Kampagnen zu starten oder andere Operationen zur Beeinflussung durchzuführen. (...)

Über gefälschte Accounts können echte Nutzer aber auch Opfer eines Hacking-Angriffs werden. Die entsprechende Schadsoftware kann, versteckt in Bildern oder anderen Dateien, über private Nachrichten verschickt werden – so lassen sich infizierte Computer heimlich durchsuchen oder fernsteuern. (...) Der Markt für solche Profile sei mittlerweile ein Millionengeschäft.»

Gefühle und Krankheiten – digital gescannt

Die soeben besprochenen Angriffe zielen auf das Innere des Menschen, auf seine Gedanken und Vorstellungen, seine Gefühle, seine Absichten. Da diese Einwirkung aus der Ferne über das Internet geschieht, ist der «Erfolg» davon abhängig, dass die Menschen möglichst viel Zeit am Bildschirm verbringen – was ja schon weitgehend der Fall ist. Um die Menschen aber noch tiefer in ihr Netz zu ziehen, betreiben die Mächte im Hintergrund eine zweite Maßnahme: Überwachung und Kontrolle *von außen*. Natürlich muss diese Absicht kaschiert werden, und so werden die Neuerungen – wie immer – unter dem Vorwand eingeführt, dass es sich um einen Fortschritt zum Wohle und Nutzen des Menschen handle (Trojanisches Pferd).

Hier nun der erste Schritt: Im Zuge des Aufstiegs der Künstlichen Intelligenz wurde die digitale Erfassung der Emotionen zu einem Forschungsthema. Da sich das Innenleben eines Menschen in den Gesichtszügen, in seiner Sprache und auch in den Körperbewegungen kundtut, machte sich die Technik daran, in allen drei Bereichen ein Verfahren zu entwickeln, das aus den optisch und akustisch gewonnenen Daten die aktuelle Gefühlslage herauslesen kann. Als besonders sensibel erwies sich dabei die Sprachanalyse: Tonlage, Stimmklang, Sprachmelodie etc. verraten außerordentlich viel. Über fünfzig verschiedene Emotionsausprägungen sind messbar geworden. «Damit lassen sich schon aus kurzen Sprachsegmenten in Echtzeit nicht nur Dialekt, Alter und Geschlecht analysieren, sondern noch weit mehr.»[160]

«Weit mehr»: Es gibt bereits eine Software, der angeblich kürzeste Sprachaufnahmen genügen, um eine Frühdiagnose von Krankheiten wie Parkinson, Depression, ADHS und Demenz vorzunehmen![161] Hier erspäht also die Maschine nicht nur die Gemütszustände, sondern sogar die gesundheitliche Disposition. Das verletzt so eindeutig die Privatsphäre, dass schon eine Schutztechnologie erfunden wurde, die für die mediale Weiterleitung des gesprochenen Wortes alle Gefühle aus der Stimme entfernt.[162] Übrig bleibt dann eine nuancenfreie Automatenstimme, die so leblos ist, dass die Worterkennung automatischer Diktaphone darunter leidet; sie wird um 35 Prozent schlechter[163] – für Techniker unannehmbar.

Die akustischen Spähverfahren werden sich also wohl ungestört durchsetzen, zumal sich damit Geld verdienen lässt: Ein erster Patentantrag von Amazon, der die Stimme als Indikator für den Gesundheitszustand nennt, wurde schon im März 2017 eingereicht.[164] Begründet wurde er vermutlich mit dem medizinischen Nutzen (Vorsorge durch frühzeitige Diagnose, kostensparende Ferndiagnose per Telefon). Was aber geschieht, wenn künftig bei der Bewerbung auf eine angebotene Stelle oder zur Aufnahme in eine private Krankenkasse oder beim Gesundheitscheck zur Aufnahme ins Beamtenverhältnis eine Sprechprobe gefordert wird?

Der Röntgenblick der Algorithmen auf das Selbst

Weniger heikel erscheint auf den ersten Blick die Emotionserfassung anhand der Mimik und der Gesten. Doch der Eindruck täuscht: Dieses Verfahren dringt eher noch tiefer in den Menschen. 2016 wurde ein *Deep-Learning*-Verfahren publiziert,[165] das anhand eines Porträtfotos die Vertrauenswürdigkeit einer Person bewertet, ihr Alter, ihren Intelligenzquotienten und wie dominant sie wirkt – ein willkommenes Werkzeug zur Optimierung und Beschleunigung von Personalentscheidungen.

2017 stellten Forscher der Stanford-University eine Software vor, die auf den Bildern eines Dating-Portals angeblich 81 Prozent aller schwulen Männer und 74 Prozent aller lesbischen Frauen erkennt.[166] Aber wer profitiert davon? Die Autoren erhielten Morddrohungen.[167]

Im September 2019 wurde in Mailand als Teil einer Kunstausstellung eine Website vorgestellt, auf der jeder sein Porträtfoto hochladen und vom Computer bewerten lassen kann. «Online machten Tausende Menschen bei dem Bilderroulette mit. In den Kommentaren gruselten sie sich, wenn die Software mit ihrer Einschätzung nahe an den Fakten lag – und machten sich über das Programm lustig, wenn es Unsinn ausspuckte.»[168] Damit ist ein weiteres Problem angesprochen: die hohe Fehleranfälligkeit solcher Bewertungssysteme. Sie kann fatale Folgen haben, wenn Entscheidungen über Menschen allein von der Maschine getroffen werden.

Angesichts der bedrohlichen Möglichkeiten dieser Technik haben sich die kommerziell orientierten Befürworter einiges einfallen lassen, um den Nutzen glaubwürdig zu machen. Überzeugend ist das Ergebnis freilich nicht, denn ihre läppischen Anwendungsvorschläge wiegen in keiner Weise die vielfältigen Missbrauchsmöglichkeiten auf. Hier einige Beispiele:

- Eine Behörde in Dubai hat 2019 in ihren Kundendienstzentren ein System eingeführt, bei dem Kameras die Gefühle der Menschen beim Betreten und Verlassen des Gebäudes vergleichen, um festzustellen, wie zufrieden sie sind. Wenn die berechnete Punktzahl nicht ausreicht, rät das System zur Verbesserung der Servicequalität.
- Eine smarte Google-Brille soll Kindern mit Autismus bei der Begegnung mit Menschen durch Grafiken und Töne deren Emotionen anzeigen.[169]
- Unterrichtsoptimierung durch Messung der Gesichtsausdrücke der Schüler.
- In Callcentern könnten Anrufe von aggressiven und verärgerten Kunden an speziell geschulte Mitarbeiter weitergeleitet werden – als Entlastung für das Personal.
- Stadionbesucher könnten am Eingang automatisch an ihren zuvor eingesandten Selfies erkannt und ohne Ticket eingelassen werden.

Kaum je erwähnt wurde in den öffentlichen Darstellungen, welchem Zweck die neue Technologie in Wahrheit dient: Der in Arbeit befindliche humanoide Roboter soll gesprächsfähig werden. Dazu reicht es nicht, dass er die Worte eines Menschen versteht und intelligent beantwortet; um überzeugend zu sein, muss er auch die Gefühlsregungen seines Gegenübers in Echtzeit erkennen und darauf mit passender Mimik und Stimmfärbung antworten. Die Wirkung soll den Nutzer so beeindrucken, dass er vergisst, was real passiert: Die Rechenprozesse in der Maschine sind bar jeglichen Gefühls. Sie erzeugen aber den Anschein, als ginge der Roboter mit wärmster Empathie auf den Menschen zu. Die japanische Robo-Dame Erica z.B. war 2019 schon «zu einem verblüffend realistischen emotionalen Mienenspiel fähig».[170] – So zeigt sich auch hier wieder die Handschrift des Meisters der Täuschung.

Die Enteignung des Gesichts

Ein großes Thema ist seit Jahren die digitale Überwachung der Bürger. Big Data und Künstliche Intelligenz werden eingesetzt, um die maschinelle Gesichtserkennung voranzutreiben. Dazu übersetzt eine spezielle Software die optischen Merkmale eines Gesichts in Vektorgrafiken und erstellt daraus ein mathematisches Modell, dessen Raster mit den Bildern in einer Datenbank abgeglichen wird, um die Identität der Person herauszufinden. Das Gesicht des Menschen wird zu einem verfügbaren Datensatz, anwendbar für jeden beliebigen Zweck.

Es ist erstaunlich, wie wenig Widerstand gegen einen so tiefen Eingriff in die Persönlichkeitsrechte zunächst geleistet wurde. Der Grund ist leicht zu finden: Die Liste schrecklicher Terroranschläge seit dem 11.9.2001 ist lang, und so sitzt den Menschen die Angst vor solchen Attacken auch im eigenen Lande im Nacken.[171] Folglich fordert man, Terroristen und Verbrecher mit allen verfügbaren Mitteln aufzuspüren. Damit diese wenigen gefasst werden, nehmen Millionen die Überwachungskameras hin, die immer zahlreicher installiert werden. Dass aber die wenigsten Terroristen schon vor ihrer Tat polizeibekannt sind, das verdrängt man.

Die Treffsicherheit der digitalen Bildanalyse hat im Laufe

der letzten Jahre erheblich zugenommen, sodass man z.B. das eigene Gesicht bereits als Code zum Einschalten des Apple-iPhones verwenden kann, indem man sein Gesicht einfach vor den Screen hält. Das ist natürlich beliebt, weil praktisch. Dass Apple dadurch in den Besitz unzähliger biometrischer Daten kommt, scheint niemanden zu stören. Wenn aber der Staat darüber nachdenkt, die Gesichter seiner Bürger zentral zu erfassen, dann regt sich Widerstand, aus Furcht, Zentralregister könnten von Hackern geplündert und missbraucht werden. Dabei wird völlig übersehen, dass solche Datenpools längst existieren. Ein Pressebericht[172] vermerkte 2017 dazu u.a.:

«Dabei setzt die Polizei in Deutschland schon seit Jahren Gesichtserkennungsprogramme ein, um Straftaten aufzuklären. Eine große Debatte darüber gab es nie. 5,2 Millionen Fotos von 3,6 Millionen Menschen hat das Bundeskriminalamt (BKA) in seiner Datenbank gespeichert. Im ersten Halbjahr 2017 haben die Länder bereits mehr als 16.000-mal darauf zugegriffen (...).

In den USA liegen bereits die Fotos jedes zweiten Erwachsenen in Gesichtserkennungdatenbanken, fast 120 Millionen Bürger sind erfasst. Etwa 80 Prozent der Bilder stammen (...) weder von Verdächtigen noch von verurteilten Kriminellen, sondern aus Ausweisen und Führerscheinen unbescholtener Bürger. Die Fehlerraten sind beträchtlich. Das FBI räumte unlängst ein, dass in 15 Prozent der Fälle die Zuordnung falsch sei. Zudem ist der Einsatz von Gesichtserkennung in den USA kaum gesetzlich geregelt.»

Als dieser Bericht Ende September 2017 erschien, war schon seit zwei Monaten am Berliner Bahnhof Südkreuz mit mehreren hundert Testpersonen ein Experiment im Gange, mit dem das Innenministerium erkunden wollte, wie gut Überwachungskameras Gesichter in einer sich bewegenden Menschenmenge erkennen. Obwohl nur 83 Prozent der Testpersonen korrekt erkannt wurden, wertete Innenminister Seehofer das Ergebnis 2018 als beeindruckend[173] und drängte darauf, der Bundespolizei per Gesetz zu erlauben, alle Bildaufzeichnungen automatisch mit biometrischen Daten von gesuchten Personen abzugleichen. Sein Plan war, an 135 Bahnhöfen und 14 deutschen Flughäfen derartige Systeme einzusetzen. Die Datenschützer in Bund und Ländern protestierten heftig und forderten ein vollständiges Verbot, nicht nur wegen der Verletzung des Grundgesetzes, sondern auch wegen des naheliegenden Verdachts, dass schleichend die flächendeckende Einführung einer Öffentlichkeitsüberwachung betrieben wird, die sich schon Seehofers Vorgänger gewünscht hatte. Ein Ereignis im Januar 2020 (s. nächsten Abschnitt) zwang Seehofer schließlich, seine Pläne (vorerst) aufzugeben.

Außer den grundsätzlichen Einwänden wird auch immer wieder auf die enorme Fehleranfälligkeit solcher Überwachungsmaßnahmen hingewiesen, die sich daraus ergibt, dass die zugrunde liegenden KI-Programme mit ihrem «Deep Learning» überwiegend an Fotos weißhäutiger Menschen trainiert wurden, sodass laut der *Washington Post* Asiaten und Schwarze etwa hundertmal häufiger fehlerhaft identifiziert werden als Weiße, mit entsprechenden Folgen für die Betroffenen. Eine solche Fehlerquote kann sich nur ein autoritär geführter Staat leisten.

Die Enteignung der Persönlichkeit

Während in Deutschland noch über den befürchteten Einstieg in einen echten Überwachungsstaat debattiert wurde, war in den USA in einigen Städten, darunter San Francisco, der öffentliche Einsatz von Gesichtserkennungstechnik bereits verboten. Die Kommunen sahen wegen fehlender Gesetze keine andere Möglichkeit, den massenhaften Missbrauch zu verhindern. Auch in der EU wurde ein Verbot erwogen, aber kein Beschluss gefasst.

Wie berechtigt die Furcht vor Missbrauch war, bewies im Januar 2020 eine Enthüllung der *New York Times*[174] über eine bis dahin kaum bekannte Firma namens *Clearview*, die unbemerkt an Hunderte Strafverfolgungsbehörden ein Verfahren zur Gesichtserkennung verkaufte, dessen Reichweite alle bisherigen Methoden in den Schatten stellte. Die Basis bildete eine Datenbank aus rund drei Milliarden (!) frei im Internet zugänglicher Fotos, zusammengeklaubt u.a. aus Netzwerken wie Facebook, Instagram, Youtube, Twitter, Linkedin, aus Nachrichtenportalen und aus den Mitarbeiterporträts auf Firmen-Webseiten. Selbst Fotos, die andere von einer Person ohne deren Wissen gemacht hatten, waren dabei.

Clearview bot dazu ein Programm an, das zu jedem beliebigen Bild einer Person sekundenschnell alle weiteren Bilder auftauchen ließ, die von dieser Person in den Weiten des Internets zirkulieren. Die persönlichen Daten und ein Link zum Fundort wurden gleich mitgeliefert. Das funktionierte sogar bei Bildern, die ohne Namensnennung im Netz stehen. Kein Wunder, dass Polizeibehörden gerne davon Gebrauch machten: «Angeblich bezahlen mehr als 600 Behörden für das Angebot, darunter das FBI, das US-amerikanische Ministerium für Innere Sicherheit, Dutzende Polizeidienststellen und kanadische Ermittler, die damit Sexualverbrechen und Kindesmissbrauch aufklären.»[175]

Das alles funktionierte so vorzüglich, dass die Firma Clearview nicht der Verlockung widerstehen konnte, diese Technologie noch ein Stück weiterzutreiben: Sie entwickelte einen Prototypen für eine Computerbrille, die mit sogenannter Augmented-Reality-Technik innen auf das Glas in Echtzeit Informationen einblendet zu beliebigen Menschen auf der Straße, sofern deren Bild in der Datenbank enthalten ist. Wenn Polizisten mit dieser Brille ausgestattet würden, könnten sie zur Fahndung ausgeschriebene Kriminelle in einer Menschenmenge sofort erkennen, könnten die Teilnehmer einer Demonstration identifizieren, könnten beobachten, wer bestimmte Veranstaltungen besucht, könnten aber auch, falls sie ein Auge auf eine Frau geworfen hätten, diese als Stalker verfolgen, und vieles mehr. Mit der Brille wird man für die fremde Individualität in einer gewissen Weise «hellsichtig», wie es der Firmenname Clearview verheißt. Diese Möglichkeit ist viel zu verlockend, als dass ihr gewisse Interessenten widerstehen könnten.

Auch das gehört zu dem Schwellenereignis unserer Zeit, das Steiner voraussagte: Jenseits der Schwelle wird für den Hellseher die seelisch-geistige Entität sichtbar, die im Körper steckt. Das ahrimanische Gegenbild dazu überwindet diese Schwelle im irdischen Raum mittels digitaler Technologie für Gesichtserkennung und Gefühlserkennung.

Ist der Wendepunkt erreicht?

Man kann sich leicht ausmalen, was die Clearview-Methode anrichten könnte, wenn sie offiziell eingeführt würde oder sogar privat zur Verfügung stünde. Ob die Brille zur Gesichtserkennung gegenwärtig produziert wird oder nicht, spielt keine Rolle mehr, die Idee ist geboren und wird ihren Weg in die Realisierung finden. Von Orwells Utopie *1984* und Huxleys *Schöne neue Welt* ist ja auch schon vieles Wirklichkeit geworden, was man wenige Jahrzehnte zuvor noch für undenkbar hielt. Die Frage ist nur, ob der Bogen dieses Mal überspannt worden ist und die Menschen endlich die Lage erkennen, in die sie sich gebracht haben.

Treffend gab Kashmir Hill, Reporterin der *New York Times,* ihren Recherchen zur Firma Clearview den Titel «Das geheime Unternehmen, das die Privatsphäre, wie wir sie kennen, beenden könnte». Das Problem ist damit benannt; und es liegt jetzt an der Öffentlichkeit, sensibel zu werden für die Zwielichtigkeit einer Technik, die den Menschen mehr Sicherheit verspricht, dafür aber einen unzumutbaren Preis verlangt: den Verlust der Anonymität, der Meinungsfreiheit und der Menschenwürde.

Eine Woche nach Hills Artikel, der großes Aufsehen erregte, wies in Deutschland Heribert Prantl, ein bekannter Jurist, Autor und Mitglied der Chefredaktion der *Süddeutschen Zeitung,* eindrücklich auf die Zeitenwende hin, vor der wir möglicherweise stehen, wenn die Gesichtserkennung sich durchsetzt, von der aus es nicht mehr weit ist zu einem totalitären Staat. Hier einige Sätze aus seinem Aufruf zum Widerstand:[176]

> «Die flächendeckende Gesichtskontrolle ist nicht nur in Diktaturen gefährlich, sondern auch in Demokratien. Sie ist rechtsstaatlich nicht domestizierbar. Biometrische Gesichtserkennung schlägt nicht einfach nur ein neues Kapitel der Überwachung auf. Sie markiert ein neues Zeitalter: Sie ist eine leibliche Kontrolle mit digitalen Mitteln; sie entanonymisiert die Welt. Sie nimmt dem Menschen sein Gesicht. Die Gesichtskontrolle bringt den Gesichtsverlust. Wenn Staat und Kommerz bei dieser Entanonymisierung zusammenwirken, wenn der Kommerz Entanonymisierungsgerätschaften, also etwa einschlägige Brillen, anbietet und der Staat seine Überwachung auf solche Gerätschaften stützt – dann ist kein Halten mehr. Die Warnungen der Datenschützer sind daher nicht nur berechtigt, sondern noch zu leise.»

Bemerkenswert ist die Tatsache, dass es schon 2018 einen dringenden Warnruf gab, und zwar paradoxerweise von der Industrie selbst: Die Leitung der Firma Microsoft schlug im Juli 2018 Alarm und rief den Kongress der Vereinigten Staaten dazu auf, den Einsatz von Gesichtserkennungsalgorithmen gesetzlich zu regulieren, denn es gehe um die «Verteidigung fundamentaler Menschenrechte wie Privatsphäre und Meinungsfreiheit».[177]

Jeder staunte, ausgerechnet aus dem Silicon Valley derartiges zu hören; es klang wie Hohn. Sachlich allerdings war das Statement zutreffend. Und doch waren keine philanthropischen Anwandlungen im Spiel, sondern wohl eher die Sorge vor einem möglichen Aufruhr in der Öffentlichkeit, wenn beispielsweise Fahndungsbrillen eingeführt würden. Die zunehmenden Horrornachrichten über Chinas rigorosen Umgang mit dieser Technik waren geeignet, dem Ruf der Datenschützer nach einem Verbot in den USA Gehör zu verschaffen. Folgerichtig vermied der Aufruf jeglichen Hinweis auf China und forderte nur einen Datenschutz wie in Europa.

Soll man es für eine Ironie der Geschichte halten oder für pure Chuzpe, dass der Software-Gigant Microsoft, der ebenso wie Apple, Amazon und Facebook eigene Gesichtserkennungs-Software anbot, lautstark posaunte, wie brandgefährlich diese Technik ist, nur um unter dem Schutz staatlicher Regularien weiter damit Geschäfte zu machen?

Überwachungsstaat China

China ist auf dem Wege, technisch mit der digitalen Supermacht USA gleichzuziehen. Bezüglich der Gesichtserkennung hat es den Rivalen sogar schon überholt. Zunächst wurde die neue

Technik der Bevölkerung Schritt für Schritt schmackhaft gemacht durch mancherlei «benutzerfreundliche» Anwendungen wie beispielsweise die folgenden: Das Gesicht genügt zum Einchecken am Flughafen, zum Einlass in ein Bürogebäude oder Hotelzimmer, zum Betreten des Universitäts-Campus, zum Abheben am Geldautomaten sowie zum Bezahlen in Supermärkten, Eisenbahn und U-Bahn. Das wurde offenbar freudig angenommen: 2018 bezahlten 61 Millionen Chinesen ihre Einkäufe mit dem Gesichtsscan, 2019 waren es schon doppelt so viele, und das dürfte noch nicht das Ende sein, wenn man bedenkt, dass in China mehr als 850 Millionen Menschen ein Smartphone benutzen.[178]

Die Kehrseite des Komforts bilden die zunehmenden Zwangsmaßnahmen, wie z.B. die, dass in China alle Mail-Accounts mit Ausweis und Foto verknüpft sein müssen, also nicht mehr anonym geführt werden können, oder dass seit 1. Dezember 2019 jeder für eine neue Mobilphone-Nummer sein Gesicht scannen lassen muss. Die Behauptung der Regierung, man gehe konsequent gegen Betrug und Kriminalität vor, schien das zu rechtfertigen, gab aber zugleich die Begründung ab für ein ganz anderes Projekt von gigantischen Ausmaßen: für die Überwachung des gesamten Volkes.

2019 zählten die Großstädte in der Volksrepublik zu den meistüberwachten Orten der Welt. Mehr als 100 Überwachungskameras kamen dabei auf 1000 Einwohner. Peking hatte zu der Zeit 800.000 Überwachungskameras, Chongqing 2,5 Millionen, Shanghai knapp drei Millionen. Im Jahr 2020 soll landesweit eine Gesamtzahl von 600 Millionen Kameras erreicht werden, bis 2022 eine auf jeden zweiten Bürger. Auch vor dem fragwürdigen Einsatz von Fahndungsbrillen wie den oben beschriebenen von Clearview scheut die chinesische Polizei nicht zurück. Im Übrigen werden ständig weitere Anwendungsmöglichkeiten für die digitale Gesichtserkennung erprobt. Es gab freilich auch groteske Fehlleistungen: Einer Frau, die sich in Südkorea einer Schönheitsoperation unterzogen hatte, wurde die Wiedereinreise verweigert, weil die veränderte Nase nicht zu dem von ihr gespeicherten Gesichtsscan passte.[179]

Eine ganze Nation in der digitalen Skinner-Box

Anders aber als westliche Staaten, welche die Gesichtserkennungstechnik (zumindest angeblich) in erster Linie zur Suche nach Terroristen und Kriminellen einsetzen, macht die chinesische Parteiführung keinen Hehl daraus, dass sie ein viel weiter gehendes Ziel verfolgt. Ihre Absicht ist, das ganze Volk in ein Korsett von Vorschriften und Beschränkungen zu zwängen und es zu dem von der Parteiführung geforderten Verhalten zu konditionieren. Dass dabei das an Ratten gewonnene Prinzip der Skinner-Box (siehe Kap. 2) angewendet wird, bleibt unausgesprochen. Vielmehr nennt sie ihr Projekt wohltönend *Social Credit System*:

«Man startet mit einem Grundguthaben an Punkten, und für ‹gutes› Verhalten bekommt man Punkte hinzu, für ‹schlechtes› Verhalten werden Punkte abgezogen. Überwachungskameras (...) mit Gesichts- und Gangerkennung sorgen dafür, dass das System genau weiß, wer wann wo ist und was tut. Informationen aus WeChat (dem chinesischen WhatsApp), Baidu (dem chinesischen Google), Onlineshopping und Metadaten zum Surfverhalten werden gesammelt und mit anderen Daten zusammengeführt, beispielsweise dem Strafregister. Es ist diese Fülle an verfügbaren Daten, die es der chinesischen Regierung ermöglicht, Bürgerinnen und Bürger umfassend zu kontrollieren, zu bewerten und zu belohnen – oder zu bestrafen.

Wer seine Eltern regelmäßig besucht, seine Rechnungen rechtzeitig bezahlt und im Internet die richtigen, direkt parteigesteuerten Medien konsumiert, der erhält Zusatzpunkte. Wer Unterhaltszahlungen nicht rechtzeitig leistet, sich über das Internet mit Menschen unterhält, die einen niedrigen Punktestand haben, oder online Pornos schaut, der verliert Punkte. Wer viele Punkte hat, also ein ‹gutes Mitglied der Gesellschaft› ist, dem stehen verschiedene Vergünstigungen zur Verfügung: etwa bessere Krankenversicherungen, einfacherer Zugang zu Behörden oder niedrigere Kreditzinsen. Wer einen niedrigen Punktestand hat, dem drohen Sanktionen – teurere Kredite, die eigenen Kinder werden von den besten Schulen und Universitäten ausgeschlossen. Schlimmstenfalls kann man sogar den Job verlieren. (...) Die Regierung will mit dem System offiziell die Aufrichtigkeit in Regierungsangelegenheiten, die Glaubwürdigkeit der Justiz sowie die wirtschaftliche und gesellschaftliche Integrität in China verbessern. Und das scheint auf Zustimmung zu stoßen.»[180]

Hier noch zwei Beispiele aus dem Alltag. In einem Park in Peking wird mit der Technik sogar kontrolliert, wie viel Klopapier Besucher in der Toilette verbrauchen: Pro Gesicht wirft der Spender nur eine begrenzte Menge aus. Fußgänger, die eine Ampel bei Rot überqueren, werden in manchen Städten digital angeprangert, indem auf einem Bildschirm an der Straße sofort ihr Foto, ihr Name und ihre Anschrift erscheint.[181]

Ordnet aber die automatische Gesichtserkennung das Gesicht einer Person falsch zu (was durchaus vorkommt), dann hat der oder die zu Unrecht Beschuldigte praktisch keine Möglichkeit, das korrigieren zu lassen, und Beschwerden werden obendrein als «schlechtes Verhalten» mit Punktabzug bestraft.

Auf dem Wege zum maschinenlesbaren Menschen

Die chinesische Regierung plante, das *Social Credit System* ab 2020 auf ganz China auszuweiten. Weil das System aber auf den massenhaften Einsatz von Gesichtserkennungskameras angewiesen ist, musste zunächst ein technisches Problem bewältigt werden, das Entwicklungsteams in aller Welt erhebliche Schwierigkeiten machte: Einigermaßen verlässliche Ergebnisse lieferten diese Kameras nämlich in den Anfangsjahren nur, wenn die Person ruhig zur Kamera blickte und nicht allzu weit entfernt war. Aufnahmen in sich bewegende Menschenansammlungen hinein scheiterten daran zumeist oder lieferten unsinnig hohe Fehlerquoten. Bei einem Probelauf in der U-Bahn von Buenos Aires beispielsweise schlug die Software bei 1227 Personen Alarm, erkannte aber nur 226 davon korrekt (= 18 %).[182] Die Trefferquote steigerte sich bis 2018 zwar auf etwa 80 Prozent, was aber hieß, dass bei 10.000 gefilmten Personen noch mit 2.000 Fehlalarmen zu rechnen war.

Um nicht warten zu müssen, bis eine fortgeschrittene Technik eine wesentlich höhere Trefferquote erreicht, entwickelten chinesische Forscher mithilfe Künstlicher Intelligenz (KI) ein weiteres Instrument zur Personenerkennung, nämlich das Programm *Watrix*, mit dem man Menschen auch von hinten oder mit verdecktem Gesicht identifizieren kann. Die Individualität zeigt sich eben nicht nur im Gesicht, sondern auch in der Art ihres Gehens, die hochgradig unbewusst geschieht. Die Idee, das zur Personenerkennung zu nutzen, war nicht neu, wurde hier aber bis zur Perfektion getrieben: Unter Hinzunahme der Körperproportionen und der Körperfülle wird das individuelle Gesamtbild der Leiblichkeit und ihrer Gangbewegungen so präzise erfasst, dass die Erkennung bis auf 50 Meter Entfernung gelingt. Die Hersteller versichern, dass sich die Software selbst durch absichtliches Hinken oder andere Verrenkungen nicht austricksen lässt.[183]

Perfektionierung war auch bei den Gesichtserkennungsprogrammen angesagt, nachdem in China wegen des Corona-Virus jedermann zum Tragen einer Schutzmaske verpflichtet war. Schon im Sommer und Herbst 2019 hatten sich die Demonstranten in Hongkong maskiert, um die maschinelle Gesichtserkennung zu erschweren; ab Dezember war dann auch ganz China maskiert, und viele glaubten, dadurch der Gesichtserkennung zu entgehen. Die Anbieter dieser Technik in China waren daher gezwungen, ihre Systeme auf die Erkennung von teilverdeckten Gesichtern zu optimieren, und das gelang ihnen erstaunlich schnell: Schon Ende Februar 2020 meldete die Presse, dass jetzt auch maskierte Gesichter erkannt werden, indem die Software gewisse Schlüsselpunkte um Augen und Nasenwurzel herum analysiert.[184]

Covid-19 bot den staatlichen Stellen reichlich Gelegenheit, das Überwachungsnetz noch enger zu schnüren. So zeigten z.B. Handy-Apps auf Umgebungskarten, in welchen Wohnanlagen Menschen mit einer Corona-Infektion leben. Taxis in Shanghai hatten einen QR-Code angebracht, den jeder Fahrgast, um befördert zu werden, in eine App einscannen und mit persönlichen Angaben sowie der Handynummer zu versehen hatte. In der Millionenmetropole Hangzhou mussten die Menschen Auskunft über ihren Gesundheitszustand, ihre vergangenen Aufenthaltsorte und weitere Informationen geben. Danach bekam jeder einen «Gesundheitscode» geschickt, in den Farben Grün (= keine Einschränkungen), Gelb (= 7 Tage Quarantäne) oder Rot (= 14 Tage Quarantäne). Aufpasser und Helfer der Partei kontrollierten vor Ort, ob das eingehalten wurde.[185]

Big Data breitet sein Spinnennetz aus – länderübergreifend

Westliche Staaten sollten besser nicht mit dem moralischen Zeigefinger auf Chinas Überwachungsstaat deuten. Zwar hat es in den USA einige Rückzieher gegeben: Weil die vielen Fehler bei der Gesichtserkennung überproportional häufig Menschen mit dunkler Hautfarbe betreffen, haben IBM, Amazon und Microsoft jüngst unter dem Eindruck der Massenproteste gegen Rassismus und Polizeigewalt (Juni 2020) die Konsequenzen gezogen: Microsoft und Amazon bieten ihre Software den US-Polizeibehörden nicht mehr an. IBM zieht sich sogar vollständig aus dem Geschäft mit Gesichtserkennung zurück.[186] Das ändert aber nichts daran, dass die Fahnder nicht nur in den USA, sondern auch in mindestens zehn Staaten der EU weiterhin auf Software zur Gesichtserkennung setzen. Acht andere EU-Staaten wollen die Technik bald einführen.[187]

«Auch die Software von Clearview hat in Europa Begehrlichkeiten geweckt. So zählen Behörden aus Belgien, Frankreich, Großbritannien, den Niederlanden, Italien und weiteren EU-Ländern zu den Testern oder Kunden der US-Firma. Das wurde vor kurzem bekannt, weil dem Unternehmen eine Liste von 2.900 Behörden und Firmen abhanden kam, die die Software gekauft oder getestet haben. (...) Die nationalen Systeme sollen miteinander verbunden werden. Auf eine Vernetzung innerhalb der EU drängt aktuell zum Beispiel eine Polizeiarbeitsgruppe aus zehn Mitgliedsstaaten unter der Führung Österreichs. (...) Es ist vermutlich nur eine Frage der Zeit, bis einschlägige Systeme der EU und der USA zusammengeschaltet werden. Für den Abgleich von Fingerabdrücken gibt es solche Kooperationen zwischen europäischen und US-Fahndern schon.»[188]

Selbst wenn man annimmt, dass die eben genannten Staaten die Gesichtserkennung wirklich nur zu Fahndungszwecken einsetzen wollen, ist das kein Grund zur Beruhigung. Denn unter den drei Milliarden Bildern in der Datenbank von Clearview befinden sich massenhaft Bilder von unbescholtenen Bürgern, rechtswidrig zusammengeklaubt aus sozialen Netzwerken, aber nichtsdestotrotz an Hunderte Polizeibehörden und Geheimdienste weitergereicht. Für welche fragwürdigen Zwecke sie eines Tages noch gebraucht werden, weiß niemand.

Eines aber ist gewiss: Alle autoritären Staaten interessieren sich lebhaft für die Technik der Gesichtserkennung, um damit ihre Macht zu festigen und zu sichern. China zieht den Nutzen daraus, indem es seine Überwachungstechnologien exportiert:

«Der Netzwerkausrüster Huawei etwa hat afrikanischen Ländern geholfen, Oppositionelle oder Dissidenten zu bespitzeln und zu verhaften. In Kirgisistan wurde vor kurzem chinesische Überwachungstechnologie installiert, die Gesichter und Nummernschilder erkennen kann. In Usbekistan und Serbien richtet Huawei die gleiche Art von Technologie ein, die in Xinjiang bereits im Einsatz ist. Die Erfahrung mit der Unterdrückung der Uiguren wird damit zu einem kommerziellen Marktvorteil. Die Systeme werden mit Schlagworten wie ‹Safe City›, ‹Smart City› und ‹harmonische Gesellschaft› angepriesen. (...) China ist also jetzt schon dabei, autoritäre Regierungen weltweit mit solchen Überwachungsfähigkeiten auszurüsten.»[189]

Russlands Hauptstadt Moskau will seine 170.000 Überwachungskameras an Gesichtserkennungssoftware anschließen.[190] Es würde nicht überraschen, wenn das System bald auch im Iran, in der Türkei, in Ungarn Eingang findet. Selbst der demokratische Staat Indien plant eines der größten Gesichtserkennungsprogramme der Welt,[191] und auch in Deutschland drängt das Innenministerium, wie angedeutet, auf eine massive Ausweitung.

Das Fortbestehen von Demokratien, die diesen Namen noch verdienen, steht also auf Messers Schneide. Weil China einer der wichtigsten Handelspartner ist, gehen die Regierungen, die ja selbst mit den gleichen Überwachungstechnologien experimentieren, dem peinlichen Thema lieber aus dem Wege und schweigen zu dem, was in China vorgeht. Aber hat denn wirklich niemand ein klares Bild, worauf diese Entwicklung zuläuft, wenn sich ihr niemand entgegenstellt und sie weltbeherrschend wird?

Der große Angriff auf das Ich hat begonnen

Worum es geht, demonstriert uns die brutale Unterdrückung der muslimischen Uiguren im Westen Chinas, von denen nach seriösen Schätzungen mindestens eine Million unter nichtigsten Vorwürfen in Lagern eingesperrt sind und alle anderen mit digitaler Technik in einer Art «Freiluftgefängnis» gehalten werden.[192] Im Autonomiegebiet Xinjiang, dem Lebensraum der Uiguren, begnügt sich China nicht damit, das soziale Leben in vorgeschriebene Bahnen zu zwängen; der Staat dringt noch viel tiefer: Alles, was die Muslime dort aus uralter Tradition und tiefer Gläubigkeit als religiöses Leben pflegen, bis hinein in Essgewohnheiten, Bräuche und Kleidung, soll ihnen ausgetrieben werden. Seele und Geist werden mit kommunistischer Ideologie imprägniert. Es geht also nicht nur um Unterwerfung, sondern um Umerziehung, um Gehirnwäsche. Der Anthropologe Adrian Zenz, einer der besten Kenner der Situation, spricht von «Umerziehung und Unterdrückung, mit Atheismus und

Zwangsarbeit». Sein Resümee lautet: «Dieses perfide System kommt einem kulturellen Genozid gleich.»[193]

Es wäre nicht der erste Genozid in der Geschichte der Menschheit. Aber es dürfte der erste sein, bei dem elektronische Machtmittel zum Einsatz kommen, die es erlauben, einem ganzen Volk dessen innere Werte zu rauben, ohne es physisch auszulöschen. Damit ist ohne nennenswerten Widerstand der übrigen Welt ein Modell für technokratischen Totalitarismus geschaffen worden, das uns eigentlich wachrütteln müsste; denn die Digitaltechnik, die dabei zum Zuge kommt, ist keine chinesische Spezialität, sondern stammt aus Forschungslaboren in aller Welt und droht deshalb auch die ganze Welt zu überrollen.

Der große Angriff auf das Ich hat begonnen. Diese Feststellung ist nicht übertrieben, wenn man auf die Vorgeschichte blickt, die in diesem Kapitel geschildert wurde: Die immer massiver werdenden Eingriffe in das Innere des Menschen, in sein Denken, sein Fühlen, seine Absichten, finden ihren vorläufigen Gipfelpunkt in den Techniken der Gesichts-, Sprach-, Gefühls- und Gangerkennung, mit denen alles bloßgelegt werden kann, was die Persönlichkeit eines Menschen ausmacht, bis hinein in seine intimsten Bereiche. Das ermöglicht die totale Kontrolle über den Menschen, sodass er gesteuert, indoktriniert, diszipliniert und nach der Ideologie der Machthaber zurechtgebogen werden kann. Wenn das gelingt, verliert der Mensch sein eigentliches Menschsein, er wird seelisch-geistig zu einem Automaten, programmiert und berechenbar wie ein Roboter. Das Fernziel, das hier aufscheint, ist der robotoide Mensch.

Ob der Angriff gelingt, ist eine offene Frage. Wenn aber derzeit schon ein einziger Koranvers, gesprochen oder geschrieben, genügt, um Uiguren ins Umerziehungslager zu katapultieren, dann werden die Kinder der Uiguren nichts mehr von der

Religion ihrer Eltern erfahren und folglich in die staatlich verordnete Ideologie hineinwachsen. Genau das ist das Ziel, denn die Regierenden brauchen zu ihrem Machterhalt den *ideologischen Konsens* mit der Bevölkerung, und der muss sich auf der seelischen und geistigen Ebene bilden; nur mit physischen Mitteln ist er nicht zu erzwingen. Diktatoren in aller Welt werden das mit Aufmerksamkeit registrieren.

10. Humanoide Roboter und der Cyborg

Für die ahrimanischen Mächte sind die im vorigen Kapitel geschilderten Projekte Etappen auf ihrem schon lange verfolgten Wege: Sie wollen den Menschen vollkommen für sich gewinnen. Zu diesem Zweck müssen sie ihn unbedingt dazu bringen, sich so mit der Maschinenwelt zu verbinden, dass er mit Leib und Seele darin aufgeht und kein Bedürfnis mehr nach einer höheren Welt empfindet. Vieles haben sie bereits erreicht: Sowohl mit den Kraftmaschinen wie auch mit der Computertechnik und den Bildschirmmedien hat sich der größte Teil der Menschheit längst angefreundet, ja mehr noch: er hat sich mit ihnen existenziell verbunden, nicht selten sogar in einem so starken Maße, dass eine psychische Abhängigkeit entstanden ist.

Nun liegt es aber durchaus nicht in der menschlichen Natur, sich völlig von der Maschinenwelt verschlucken zu lassen und darüber jeden Kontakt zu den Mitmenschen zu verlieren; das Bedürfnis nach sozialen Begegnungen ist urmenschlich und lebensnotwendig. Vorausschauend wussten die ahrimanischen Inspiratoren auch dieses Verlangen maschinell zu befriedigen – zuerst durch das Telefon, dann durch das Internet und schließlich durch das Smartphone mit seinen vielfältigen Zugängen zu sozialen Netzwerken.

Doch auch damit war das angestrebte Ziel noch nicht erreicht, denn nach einigen Jahren wurden sich viele Dauersurfer, wie oben berichtet, überraschend ihrer wahren Lage bewusst: Die Gemeinschaft mit Partnern in aller Welt existiert nur virtuell, während in Wirklichkeit jeder völlig einsam auf seinen

Bildschirm starrt. Eine Empfindung regte sich, dass man um etwas Wesentliches betrogen wird, wenn der Gesprächspartner nicht physisch anwesend ist. Gespräche *face to face*, früher das Natürlichste der Welt, werden plötzlich herbeigesehnt.

Im Gegensatz dazu sehen autistisch veranlagte Freaks – und das ist eine Neuigkeit – gerade in dieser fehlenden Anwesenheit einen großen Vorzug, weil man dann ein missliebiges Gespräch, das womöglich Konflikte mit sich bringen würde, jederzeit mit einem einzigen Klick beenden kann. Bei ihnen ist also die Liaison mit der Maschine schon weit gediehen.

Wie aber können die noch widerstrebenden Menschen eingefangen werden?

Robotoide Menschen und humanoide Roboter

Die Industrie unterbreitet uns heute ein Angebot, das sowohl die eine wie die andere Partei zufriedenzustellen verspricht. Sie schafft einen Gesprächspartner herbei, der physisch anwesend ist und dennoch jederzeit abgeschaltet werden kann: Gemeint ist der humanoide Roboter, ein Wunderwerk der Technik, dessen Entwicklung mit großen Schritten voranschreitet. Der Beginn des Projekts fällt, wie schon erwähnt, in dieselbe Zeit, in der die Technologien entwickelt wurden, die den Menschen zu einem robotoiden Automaten deformieren möchten. Hier tut sich ein Blick in die Werkstatt der ahrimanischen Geister auf: Die Technik soll den *inneren* Menschen roboterähnlich machen und als Pendant dazu den Roboter äußerlich menschenähnlich.

Um aber diese beiden zueinanderzubringen, muss der Roboter ein glaubwürdiger Gesprächspartner werden, und dazu braucht er die Fähigkeit, alles das technisch imitieren zu können, was sich von dem Innenleben einer Individualität in ihren körperlichen Symptomen zeigt, in der Mimik und Gestik, in der Sprache, in ihrem Gang. Die weit vorgeschrittene Künstliche Intelligenz trainierte das an dem lebenden Vorbild Tausender Menschen, und so wurden die Verfahren der Gesichts-, Sprach- und Gangerkennung einerseits zu einem politischen Herrschaftsinstrument und andererseits zur Blaupause für die Entwicklung humanoider Roboter. Wird der Roboter nicht nur in seinen *Fähigkeiten,* sondern sogar in seinem *Aussehen* einem Menschen zum Verwechseln ähnlich, nennt man ihn auch *Android.*

Die Kinderstube des humanoiden Roboters

Die Roboterbranche begnügt sich schon seit Längerem nicht mehr mit der Entwicklung vollautomatischer Produktionsanlagen für die Industrie oder von Haushaltsrobotern für das Staubsaugen, Fensterputzen und Rasenmähen. Sie will Roboter auf den Markt bringen, die das Personal in Altenheimen und Kindergärten, Krankenhäusern und Restaurants, Hotelrezeptionen und dergleichen mehr ersetzen können. Einst als Utopie der Science-Fiction-Literatur angesehen, ist das Projekt heute bereits in der Realisierungsphase angekommen.[194]

Die *erste* Herausforderung bestand darin, Automaten zu bauen, die wie ein Mensch mit Armen und Händen agieren sowie auf zwei Beinen stehen und gehen können. Nach langer Vorarbeit war es am Ende des 20. Jahrhunderts so weit: Die japanische Firma HONDA stellte ihren Roboter ASIMO vor (Abb. 15). Er kann den menschlichen Gang auf zwei Füßen verblüffend echt nachahmen. Er «vermag auch auf schrägem Boden das Gleichgewicht zu halten und auf zwei Beinen elbstständig eine Treppe hoch- und wieder hinunterzugehen. Er ortet Hindernisse und reagiert entsprechend darauf.»[195]

Viele weitere Bewegungsfähigkeiten sind heute technisch realisierbar, auch wenn sie noch nicht in marktreifen Produkten zur Verfügung stehen. Die folgende Zusammenstellung vermittelt einen Eindruck, was bisher schon erreicht ist.[196] Manches davon ist auch auf YouTube-Videos anzuschauen; Wikipedia bietet entsprechende Links.

Aktueller Entwicklungsstand der Bewegungsfähigkeiten humanoider Roboter

- Gehen, rennen, auf einem Bein hüpfen, tanzen, bewegte Hindernisse umlaufen, Treppen steigen, Tür öffnen
- Laufen in unwegsamem Gelände, heftige Stöße von außen ausbalancieren, nach Hinfallen wieder aufstehen
- Tablettwagen schieben, Tablett entgegennehmen, transportieren, übergeben, servieren, Getränke einschenken
- Gebärdensprache
- Trompete spielen, Geige spielen, in einer Band Musik spielen
- Rad fahren, Ball fangen und werfen
- Tätigkeiten im Haushalt wie z. B. kochen, Spülmaschine ein- und ausräumen, Fenster wischen und den Boden kehren, Lasten tragen, Kisten aufheben und einräumen

---

Besonders hervorzuheben ist hier der humanoide Roboter ATLAS der führenden US-Firma Boston Dynamics. Nach vierjähriger Entwicklungsarbeit präsentierte sie 2017 ihre erstaunlichen Ergebnisse auf Videos, die zeigen, wie ihr 1,75 Meter großer und 81 Kilo schwerer Laufroboter in einer Turnhalle zielsicher von Kasten zu Kasten springt und sich auf einem Kasten stehend

Die Kinderstube des humanoiden Roboters 263

Abb. 15: Der Roboter ASIMO in der Rolle von Empfangschef und Guide

durch einen Luftsprung um 180 Grad dreht. Am Ende macht er sogar einen Salto rückwärts und landet perfekt wie ein menschlicher Turner aufrecht ohne irgendein Schwanken.[197]

Während der Arbeit an humanoiden Robotern mussten die Forscher immer wieder mit Staunen erkennen, welch eine bewundernswerte Intelligenz und Weisheit in die grandiosen Bewegungsmöglichkeiten des menschlichen Körpers eingearbeitet ist. Woher sie stammt, danach fragten sie nicht; ihnen ging es nur darum, sie maschinell auszubeuten für ihre eigene (kommerziell und militärisch verwertbare) Schöpfung.[198]

Die *zweite* Stufe der Entwicklung, die noch im Gange ist, besteht darin, dem Roboter die Fähigkeit zu verschaffen, Sprache, Gesten und Mimik zu erkennen und auch selbst zu produzieren. Die Ingenieure wissen genau, dass sie die erhoffte Massenproduktion nur dann erreichen, wenn die Menschen die Maschine lieben lernen. Dazu muss der Roboter in der Lage sein, im Dialog mit seinem Benutzer *Emotionen* zu zeigen, die denen eines Menschen im realen Leben gleichen. Zwar kann manch ein Roboter schon jetzt perfekte Sätze von sich geben und ein mehr oder weniger intelligentes Gespräch führen. Aber das genügt nicht, um den maschinellen Charakter des Roboters vergessen zu machen. Menschlich überzeugend werden seine Worte erst, wenn er die Gefühlslage des Benutzers erkennt und darauf nicht nur mit Worten, sondern auch in seiner Mimik und Gestik die entsprechenden Antworten findet. Das schafft, wenn es eines Tages erreicht ist, Nähe und gibt das Gefühl von realer Begegnung.

Auch die *dritte* Stufe der Entwicklung ist gegenwärtig noch in Arbeit: Wenn das Gespräch zwischen der Maschine und dem Menschen mehr sein soll als ein ermüdender Wechsel von Frage und Antwort, dann muss der Roboter auch das beherrschen, was der Mensch als Denken, Vorstellungsvermögen und Phantasie in sich trägt. Auf diesem Gebiet hat die Künstliche Intelligenz (KI) noch viele Nüsse zu knacken, doch lassen die bisherigen Erfolge keinen Zweifel daran, dass sie noch längst nicht am Ende ihrer Möglichkeiten angekommen ist. Die Entwicklung geht unglaublich schnell voran.

Drei Stufen also müssen von den Entwicklern eines Androiden erklommen werden. Es sind die gleichen drei Stufen, die auch das kleine Kind zu bewältigen hat, um auf der Erde ankommen und sich entwickeln zu können: *Gehen, Sprechen, Denken.* Das gelingt dem Kind nur, wenn die Menschen, die ihm auf diesem Wege zur Seite stehen – Eltern und Verwandte, Pädagogen, Ärzte, Therapeuten –, ihre begleitende Tätigkeit mit Liebe und Ehrfurcht, ohne jede egoistische Anwandlung, dem Kind zukommen lassen und sich dabei als Geburtshelfer der ankommenden Individualität verstehen, auf deren frische Impulse die Welt wartet.

Nichts von alledem begleitet die Ankunft des Androiden, sodass wir uns fragen müssen: Was bedeutet es für die Menschheit, wenn sich unsere Erde allmählich mit menschenähnlichen Maschinen bevölkert, deren Entwicklung von keinerlei altruistischen Motiven begleitet und gefördert wurde? Was ist zu erwarten, wenn diese Wesen sich als Diener und Helfer der Menschen anbieten, ihr blutleerer Korpus aber von keinem geistig realen Ich durchdrungen ist, sondern von einer Maschinerie, deren geballte künstliche Intelligenz einzig dazu dient, ein Menschsein vorzutäuschen, das keines ist? Was geschieht, wenn diese leeren Truggebilde unsere Lebensgefährten werden, weil wir in ihnen unser Ebenbild zu sehen meinen?

Der Masterplan der ahrimanischen Geister

Der in Kapitel 5 besprochene Sturz der Geister der Finsternis hat eine technische Entwicklung in Gang gesetzt, deren Ausmaß und Komplexität alles übertraf, was die Menschheit bis dahin kannte. Dahinter steckte, wie sich im Rückblick zeigt, eine langfristig angelegte dreistufige Strategie, die ins Auge zu fassen ist, um zu verstehen, an welchem Punkt wir heute stehen.

Die erste große Phase verfolgte das Ziel, die Menschheit in großem Stil an die Maschinen heranzuführen. Das begann im 18. Jahrhundert mit der Entwicklung der *Kraftmaschinen*. Das 19. Jahrhundert war geprägt von industrieller Massenproduktion, die Elektrotechnik begann ihren Siegeszug, nicht nur bei den Kraftmaschinen, sondern auch bei den *Bild- und Tonmedien*, die damals erfunden wurden. Kurz vor der Mitte des 20. Jahrhunderts kam als drittes Element die Entwicklung des *elektronischen Rechners* hinzu. Das Resultat der drei Schritte war: Die Umgebung der Menschen änderte sich grundlegend durch die Ausbreitung der Maschinenwelt in allen Lebensbereichen. Die beabsichtigte *Annäherung* zwischen Mensch und Maschine fand statt.

In der zweiten Phase beschleunigte sich die Entwicklung. Ehe noch die elektronischen Rechner ihr volles Potenzial entfaltet hatten, begann die Forschung gegen Ende des 20. Jahrhunderts schon mit der digitalen Revolution: Der Dreischritt vom industriellen Roboter zum humanoiden Roboter und weiter zu dessen Krönung, dem Androiden, wurde zu einem intensiv betriebenen Projekt. Gleichzeitig aber wurde das Selbst des Menschen nicht nur digital durchleuchtet, sondern auch systematisch vereinnahmt, um es unbemerkt in eine bestimmte mentale Richtung zu drängen und somit ferngesteuert zu programmieren und zu kontrollieren. Das angestrebte Resultat ist, wie beschrieben, dieses: Der Mensch gerät in die Gefahr, sich innerlich einem programmierbaren Automaten anzugleichen, und umgekehrt gleicht der vor ihm stehende Automat sich äußerlich dem Menschen an. Das ist der zweite Schritt des Masterplans: *Aus der Annäherung wird die Angleichung.* Der dritte Schritt folgte sogleich.

«Die Cyborg-Ära hat begonnen»

Während die Forschung noch mit dem humanoiden Roboter beschäftigt war, träumten Technikpioniere bereits von einem nächsten revolutionären Schritt, der *Verschmelzung* von Mensch und Maschine. Damit wäre die von den ahrimanischen Geistern betriebene Bindung des Menschen an die Maschine auf ihre höchste Stufe gehoben: Sie würde nicht nur psychisch, sondern sogar physisch real. Die Idee dazu reicht weit in die Menschheitsgeschichte zurück, geisterte aber um die Jahrtausendwende auffällig häufig in Romanen und Filmen, in Computerspielen und sogar in der Popmusik herum, von der Fachliteratur ganz abgesehen.[199] Sie lag also gewissermaßen in der

Luft und verband sich mit dem Begriff *Cyborg* (Abkürzung aus engl. *cybernetic organism*). Gemeint ist ein menschlicher Organismus, der fest mit künstlichen Bauteilen verbunden ist.

Genau genommen finden wir diese Verbindung schon längst bei Menschen mit Arm- oder Beinprothesen, mit Herzschrittmachern, Cochlea- oder Retina-Implantaten oder Chips unter der Haut; nur nennt sie niemand Cyborg. Der Begriff wird vorzugsweise verwendet für eine Spezialanwendung, die durch den gewaltigen Aufschwung der Hirnforschung inspiriert wurde: für die Verknüpfung des menschlichen Gehirns mit einem Computer.

Wie immer, musste erst einmal die unbezweifelbare Nützlichkeit dieser Technik bewiesen werden. «Die Cyborg-Ära hat begonnen», stellte 2013 die Fachzeitschrift *Science* fest und belegte das mit der Beobachtung, dass immer mehr elektronische Komponenten Einzug halten in den Körper des Menschen und ihn zu einem Mischwesen machen.[200] Spektakuläre Erfolge machten in der Presse die Runde.[201] So wurde 2013 von einer Amerikanerin berichtet, die seit zehn Jahren an Armen und Beinen gelähmt war. Sie ließ sich in ihren Motorischen Cortex zwei erbsengroße Sensoren einbauen und lernte dann, allein mit ihren gedanklichen Anstrengungen einen armförmigen Hightech-Roboter zu steuern, bis sie schließlich damit eine Tafel Schokolade ergreifen und zum Mund führen konnte. Nach einiger Zeit empfand sie den Roboter als Teil von sich selbst.[202] Bemerkenswert ist, dass es bei einem Amerikaner, der durch einen Arbeitsunfall die rechte Hand verloren hatte, sogar gelang, die Tastwahrnehmung wiederherzustellen durch «Elektroden, welche die elektrischen Signale der Kunsthandsensoren an die Nervenfasern weiterleiten».[203] 2018 las man im Magazin *Die Zeit*:

«Vor einigen Monaten hat Facebook ein Projekt vorgestellt, mit dem es möglich werden soll, Nachrichten direkt ins Smartphone zu denken. ‹Wir arbeiten an einem System, das es euch erlauben wird, direkt aus eurem Gehirn heraus zu tippen, und zwar fünfmal so schnell, wie ihr heute auf euren Telefonen tippen könnt›, schreibt Mark Zuckerberg in einem Blogpost. (...) Einhundert Wörter pro Minute soll das Facebook-Gerät leisten können, das man außen am Kopf anlegt, um die neuronalen Signale des Gehirns auszulesen und in Text zu verwandeln.»[204]

Rudolf Steiner hat vor mehr als einhundert Jahren genau diese technischen Errungenschaften vorausgesehen und auch ihren menschenkundlichen Hintergrund erläutert:

«Ich habe vollbedacht öfter jetzt darauf aufmerksam gemacht, auch in öffentlichen Vorträgen, dass das Bewusstsein des Menschen zusammenhängt mit abbauenden Kräften. Zweimal habe ich es in öffentlichen Vorträgen in Basel gesagt: In unser Nervensystem hinein ersterben wir. – Diese Kräfte, diese ersterbenden Kräfte, sie werden immer mächtiger und mächtiger werden. Und es wird die Verbindung hergestellt werden zwischen den im Menschen ersterbenden Kräften, die verwandt sind mit elektrischen, magnetischen Kräften, und den äußeren Maschinenkräften. Der Mensch wird gewissermaßen seine Intentionen, seine Gedanken hineinleiten können in die Maschinenkräfte. Noch unentdeckte Kräfte in der Menschennatur werden entdeckt werden, solche Kräfte, welche auf die äußeren elektrischen und magnetischen Kräfte wirken. Das ist das eine Problem: das Zusammenführen des Menschen mit dem Mechanismus, das immer mehr und mehr um sich greifen muss in der Zukunft.»[205]

Vernetzte Gehirne – eine Zukunftsvision?

Aus dem, was Rudolf Steiner hier nur andeutet, ergeben sich Zukunftsperspektiven, die heute schon deutlichere Umrisse gewinnen. Ray Kurzweil, der bekannteste Verfechter der Cyborgisierung des Menschen, sieht in naher Zukunft den Moment kommen, an dem die Künstliche Intelligenz so weit entwickelt sein wird, dass sie vollständig mit der menschlichen Intelligenz verschmilzt; auf diese Weise entsteht die «Singularität», auf die der Transhumanismus baut. Für Kurzweil ist das menschliche Gehirn nichts anderes als eine Software, die nach den Millionen Jahren ihres Bestehens dringend ein Update braucht.[206] Die Frage, wer dieses Update schreibt, behandelt er nicht – man darf sich seinen Teil dabei denken.

Das Gehirn soll optimiert werden, so tönt es heute von Technologiefirmen im Silicon Valley, die das menschliche Gehirn zu ihrem neuen Geschäftsfeld erkoren haben. Sie finden beim Publikum durchaus Beifall mit der rhetorischen Frage: Warum auf Kranke beschränken, was auch bei gesunden Menschen funktionieren würde?

Ein Beispiel dafür liefert ein neues Projekt des umtriebigen amerikanischen Technikpioniers Elon Musk, den die Öffentlichkeit vor allem als Gründer der Firmen Tesla, PayPal, SpaceX etc. kennt. Er arbeitet mit seiner Firma *Neuralink* daran, die Gehirne der Menschen in einer durch Künstliche Intelligenz angereicherten Hirncloud zu vernetzen, was bedeutet, dass die Gedanken, die jemand denkt, in einer externen Datenwolke landen und dort für jedermann verfügbar sind. Musk will das bis 2050 im großen Stil für die Massenanwendung möglich machen.

Miriam Meckel kommentierte dieses Vorhaben 2018 in der *Zeit* folgendermaßen:

«Privatheit des Denkens? Fehlanzeige. Gerade zeigt der aktuelle Datenskandal um Cambridge Analytica und Facebook wieder einmal, wie einfach es ist, Datenschutz außer Kraft zu setzen. (...) Wenn es möglich wird, Texte ganz einfach ins Handy zu denken, macht das unser Leben leichter. Aber es öffnet auch das Tor zum Gehirn für viele, die dort lieber nicht mitlesen sollten.

Wenn es gelingt, das Gehirn ans Internet anzuschließen, wird das in der Entwicklung der Menschheit einen Schub auslösen, der den Menschen verändert. Wer Gedanken auslesen kann, hat einen nahezu unbegrenzten Zugriff auf das Individuum, auf das Innerste der Persönlichkeit. Und wo sich Gedanken aus dem Gehirn lesen lassen, da lassen sie sich im Umkehrschluss auch hineinschreiben. So kann man Informationen, Erfahrungen und Erinnerungen speichern und eine Persönlichkeit umschreiben.»[207]

Hier demaskiert sich der Meister der Täuschung, der Lügengeist, der den Menschen einzureden versucht, er sei ihr untertänigster Diener, kostenlos tätig nur zu ihrem Vorteil und Nutzen. Ihm geht es um nichts Geringeres als die totale Herrschaft über das Innere des Menschen, über sein Ich. Dahin strebt letztlich die in diesem Buch beschriebene Entwicklung, und alles hängt davon ab, wie der Mensch sich entscheidet: Nehme ich das Angebot an, weil es mir das Leben so bequem macht, oder fühle ich mich wie Faust in meinem geistigen Streben stark genug, mich auf diese Macht einzulassen, ohne ihr Sklave zu werden?

Das Böse in den Dienst des Guten stellen – Aufgabe unseres Zeitalters

Rudolf Steiner hat seine Aussagen zur künftigen Verschmelzung von Mensch und Maschine mit einem energischen Hinweis verbunden, den manch einer so wohl nicht aus Steiners Mund erwartet hätte und der auch heute noch überrascht. Er verdient unser besonderes Interesse:

«Ich habe Sie aufmerksam darauf gemacht, (...) wie aus amerikanischer Denkweise heraus versucht wird, das Maschinelle über das Menschenleben selber auszudehnen. (...) Diese Dinge dürfen nicht so behandelt werden, als ob man sie bekämpfen müsste. Das ist eine ganz falsche Anschauung. Diese Dinge werden nicht ausbleiben, sie werden kommen. Es handelt sich nur darum, ob sie im weltgeschichtlichen Verlaufe von solchen Menschen in Szene gesetzt werden, die mit den großen Zielen des Erdenwerdens in selbstloser Weise vertraut sind und zum Heil der Menschen diese Dinge formen, oder ob sie in Szene gesetzt werden von jenen Menschengruppen, die nur im egoistischen oder im gruppenegoistischen Sinne diese Dinge ausnützen. Darum handelt es sich. Nicht auf das Was kommt es in diesem Falle an, das Was kommt sicher; auf das Wie kommt es an, wie man die Dinge in Angriff nimmt. Denn das Was liegt einfach im Sinne der Erdenentwickelung. Die Zusammenschmiedung des Menschenwesens mit dem maschinellen Wesen, das wird für den Rest der Erdenentwickelung ein großes, bedeutsames Problem sein.»[208]

Ein gewichtiges Wort: Ahrimans Macht bekämpfen zu wollen ist unsinnig. Sein Einfluss und sein Wirken liegen «einfach im Sinne der Erdenentwickelung»; sie kommen mit eherner Notwendigkeit. Entscheidend ist, mit welcher Gesinnung seine

Werke gehandhabt werden: Dient es einem wie immer gearteten Egoismus, oder geschieht es selbstlos zum Heil der Menschheit?

Steiner vergisst nicht, die Richtschnur zu nennen, an der sich die eigene Moralität messen muss, wenn ein wirkliches Heil erreicht werden soll: Es ist das Vertrautsein «mit den großen Zielen des Erdenwerdens». Darüber hatte er schon in den zwei vorangegangenen Vorträgen gesprochen, denen ich die folgenden zwei Passagen entnehme:[209]

«Die materialistische Gesinnung ist im Zunehmen begriffen und wird noch im Zunehmen sein durch etwa vier bis fünf Jahrhunderte. Was notwendig ist, das ist das hier oftmals Betonte: in klarem Bewusstsein zu erfassen diese Tatsache, zu wissen, dass das so ist. Dann wird die Menschheit schon zum Heile kommen, wenn man das ordentlich (...) weiß: Die fünfte nachatlantische Epoche ist dazu da, materialistisches Wesen herauszugestalten aus der allgemeinen Menschheitsentwickelung. Aber es muss umso mehr spirituelles Wesen dem entgegengestellt werden. (...) Was die Menschen des fünften nachatlantischen Zeitraums kennenlernen müssen, das ist: den vollbewussten Kampf gegen das in der Menschheitsentwickelung auftretende Böse.

Was das heißt, das haben wir ja verschiedentlich besprochen. Es ist nicht anders möglich, als dass die Kräfte, welche (...) als das Böse auftreten, durch die Anstrengungen der Menschen im fünften nachatlantischen Zeitraum für die Menschheit erobert werden, sodass sie mit diesen Kräften des Bösen etwas Günstiges für die Zukunft der ganzen Weltenentwickelung anzufangen in der Lage ist. Dadurch wird die Aufgabe dieses fünften nachatlantischen Zeitraums eine ganz besonders schwierige. Denn sehen Sie, eine große Anzahl von Versuchungen steht der Menschheit bevor. Und

wenn so nach und nach die Gewalten des Bösen erscheinen, dann ist natürlich der Mensch unter Umständen viel mehr geneigt, sich diesem Bösen auf allen Gebieten zu überlassen, als dass er den Kampf aufnimmt, um dasjenige, was ihm als Böses erscheint, in den Dienst der guten Weltenentwickelung zu stellen. Und dennoch, dieses muss geschehen; es muss das Böse bis zu einem gewissen Grade in den Dienst der guten Weltenentwickelung gestellt werden.»
Fernab von aller Technikfeindlichkeit und irgendwelchen Untergangsphantasien stellt Steiner hier der modernen Menschheit eine Aufgabe, deren praktische Konsequenzen wir vorerst nur erahnen können.

11. Das Wort von Mensch zu Mensch – ein Mysterium

Es erweist sich als ein Irrtum zu meinen, wir hätten noch die Freiheit, uns für oder gegen das wuchernde Maschinenwesen zu entscheiden. Die weitere Entwicklung stellt uns eine ganz andere Aufgabe, die Steiner in der zuletzt zitierten Passage unmissverständlich ausspricht: An der Konfrontation mit der Maschinenwelt führt kein Weg vorbei. Es liegt im Schicksal unseres Zeitalters, dass wir uns auf das immer stärker werdende «materialistische Wesen» einlassen müssen. Jedoch sollten wir es nicht gleichgültig hinnehmen, sondern den «vollbewussten Kampf gegen das in der Menschheitsentwickelung auftretende Böse» führen, indem wir dem materialistischen Wesen «umso mehr spirituelles Wesen» entgegenstellen. Rudolf Steiner geht sogar noch einen Schritt weiter, indem er von einer höheren Warte aus die überraschende Aufgabe stellt: «Es muss das Böse bis zu einem gewissen Grade in den Dienst der guten Weltentwicklung gestellt werden.» Dann erfüllt das Böse ungewollt eine Mission für die Weiterentwicklung der Menschheit.

Es muss sich also zeigen, ob die Menschen in der Lage sind, im Umgang mit dem Maschinenwesen ihr Menschsein zu bewahren, und ob sie es überhaupt wollen. Der ahrimanischen Macht zu verfallen ist eine reale Gefahr, auf die Steiner mit Sorge blickte, denn der von ihm angedeutete Entwicklungsschritt geschieht nicht mehr aus Naturnotwendigkeit, sondern liegt in der Freiheit jedes Einzelnen. Würde der Einzelne sich allerdings aus Furcht vor dieser Macht der Auseinandersetzung entziehen, dann würde er ihr kampflos das Feld überlassen. Die Furcht würde ihn blind machen für die offene Flanke, die der Gegner bietet, wenn man ihn genau beobachtet. Man muss die Phänomene nur richtig lesen, um zu entdecken, dass es einen Punkt im Leben der Menschen gibt, vor dem die ahrimanischen Mächte ihrerseits große Sorge, ja Angst haben. Würde der Punkt endlich entdeckt, hätten die Menschen ein Werkzeug in der Hand, mit dem sie Ahriman Paroli bieten könnten, sodass die Waage ins Gleichgewicht käme.

Bisher profitieren die Geister der Finsternis davon, dass die allermeisten Menschen von diesem Ansatzpunkt nichts wissen oder ihn fälschlich für unbedeutend halten. In der Tat, er ist nicht leicht zu entdecken – paradoxerweise gerade deshalb, weil er völlig alltäglich ist: Er liegt versteckt in dem live gesprochenen Wort von Mensch zu Mensch. Dass er sehr unbemerkt bleibt, dafür sorgt die seit dem 19. Jahrhundert verbreitete materialistische Auffassung, Sprache sei nichts weiter als ein Zeichensystem zur Vermittlung von Informationen. Weil man so denkt, wird Sprache fraglos in Morsezeichen, analoge elektrische Wellen oder digitale Bits umgewandelt, und man glaubt zu wissen, dass dabei nichts Wesentliches von dem Original verlorengeht.

Angenommen, es ginge wirklich nichts verloren und die medial vermittelte Sprache sei absolut gleichwertig mit der Live-Sprache, dann wäre nicht zu verstehen, warum die ahrimanischen Geister es immer wieder darauf anlegen, die Menschen in Situationen zu bringen, in denen sie zwar ein Gespräch mit anderen Menschen führen, räumlich aber von den Partnern getrennt mit sich allein sind. Wobei *räumliche* Trennung nur der erste Schritt war.

Im zweiten Schritt haben sie die Trennung sogar noch auf

Abb. 16: Jugendliche im Amsterdamer Rijksmuseum (aus: *Der Spiegel*, 13 / 2015, S. 62)

die Spitze getrieben, indem selbst dort, wo Menschen real beieinander sind – in einer Situation, in der man sich normalerweise angeregt miteinander unterhalten würde –, dennoch keinerlei Unterhaltung stattfindet, weil sich jeder von dem Sog seines Smartphones («total immersion») verschlucken lässt. Da wird die räumliche *Gemeinsamkeit* pervertiert zur seelisch-geistigen *Einsamkeit*, die Nähe zur Ferne – eine bizarre Situation, die in den Abbildungen 16 bis 18 beispielhaft festgehalten ist.

Muss uns diese Taktik nicht stutzig machen? Warum ist es den ahrimanischen Geistern so wichtig, das live stattfindende

11. Das Wort von Mensch zu Mensch – ein Mysterium

Abb. 17: Auf der Suche nach Pokémon (aus: *Süddeutsche Zeitung*, 6.10.2016)

Abb. 18: Magazin Nr. 6 vom 10.2.2017

Gespräch von Mensch zu Mensch zu unterbinden? – Wir müssen tief schürfen, um zu einer schlüssigen Antwort zu kommen. Das soll in diesem Kapitel versucht werden.

Das Gespräch mit der Maschine

Die neueste (und noch viel raffiniertere) Variante der Unterbindung des Gesprächs *face to face* ist die, dass man sehr wohl ein Gespräch mit einem räumlich anwesenden Gegenüber führt, dieses Gegenüber aber gar kein Mensch ist, sondern eine hör- und sprechfähige Maschine, ein Roboter. Welche Wirkung hat ein solches Setting?

Sprachroboter haben schon Einzug gehalten in den Alltag vieler Menschen: ALEXA von Amazon z.B. oder HOME von Google steht als kleines Gerät im Wohnzimmer. Im Smartphone oder im Computer arbeitet die Software SIRI von Apple. Sie alle fungieren als «intelligenter persönlicher Assistent», dem man im vernetzten Smart Home mündlich allerlei Befehle geben kann, wie z.B. das Licht ein- oder auszuschalten, ein bestimmtes Fernsehprogramm aufzurufen, die Heizung zu regulieren usw. Vor allem aber kann man ihm Fragen stellen, Informationen anfordern, Unterhaltungswünsche äußern.[210]

Die Software wird laufend verbessert, um auch echt wirkende Dialoge zu ermöglichen, die den Eindruck erwecken, mit einem realen Menschen zu sprechen. Je überzeugender das gelingt, desto mehr vergessen die Nutzer, dass sie mit einer Maschine sprechen, und geben sich der Illusion hin, mit einem Partner verbunden zu sein. Dabei wäre es ein Leichtes, Fragen zu stellen, an denen die derzeitigen Sprachmaschinen noch scheitern. Zum Exempel: *Alexa, wie hieß deine Mutter? Weinst du manchmal? Wann hast du Geburtstag?*

Da kann die Maschine nur lügen oder verstummen, oder sie lenkt durch Gegenfragen vom Thema ab. Man sollte also meinen, dass die Nutzer genau merken, dass kein Mensch zu ihnen spricht, sondern eine Software. Aber so einfach ist es nicht. Die Praxis zeigt, dass die meisten Nutzer sich die Illusion, mit einem wirklichen Menschen zu sprechen, nicht rauben lassen wollen und hartnäckig darauf bestehen, mit einem echten Partner gesprochen zu haben.

Der Erste, der dieses Phänomen entdeckte, war der deutschamerikanische Informatiker *Joseph Weizenbaum* (1923–2008), ein Pionier der Software-Entwicklung am Massachusetts Institute of Technology (MIT): 1966 stellte er das Computerprogramm ELIZA vor, mit dem er erstmals die Verarbeitung natürlicher Sprache durch einen Computer demonstrieren wollte. Er simulierte mit seiner Software einen Psychotherapeuten, von dem sich Klienten telefonisch beraten lassen konnten. Entsetzt musste Weizenbaum feststellen, «wie ernst viele Menschen dieses relativ einfache Programm nahmen, indem sie im Dialog intimste Details von sich preisgaben. Dabei war das Programm nie daraufhin konzipiert, einen menschlichen Therapeuten zu ersetzen. Durch dieses Schlüsselerlebnis wurde Weizenbaum zum Kritiker der gedankenlosen Computergläubigkeit. Heute gilt *Eliza* als Prototyp für moderne Chatbots.»[211]

Die Entwicklung von Chatbots nahm in jüngster Zeit einen großen Aufschwung. Es handelt sich um herunterladbare Computerprogramme, die dem Nutzer als Gesprächspartner dienen können, trainiert an Hunderttausenden von Originaltexten, sodass eine leidliche Konversation möglich ist. Zugleich sind diese Programme dank Künstlicher Intelligenz lernfähig, sodass sie sich mit der Zeit immer besser an ihren menschlichen Gesprächspartner anpassen. Je länger man sich mit ihnen beschäftigt, desto überzeugender werden angeblich ihre Fragen und Antworten. Nicht zufällig arbeitete die Industrie während der Corona-Krise mit Hochdruck an solchen Programmen, um in der Zeit der erzwungenen Quarantäne im Lockdown einen Ersatz für die fehlende menschliche Nähe anzubieten.

Ob nun *Alexa, Home* oder das Chatbot-Programm *Replika* – die Nutzer wissen zu Beginn durchaus, dass sie es mit einer Maschine zu tun haben. Verwickeln sie aber die Maschine in ein Gespräch, dann unterliegen viele Menschen dennoch dem Eliza-Effekt: Sie behandeln den Roboter wie einen Intimfreund, dem man seine ganz persönlichen Nöte und Sorgen anvertrauen kann. Aber selbst wenn dieser Effekt nicht eintritt, so vermittelt doch ein Programm wie Alexa ein luziferisches Machtgefühl: Man genießt es, Herr und Gebieter über seinen untertänigsten Diener zu sein, und wird im Nebel dieser Illusion blind für die im Geheimen wirkende dunkle Macht, die den Nutzer schleichend immer mehr an sich bindet.

Wie ist es aber, wenn ein kleines Kind mit einer Maschine spricht? Die Frage ist zu stellen, weil die Spielwarenindustrie bereits Miniaturroboter anbietet in Form von Puppen oder Phantasiefiguren, die sprech- und hörfähig sind und teilweise sogar mimisch reagieren. Die Antwort ist einfach: Das Kind wird nie die zweifelnde Frage stellen, ob es mit einem Menschen oder einer Maschine spricht, denn es sieht in seiner Phantasie die niedlichen Gestalten als lebendige Wesen wie aus dem Märchen oder Bilderbuch. Die Sprachprogrammierung solcher Spielroboter fällt nicht schwer, weil man ja die alterstypischen Fragen kennt und darauf rechnen kann, dass Kinder sich unbefangen auf den «Spielgefährten» einlassen. Wird das Kind hier womöglich schon darauf trainiert, später als Erwachsener genauso fraglos mit Maschinen zu kommunizieren wie Weizenbaums Eliza-Klienten?

Hoffnungszeichen

Ernste Fragen sind zu stellen. Nichtsdestotrotz wäre es verfehlt, sich resignativ einem düsteren Pessimismus hinzugeben, als renne die Menschheit ins sichere Verderben. Kurzfristig scheint die Weltgeschichte zwar eine dominante Richtung zu verfolgen; langfristig aber wird ihr Verlauf doch immer wieder von unerwarteten Ereignissen durchkreuzt, mit denen sich neue Entwicklungen anbahnen. So ist nicht auszuschließen, dass die ahrimanischen Geister etwas bewirken, was gar nicht in ihrer Absicht lag, aber durch ihr eigenes Wirken zu einem historischen Faktum wird. In Kapitel 5 nannte ich das Ahrimans Aporie; sie kommt auch hier wieder ins Spiel.

Es könnte nämlich geschehen, dass Menschen, die fast nur noch mit Maschinen Gespräche führen, nach einer gewissen Zeit ein Entbehrungserlebnis haben, ein seelisches Hungergefühl, das sie spüren lässt: Dem Sprechroboter fehlt das Entscheidende eines wirklichen Menschen; ihm fehlt die farbenreiche Persönlichkeit, die lebensvolle Individualität, die unabhängig ist von dem Körper, in dem sie auftritt. Plötzlich zerstiebt die Illusion der Echtheit, und die Maschinensprache zeigt ihr wahres Gesicht: Sie ist leer von menschlicher Substanz.

Es gibt schon jetzt Anzeichen, die in diese Richtung weisen. Erwähnt wurde bereits das um sich greifende Einsamkeitsgefühl gerade bei den eifrigsten Internet-Freaks, die sich trotz ihrer zahllosen «Freunde» in den sozialen Netzwerken erklärtermaßen nach einem Gespräch *face to face* sehnen. «Die Zusammenschmiedung des Menschenwesens mit dem maschinellen Wesen», die Steiner prophezeite, führt den Menschen also nicht zwangsläufig ins Verderben. Sie kann unter Umständen entgegen Ahrimans Absicht gerade das fördern, was er verhindern möchte: *das Erkennen dessen, worin das Geistig-Reale des*

Menschen besteht, sein eigentliches Wesen, das aus einer ganz anderen Welt stammt als die Maschine und deshalb auch von ihr nicht imitiert werden kann, trotz aller technischen Perfektion.

Eine derartige, in die Tiefe gehende Wahrnehmung wird sich vermutlich zunächst nur bei einem Teil der Menschen einstellen; aber denen wird sie die Augen öffnen, sodass sie erkennen, welches Spiel mit ihnen getrieben wird. Wir können darauf vertrauen, dass sie wirklich eintreten und sich immer mehr verstärken wird, denn gerade in der jüngeren Generation, die von Kindesbeinen an der elektronischen Medienschwemme ungleich stärker ausgesetzt war als alle Generationen zuvor, hat sich etwas Überraschendes ereignet, das Hoffnung macht: Diese jungen Menschen verfügen, ohne dass sie sich dessen schon bewusst sind, über eine Fähigkeit, die den ahrimanischen Absichten eindeutig zuwiderläuft: Sie sind in der Lage, hinter den Worten der Erwachsenen etwas ganz anderes zu hören als den bloßen Informationsgehalt, nämlich die innere Wahrheit des Menschen, der vor ihnen steht. Das mag unscheinbar klingen, bewirkt aber eine grundlegende Wende in ihrem Verhältnis zur Maschinenwelt.

Ein Hören, das ins Innere dringt

Aufmerksam wurde ich auf das Phänomen in meiner Zeit als Oberstufenlehrer, als ich auf dem Schulhof eines Tages ungewollt Zeuge eines Gespräches wurde, das einige Schüler der neunten Klasse untereinander führten über einen Lehrer, den sie soeben im Unterricht kennengelernt hatten. Da ich diesen Lehrer gut kannte, erschrak ich, mit welcher Präzision sie schon nach einer einzigen Unterrichtsstunde den Charakter dieses Menschen, seine Stärken und seine Schwächen, «geröntgt» hatten, nicht etwa lieblos oder arrogant, sondern mit der Nüchternheit eines Arztes, der eine treffsichere Diagnose stellt. Es war keine angenehme Vorstellung, sich klarzumachen, dass sie wohl jeden Lehrer so durchleuchteten, also auch mich ...

Auf diese Entdeckung folgten weitere ähnliche Begebenheiten, die mir klar zeigten – was mir später zahlreiche Kollegen bestätigten –, dass sich das Hörverhalten der Schüler gegenüber den Lehrern grundlegend gewandelt hatte im Vergleich zu früher: Bevor sie bereit waren, sich auf den Inhalt des Unterrichts einzulassen, richteten sie unhörbar und doch wahrnehmbar an den Erwachsenen die forschende Frage: *Wer bist du?* Man konnte spüren, wie sie die moralische Essenz der Lehrerpersönlichkeit abtasteten, um Gewissheit zu erlangen: Tust du auch, was du sagst? Hast du ein Recht, uns zu lehren? Vor diesen bohrenden Fragen konnte man sich nicht verstecken, man stand seelisch nackt da.

Das erinnerte mich an die grandiose Fähigkeit des Franzosen *Jacques Lusseyran*, der seinerzeit bei Hunderten von Menschen, die der Résistance im besetzten Frankreich beitreten wollten, in der Lage war, als Blinder deren moralische Qualifikation untrüglich aus ihrer Sprache herauszuhören, sodass er stets wusste, ob man ihnen vertrauen konnte. Wenige Worte genügten ihm schon, um ein sicheres Urteil zu gewinnen, und er irrte sich nie.[212]

Eine Umwälzung von menschheitsgeschichtlicher Dimension bahnt sich hier an. Sie bildet den Keim für eine beginnende Verwandlung der menschlichen Sprache, die Steiner 1919 ausführlich dargelegt hat.[213] Er umschrieb sie mit einem Vergleich: Im Stimmengewirr einer Versammlung oder auch am Telefon dient das Klingeln dazu, die Aufmerksamkeit herzustellen für das, was jemand sagen möchte. Ein solches Klingeln, das nichts weiter ist als die Bitte zuzuhören, wird in Zukunft, so Steiner, auch die Sprache sein; die hörbaren Worte werden «ein fortwährendes Anklingeln des Anderen» sein, nicht aber die zu übermittelnde Botschaft.

Daraus folgt etwas höchst Bedeutsames: Was mir jemand sagen will, höre ich nicht mehr *in* seinen Worten, sondern *hinter* seinen Worten, genauer gesagt: nicht mehr als sinnliches Phänomen, sondern als einen realen übersinnlichen Vorgang, als «ein wirkliches, nicht ein abergläubisches Gedankenlesen». Der Mensch betritt damit einen Bereich, in dem sich Geist mit Geist, Seele mit Seele verständigen, ohne ein dazwischengeschaltetes Medium. Dieser Bereich gehört bereits der geistigen Welt an. Ein untrügliches Zeichen dafür ist die Tatsache, dass der Andere sein wahres Wesen nicht mehr hinter der Hülle des Körpers verbergen kann. Einem Hören, das die leibliche Fassade durchdringt, offenbart sich sein Inneres unverhüllt, und so wird er, wie Steiner es ausdrückt, «viel nackter dem Menschen gegenüberstehen als heute».

Verständigung über die Sprache hinweg –
spirituell oder digital?

Seit diesen Angaben Steiners ist rund ein Jahrhundert vergangen. Die Entleerung der Sprache von allen echten Inhalten, die er damals als Zukunftsbild skizzierte, wurde von jungen Dichtern bereits während und nach dem Ersten Weltkrieg intensiv erlebt und gestaltete sich für die führenden Lyriker des 20. Jahrhunderts zu einem erschütternden Erlebnis. Der erzwungene, unerträglich erscheinende Rückzug aus der Sprache führte sie überraschend zu der Entdeckung dessen, was sich *zwischen* den Worten unhörbar als das «Nicht-Wort» (Hilde Domin) real ereignet.[214] Diese Sprache wird nicht mehr mit äußeren, sondern mit geistigen Ohren gehört, und das ist die Sphäre, in der junge Menschen sich heute offenbar schon zu bewegen wissen.

Etwas Besonderes kommt noch hinzu: Verständigen sich die Menschen auf dieser Ebene, dann lässt jeder seine Nationalsprache hinter sich. Vielleicht wird es gar nicht sofort bewusst, aber die Wahrnehmung erweitert sich hier ins Übersinnliche hinein; eine erste Region der geistigen Welt wird betreten, und in ihr gibt es keine Trennung mehr in die über Jahrtausende gewachsenen Einzelsprachen. Eine übernationale Menschheitssprache stellt sich ein, die Steiner 1923 folgendermaßen charakterisierte:

«Verstehen wir uns durch tiefere Elemente der Seele, verstehen wir uns durch die gefühlsgetragenen, durch die herzdurchwärmten Gedanken über die Sprachen hinaus, dann haben wir wiederum ein internationales Verständigungsmittel. Aber wir müssen eben auch ein Herz haben für dieses internationale Verständigungsmittel. Wir müssen den Weg zum Geiste des Menschen über die Sprache hinweg finden.»[215]

Es steht nicht in Ahrimans Macht, das Entstehen dieser übersprachlichen Verständigung von Mensch zu Mensch zu verhindern. Wohl aber vermag er die Menschen auf einen Irrweg zu lenken, indem er eine grundlegend neue Technik anregt, die zum Schein das gleiche Ziel verfolgt: die Verständigung von Gedanke zu Gedanke über die Sprache hinweg.

Ein erstes Projekt dieser Art wurde im vorigen Kapitel schon vorgestellt: Die von Elon Musk begründete Firma Neuralink arbeitet daran, die Gedanken eines Menschen durch Elektroden direkt aus dem Gehirn in eine externe Cloud zu transportieren, einen riesigen Datenspeicher, der mit dem Internet verknüpft ist, sodass die eigenen Gedanken digital auch allen anderen Menschen zugänglich werden. Mensch und Maschine würden hier so eng «zusammengeschmiedet», dass das Medium Sprache ausgedient hätte.

In der Forschung wird bereits mit einigem Erfolg daran gearbeitet, die Hirnsignale von nur gedachten, aber nicht gesprochenen Sätzen mithilfe Künstlicher Intelligenz in Sprachlaute zu übersetzen.[216] Freilich wird dabei das Denken mit innerem Sprechen gleichgesetzt – ein fragwürdiger Ansatz, denn dann müsste man auch eine musikalische Inspiration mit ihrer Notierung in Noten gleichsetzen. Ob vorsprachliche Gedanken jemals an elektronischen Hirnsignalen ablesbar und in Sprache übersetzbar sein werden, lässt sich bezweifeln.

Man mag darüber denken, wie man will – eines ist sicher: Das von Steiner intendierte und in der Realität schon anzutreffende neue Hören über die Sprache hinweg führt den Menschen ins Übersinnliche. Hingegen führt die von den ahrimanischen Geistern intendierte Verständigung über das Sprechen hinweg den Menschen ins Untersinnliche, in die Digitaltechnik; und da lauert eine Gefahr, die selbst heutigen Journalisten, die sich auf ihre ganz gewöhnlichen Verstandeskräfte verlassen, nicht geheuer ist, wie oben angedeutet: Ein hoch effizientes Instrument zur Überwachung und Steuerung der Menschen würde geschaffen, ein Herrschaftsinstrument, wie es sich die kühnsten Utopisten nicht stringenter hätten ausdenken können.

Zwei Angriffe auf die frühe Kindheit

Selbst wenn sich viele Menschen dagegen wehren würden, könnte das den ahrimanischen Mächten nicht viel anhaben; denn die sind längst dabei, ihr Ziel auch noch auf anderen Wegen anzusteuern, bei denen die geheime Absicht ungleich schwerer zu erkennen ist. Sie nutzen ganz einfach die zunehmende Gleichgültigkeit der Menschen gegenüber der Sprache, die ja schon oft genug beklagt wurde. Die «Weltherrschaft der Phrase», die Rudolf Steiner am Beginn des 20. Jahrhunderts anprangerte, hat sich inzwischen zur Weltherrschaft der Lüge und der Täuschung verschärft. «Fake-News» machen die Runde, und selbst wenn Nachrichten der Wahrheit entsprechen, werden sie von politischen Gegnern als Lüge gebrandmarkt. Wer soll da noch unterscheiden, was wahr ist und was nicht?

Die Menschen gewöhnen sich daran, weder mündlichen noch schriftlichen Äußerungen Glauben zu schenken, und so wird der Rückzug aus der Sprache, den die Dichter des 20. Jahrhunderts vorlebten, zum menschheitlichen Ereignis: Herz und Seele verbinden sich nicht mehr mit dem Wort. Schriftlich tauscht man über die digitalen Medien überwiegend «Infos» aus, und auch die möglichst unpersönlich-sachlich. Falls dabei doch noch etwas empfunden wird, gerinnt es jedenfalls nicht mehr ins formulierte Wort, sondern wird in Form von Emojis hinzugefügt.

Das alles scheint zu Steiners Ankündigung einer künftigen übersprachlichen Verständigung zu passen: Die Worte verkommen zum leeren Geklingel, in dem kaum noch etwas von dem zu finden ist, was der Sprecher oder Schreiber tatsächlich denkt und empfindet; Grammatik und Syntax werden fehlerhaft, falsche Metaphern und Unwörter entstehen, kurz: die Sprache verfällt.

Wenn sich diese Empfindung bei den Zeitgenossen breitmacht, hat sie Konsequenzen: Um eine verfallende Sprache muss man sich nicht mehr kümmern, Bemühungen um ihre Pflege kann man sich sparen. Wer aber seine eigene Sprache nicht wertschätzt, wird auch kein Bedürfnis haben, sie bei seinen Kindern zu pflegen. Die seit drei Jahrzehnten epidemisch um sich greifenden Sprachentwicklungsstörungen bei

Vorschulkindern haben hier eine ihr wichtigsten Ursachen.[217] Mangelnde Sprachpflege im Kindesalter aber fügt sich vorzüglich in das Konzept der ahrimanischen Kräfte. Ihnen ist die menschliche Sprache, wie wir noch sehen werden, grundsätzlich ein Dorn im Auge.

Schon taucht am Horizont ein weiterer Angriff auf die kindliche Sprachentwicklung auf, den freilich niemand als solchen erkennen wird, für den Steiners Angaben zum Sturz der Geister der Finsternis nur ein Gespenstermärchen sind. Gemeint ist die Einführung sprechfähiger Roboter in die Kinderzimmer. Eltern, die gewohnt waren, ihr Kind am Bildschirm ruhigzustellen, werden den Empfehlungen «führender Pädagogen» Glauben schenken und ihren Kindern sprechfähige Spielroboter schenken, in der Überzeugung, ihnen damit etwas Gutes zu tun, denn man soll ja, wie die Elternberater immer wieder betonen, viel mit dem Kind sprechen, damit seine Sprachentwicklung vorangeht. Wo soll da eine Gefahr liegen?, werden sie fragen.

Setzen die Eltern aber zu ihrer Bequemlichkeit den Spielroboter genauso umfangreich als alleinigen Gesprächspartner ihres Kindes ein wie zuvor jahrzehntelang den Fernseher im Kinderzimmer, dann greifen sie damit in einer Weise in den weiteren Gang der Menschheitsentwicklung ein, der dramatisch zu nennen ist. Denn die weit in die Zukunft weisende Fähigkeit zum übersprachlichen Hörvermögen kann sich unter solchen Umständen nicht oder nur ungenügend ausbilden, und mir scheint genau dies der geheime Zweck des bevorstehenden Angriffs zu sein.

Embodiment – die große Wende der Kognitionsforschung

Der Sachverhalt, den ich hier im Auge habe, ist kompliziert. Um ihn verständlich zu machen, stütze ich mich im Folgenden auf eine moderne Forschungsrichtung, die sich die Wissenschaft zu Steiners Zeit noch nicht hätte träumen lassen. Scheinbar unverrückbare Dogmen wurden durch sie über den Haufen geworfen, und eine ganz neue Anthropologie entstand. Man möge dabei im Bewusstsein behalten, dass die aufsehenerregenden Befunde dieses Wissenschaftszweiges niemals erreicht worden wären, hätte man nicht leistungsfähige Computer und hochgestochene Techniken der Hirnforschung zur Verfügung gehabt – auch dies ein Beleg für Ahrimans Aporie.

Kurz zur Historie: Jahrhundertelang war die abendländische Wissenschaft eingeschworen auf den Dualismus des Philosophen *René Descartes* (1596 – 1650), für den der Geist des Menschen und sein materieller Körper zwei völlig getrennte Seinsbereiche darstellten. Dem Geist sprach Descartes die Fähigkeit des Denkens zu, und er bestand auf dessen vollkommener Unabhängigkeit vom Körper. Letzteren stellte er sich in der Art einer Maschine als einen Mechanismus vor. – Diesem Denkmodell folgend wurde die Aufgabe des Körpers darin gesehen, dem Gehirn *Daten* zu liefern aus den verschiedenen Sinnesbereichen, während deren kognitive Verarbeitung dem Denken bzw. den höheren neuronalen Netzwerken des Gehirns vorbehalten sei.

Erst im Laufe des 20. Jahrhunderts regten sich Zweifel an der strikten Trennung von Innen und Außen, von Geist und Körper. Die Forschung fand immer mehr Belege, dass die Sinnestätigkeit und bestimmte körperliche Bewegungen einen erheblichen Einfluss auf unser Denken und Empfinden haben, ja mit ihnen sogar verknüpft sind. Der Körper konnte nicht mehr als bloßer Zulieferer von Daten verstanden werden, sondern musste als Mitwirkender am Prozess der Wahrnehmung und Erkenntnis anerkannt werden. Dieser Umschwung wird heute als grundlegende Wende in der Kognitionswissenschaft angesehen und mit den Termini *Embodiment* (Verleiblichung) oder auch *Embodied cognition* verbunden.[218]

- Den Ausgangspunkt bildete 1996 die epochale Entdeckung der sogenannten *Spiegelneuronen* im Prämotorischen Cortex. Hirnforscher untersuchten an Affengehirnen, zu welchen neuronalen Signalen einzelne motorische Vorgänge des Körpers führen. Rein zufällig bemerkten sie, dass handlungsbezogene Hirnsignale auch dann auftraten, wenn der Affe sich selbst gar nicht bewegte, sondern einen anderen Affen beim Ergreifen einer Banane beobachtete. Da regten sich in seinem Gehirn exakt dieselben Handlungsneurone, die in Aktion getreten wären, wenn er selbst eine Banane ergriffen hätte. Es kam bei ihm aber nicht zur Ausführung dieser Bewegung, sondern diese deutete sich nur in einer Resonanzbewegung an, die das Geschehen wie in einem Spiegel mitvollführte.
- Schon bald zeigte sich, dass auch beim Menschen jede wahrgenommene Handlung feine Resonanzbewegungen im Prämotorischen Cortex erzeugt, nicht nur bei äußerer Beobachtung, sondern sogar dann, wenn die Handlung nur innerlich vorgestellt wird oder wenn beim Lesen eines Textes handlungsbezogene Begriffe auftauchen, wie z.B. Axt oder Kamm. Zu dem entscheidenden Paradigmenwechsel aber führte erst eine Serie eindrucksvoller Experimente, durch die eine allgemeine Gesetzmäßigkeit erhärtet werden konnte:
- *Ohne körperliche Resonanz findet keine bewusste Wahrnehmung statt.*
- Mit dieser umwälzenden Erkenntnis wurde Descartes' Theorie endgültig aus den Angeln gehoben (und ungewollt eine

zentrale Angabe Rudolf Steiners von 1916 bestätigt). Eine weitere grundlegende Erkenntnis der Forschung kam hinzu, die für unser Thema von besonderer Bedeutung ist: Die Resonanz ist nicht angeboren, sondern wird erst in der Kindheit erworben.[219]

Welches Organ liegt dem neuen Hören zugrunde?

Aus der Feststellung, dass alle sinnlichen Wahrnehmungen ihre Grundlage in leiblichen Resonanzbewegungen haben, die in der Kindheit erworben werden, ziehe ich den (noch zu beweisenden) Schluss, dass auch für das angedeutete neue Hören über die Sprache hinweg ein eigenes leibliches Organ vorhanden sein muss und dass dessen Herausbildung eine elementare pädagogische Aufgabe darstellt. Aber welches Organ ist das?

Vorauszusetzen ist: Wenn das Hören jenseits der sinnlich hörbaren Sprache stattfindet, dann muss das zugrunde liegende leibliche Organ eine besondere Nähe zum Übersinnlichen haben. Auf der Suche nach ihm fällt der Blick auf einen Organismus, der evolutionär gesehen nicht als ein eigenes Leibesorgan angelegt ist, sondern sich erst funktionell dadurch bildet, dass er andere Leibesorgane, die der Mensch mit den höheren Säugetieren gemein hat, als Instrument benutzt für eine einzigartige Fähigkeit. Diese «anderen Organe» sind solche, die von Natur aus der Lebenserhaltung dienen, indem sie dem Körper Nahrung und Atemluft zuführen, angefangen von der Lunge über die Luftröhre und den Kehlkopf, den Mundraum und die Zunge bis hin zu den Zähnen und Lippen. Dieser gesamte Vitaltrakt wird in den Dienst eines höheren Zwecks gestellt: in den Dienst des artikulierten Sprechens.

Alle Versuche der Wissenschaft, das Sprechvermögen des

Menschen aus rein biologisch-materiellen Faktoren zu erklären, sind gescheitert. Die Formkräfte, die in der Lautbildung wirksam sind, stammen nicht aus den Gesetzmäßigkeiten der Erde und ihren Stoffen. Kein Erwachsener könnte sie erfinden oder gar bewusst betätigen. Der gesamte Spracherwerb des Kindes vollzieht sich nicht zufällig in tiefster Unbewusstheit, denn nur so kann die Weisheit einer höheren Welt einströmen und sich in physischen Tatsachen manifestieren.

Aus dieser höheren Welt stammt auch das Ich des Menschen, doch könnte das Ich des Kindes das Sprechen erwiesenermaßen niemals lernen, wenn es nicht Menschen begegnet, in denen die Sprechfähigkeit schon ausgebildet ist. Sprache entsteht nur zwischen Ich und Ich und ist schon von daher, obwohl physisch stattfindend, ein in der übersinnlichen Welt wurzelndes Geschehen. Den wenigsten Erwachsenen ist bewusst, dass die Sprechfähigkeit, die das Kind von uns erwirbt, das höchste Real-Geistige ist, mit dem wir im Alltag umgehen.

Am Quellort aller Sprachklänge der Welt

Die Nähe zum Übersinnlichen zeigt sich besonders eindrücklich in den Anfängen der Sprachentwicklung des Kindes, wie sich aus dem Folgenden ergibt. Aus der neueren Forschung ist bekannt, dass sich das Kleinkind erst ab etwa dem zehnten Lebensmonat gezielt der Sprache (oder den Sprachen) seiner Umgebung zuwendet und deren Laute nachzuahmen versucht. Bis dahin ist es zur Hauptsache mit dem sensomotorischen Ergreifen des Leibes beschäftigt, das mit der Aufrichtung seinen ersten Höhepunkt erreicht. Dennoch bereitet es sich in dieser Zeit schon auf das Ergreifen der Sprache vor: Nach etwa drei Monaten beginnt sich der Kehlkopf zu senken, der Rachenraum erweitert sich, und damit entsteht der notwendige Resonanzraum für die Bildung differenzierter Laute. Sogleich beginnt das Kind, wie ein Musiker das neue Instrumentarium zu erproben. Ein lustvoller Streifzug durch alle möglichen Geräusche, Klänge und Sprachlaute beginnt. Man nennt das seit alters etwas abschätzig das *Lallen*.

Wichtig ist dabei zu bemerken, dass das Kind während der Lallphase nicht die Sprachlaute seiner Umgebung imitiert. Vielmehr bringt es eigenschöpferisch Klänge hervor, für die es nirgends ein Vorbild hat und von deren zufälligem Auftreten es sich selbst freudig überrascht zeigt. In dem freien Improvisieren eines Klangpanoramas universeller Art sind sich, wie die Forschung heute weiß, alle Babys der Welt gleich.

In derselben Zeit bis zum neunten Monat sind in aller Welt die Babys noch mit einer weiteren Fähigkeit begabt, und die erlaubt uns einen besonderen Blick in die Geheimnisse des Spracherwerbs. Anders nämlich als im späteren Leben ist das Gehör der Kleinkinder in diesen Monaten so geartet, dass sie in jeder beliebigen Sprache der Welt sämtliche dort vorkommenden Laute exakt unterscheiden können.

Um das Erstaunliche dieses Vermögens zu verdeutlichen, hier ein Beispiel aus der Sprache der Buschmänner in Namibia: Deren Sprache umfasst 35 Vokale und 126 Konsonanten, von denen 83 Schnalzlaute sind, die kein Erwachsener aus anderen Sprachregionen jemals unterscheiden könnte. Aber jedes Baby auf der Welt würde den Unterschied hören! Und in jeder anderen Sprache ebenso jeden Unterschied. Kurzum: Alle Laute aller Sprachen der Welt werden in ihrer Besonderheit wahrgenommen. Dieses Hörvermögen ist wahrhaft kosmopolitisch!

Das zeigt uns, dass das Kind *sprachlich* noch gar nicht auf der Erde angekommen ist. Es bewegt sich über der Erde in einer Sphäre, die allen Menschen gemeinsam ist. Hier ist der Quellort unzähliger Lautbildungen und Worte der Welt, die Sphäre des allumfassenden Welt-Wortes, bevor die Menschheitssprache in die Einzelsprachen gerinnt. Man kann es auch anders sagen: Das Kind ist noch mit dem Sprachgenius der ganzen Menschheit verbunden, offen für dessen unerschöpfliche Bildekräfte, die nicht von dieser Erde sind. Deshalb kann es später völlig unabhängig von seiner leiblichen Herkunft mühelos in jede beliebige Sprache hineinwachsen.

Die Kunst der Artikulation

Im Laufe des zweiten Halbjahres tauchen im Lallen des Kindes schon einzelne Konsonanten aus seiner Umgebungssprache auf, eingebettet in Silbenketten wie *mamama* oder *bababa*. Der große Umschwung aber setzt erst ab dem zehnten Monat ein, wenn das Kind solche Silben nicht mehr sinnfrei vor sich hin brabbelt, sondern sie Menschen oder Objekten zuordnet, mit denen es in Beziehung treten möchte. Jetzt erst ergreift es die Aufgabe, ganz bestimmte Laute nach dem Vorbild der Erwachsenen hervorzubringen, und das erweist sich als ein äußerst mühsamer Prozess. Die Fortschritte, die das Kind dabei erreicht, haben ihren Preis: Im gleichen Maße, wie die Imitation der Umgebungssprache sich intensiviert, geht die Wahrnehmungsfähigkeit für die Laute anderer Sprachen zurück.

Die Sprechfähigkeit des Menschen ist von so unerhörter Komplexität, dass die Wissenschaft erst durch Magnetresonanztomographie (MRT) und andere Techniken davon ein deutliches Bild gewinnen konnte. Hier soll nur kurz das Prinzipielle angesprochen werden.[220] Der Stimmtrakt vom Kehlkopf bis zu den Lippen ist durchweg von Muskeln gesäumt. Die Kunst besteht nun darin, für jeden Laut alle beteiligten

Die Kunst der Artikulation 295

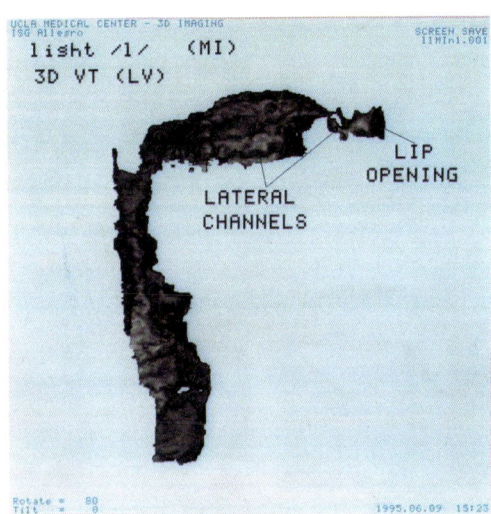

Abb. 19: MRT-Abbildung des menschlichen Stimmtrakts beim Sprechen des Lautes L[221]

Muskeln blitzschnell in eine bestimmte Form zu bringen und diese ebenso schnell für den nachfolgenden Laut wieder abzuwandeln.

Eine besondere Aufgabe fällt dabei der Zunge zu, die durch ihre Bewegungen im Mundraum und durch die feinstrukturellen Veränderungen ihres Oberflächenreliefs den größten Anteil an der Erzeugung spezifischer Laute hat. Ich verzichte hier aber auf nähere Ausführungen zu diesem Wunderwerk und richte den Blick auf die Veränderungen des Stimmtrakts, von denen Beispiele in den MRT-Aufnahmen der Abbildungen 19 bis 21 zu sehen sind.

Jede dieser Aufzeichnungen beginnt oberhalb des Kehlkopfs und zeigt im Aufstieg bis zu den Lippen die charakteristische Gestalt, die der Stimmtrakt annehmen muss, damit die im Kehlkopf klingend gewordene Luft sich zu einem ganz bestimmten Laut wie z.B. das L formiert (Abb. 19). Die Bilder in Abbildung 20 sind wegen der geringen Auflösung technisch

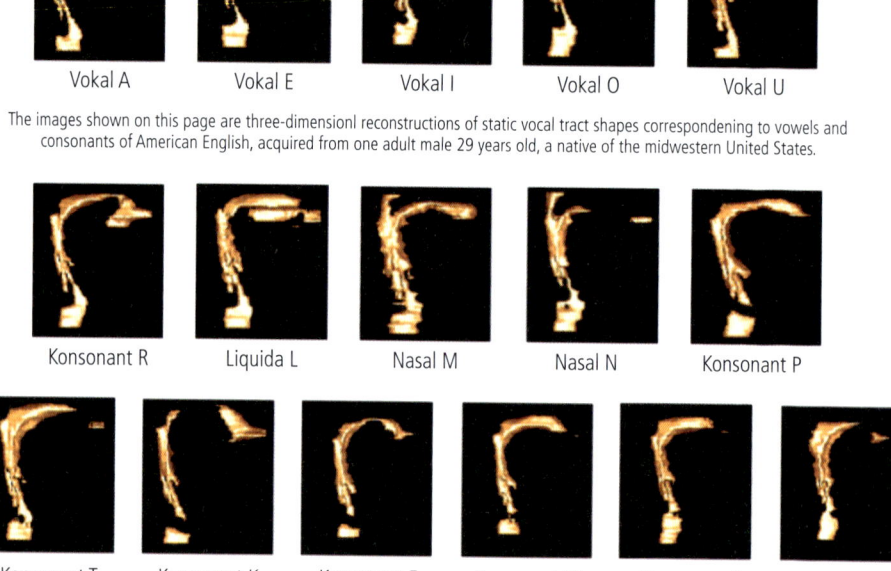

Abb. 20: Eine Auswahl von MRT-Bildern des Stimmtrakts beim Sprechen diverser anglo-amerikanischer Laute[222]

unbefriedigend, genügen aber, um einen ersten Eindruck von der Fülle der Gestaltungsmöglichkeiten zu gewinnen, über die der menschliche Stimmtrakt verfügt.

Beim Betrachten sollte man sich stets vergegenwärtigen: Es handelt sich um die Momentaufnahme aus einem fließenden Formprozess, der für einen Sekundenbruchteil eine bestimmte dreidimensionale (!) Gestalt hervorbringt und diese nach dem Höhepunkt sogleich wieder auflöst bzw. in eine nachfolgende Lautgestalt überführt.[223]

Eine öffentlich-geheime Offenbarung realer geistiger Kräfte

Dank modernster Technik gewinnen wir Einblick in einen Vorgang, der seine Geheimnisse bisher im Körperinneren verbarg. Staunend nehmen wir wahr, wie die mehr als hundert beteiligten Muskeln des Stimmtrakts von einer unfassbaren Gestaltungsmacht ergriffen werden, die für jeden einzelnen Laut einen speziell geformten «Höhlengang» vom Kehlkopf bis zu den Lippen formt. Noch besser sieht man es auf neueren Bildern, bei denen der Computer die Innenwände des Höhlengangs umgestülpt als Außenhaut eines plastischen Gebildes darstellt. Abbildung 21 zeigt auf diese Weise, wie selbst bei Lauten, deren Ansatz beim Sprechen dicht beieinanderliegt, jede Plastik bis in feinste Details individuell geprägt ist – wahre Kunstwerke!

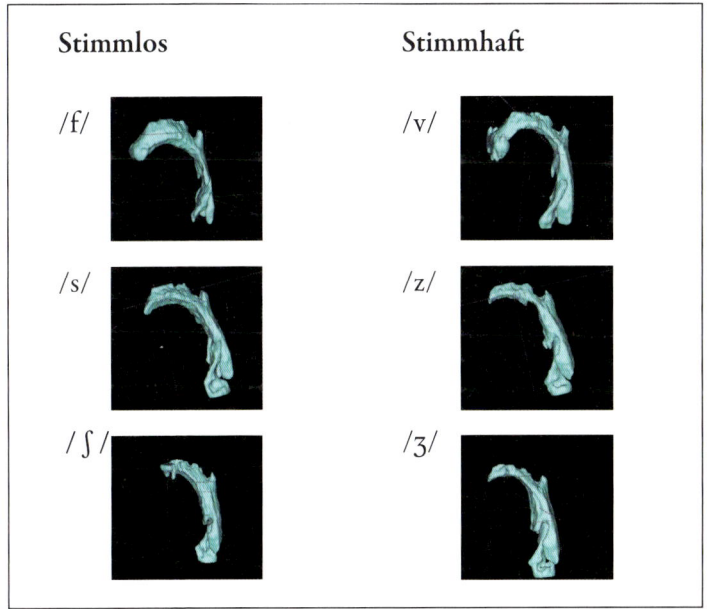

Abb. 21: MRT-Bilder von sechs Reibelauten (Spiranten); /f/ wie in «frei», /v/ wie in «Vokal», /s/ wie in «das», /z/ wie in «Hase», /ʃ/ wie in «Fisch», /ʒ/ wie in «Job».[224]

Welcher Künstler verfügt über einen solchen Formenreichtum? Das Wunder wird noch größer, wenn wir bedenken, dass die obigen Abbildungen nur von zwei Sprachen stammen. Weltweit aber gibt es gegenwärtig (ohne Dialekte) etwa 6.000 bis 7.000 Sprachen, die nach Auskunft der Sprachforscher nur noch der Rest sind von einem Fundus, der vor Jahrtausenden vermutlich 20.000 Sprachen oder mehr umfasste. Zu jeder dieser Sprachen gehörte und gehört eine Fülle spezifischer Laute. Dazu kommt, dass jede kleinste Nuance beim Sprechen die gesetzmäßige Form der Laute ein wenig verändert. Bei noch genauerer Untersuchung würde sich ergeben, dass selbst die ganz persönliche Sprechweise eines Menschen ihre Spuren in der Ausformung der Lautplastiken hinterlässt.[225] Das alles vermehrt den Formenreichtum buchstäblich ins Unendliche – und das heißt: diese Formenwelt weist uns in eine Sphäre, die jenseits der Endlichkeit unseres irdischen Lebens liegt, im Kosmos der Schöpferkräfte.

In die gleiche Richtung weist eine andere Eigentümlichkeit der Lautplastiken. Wie der Mensch zum Ausdruck einer bestimmten Empfindung eine körperliche Bewegung vollführt, die als Gebärde ohne Worte sagt, was er fühlt, so formt auch die Sprache in jedem Laut aus der Bewegung heraus ein besonderes raumplastisches Gebilde, das als *Gebärde* verstanden werden kann. Gebärden sind aber nie das Eigentliche, sondern nur der Wegweiser zu einer unsichtbaren Wirklichkeit, die nicht in dem steckt, was man sieht. So weist auch jeder Laut auf eine unsichtbare kosmische Kraft, die ältere Kulturen der Menschheit noch kannten und zu magischen Zwecken nutzten.

Dass sich hier eine höhere Macht offenbart, zeigt sich allein schon darin, dass niemand beanspruchen kann, er habe die raumplastischen Lautformen erfunden und könne sie bewusst steuern. Wir alle haben diese Gabe im Zustand völliger Unbe-

Eine öffentlich-geheime Offenbarung realer geistiger Kräfte 299

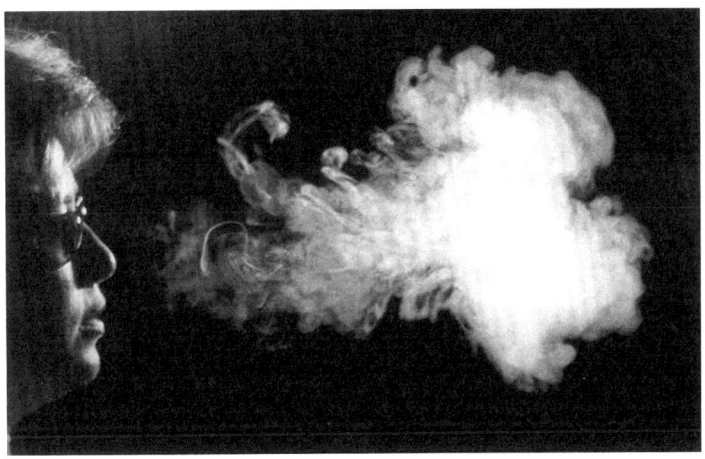

Abb. 22: Mit Rauch sichtbar gemachte Luftform des Konsonanten P (nach 0,5 sec.)[226]

wusstheit empfangen, und selbst wenn wir bewusst zu sprechen meinen, so ist es doch allein der Inhalt der Worte, den wir im Bewusstsein haben, während die Umsetzung der Sprechabsicht in die muskulären Bewegungen des Stimmtrakts im Dunkel der Unbewusstheit bleibt. Aber ebendiese Unbewusstheit öffnet dem kleinen Kind das Tor zum Wunder des Spracherwerbs, denn nur unter dieser Bedingung können die geistigen Kräfte im Sprachorganismus des Erwachsenen an das Kind weitergegeben werden und dort bis in die Hirnbildung hinein ihre magische Kraft entfalten.

Daraus wird verständlich, warum das Kind die Grundlagen des Spracherwerbs niemals am Lautsprecher erwerben kann: Der kann nur die physikalisch-akustischen Vorgänge reproduzieren, nicht aber die vom Ich des Sprechers in Gang gesetzten weisheitsvollen Muskelbewegungen des Stimmtrakts, die sich sogar vor dem Mund noch in die Außenluft hinein in besonderen Ausformungen der Sprechluft manifestieren, genau synchron zum Klang. Auch in diesen externen Luftformen zeigt jeder Laut eine charakteristische, unverwechselbare Gestalt (z.B. Abb. 22), die man mithilfe von Rauch sichtbar machen und fotografieren oder filmen kann.[227] Wir sehen also ein zweites Mal in einem sinnlich wahrnehmbaren Formungsprozess das Wirken übersinnlicher Kräfte, mit denen die seelischen und geistigen Botschaften vom Ich zum Du hinübergehen.

Der entscheidende Punkt

Wer die technisch erzeugten MRT-Bilder und die Fotos oder Filme der Luftlautformen unbefangen betrachtet, dem offenbaren sie eine Tatsache, die für unsere Gegenwart große Bedeutung hat: Sowohl im Leibesinneren wie auch in der Außenluft vor dem Mund finden beim Sprechen hochkomplexe Formbildungen statt, in denen sich übersinnliche (genauer gesagt: ätherische) Kräfte *leiblich* manifestieren. In diesen sinnlich-übersinnlichen Kraftstrom eintauchend, der vom Ich des Erwachsenen zum Ich des Kindes fließt, erobert sich das Kind die Sprechfähigkeit.

Dass uns ausgerechnet elektronische Hightech-Geräte vor Augen führen, welch ein hochgeistiger Vorgang sich im Spracherwerb des Kindes einstellt, gehört zu der eigentümlichen Zwiespältigkeit ahrimanischer Wirkungen. Wenn man so will, stellen sich die Gegenmächte hier selbst ein Bein. Wir brauchen nämlich nur die Sprachentwicklung bis ins Jugendalter weiter zu verfolgen, um zu verstehen, wie gefährlich ihnen das geheimnisvolle Organ werden kann, das sich da im Kind heranbildet.

Die Ursache liegt darin, dass der Beginn der Sprachentwicklung im frühesten Kindesalter seinen Kontrapunkt im Jugendalter findet: Die Jugendlichen ziehen sich in einer bestimmten, hier nicht näher zu beschreibenden Weise[228] aus der Sprache zurück und entdecken die über die Sprache hinausgehende Welt der Gedanken, der Logik, die für alle Menschen gleichermaßen evident sind. Die Gesetze der Mathematik z.B. kann jeder Kundige verstehen und nachvollziehen, unabhängig von seiner Nationalsprache. Zugleich leuchten in den Jugendlichen erstmals die Ideale der ganzen Menschheit auf, und sie werden sogleich radikal eingefordert. Was geschieht hier eigentlich?

Die in den kindlichen Leib hineingearbeiteten Bildekräfte der Sprache sind es, die sich ab der Pubertät zu einem gewissen Grade vom Körper ablösen und dadurch frei werden für das geistige Hören dessen, was man die universelle Menschheitssprache nennen kann. Sie verwandeln sich zu dem besprochenen Organ, mit dem Jugendliche den eigentlichen Menschen hinter der Leibesfassade abtasten und sich mit ihm auch über die Sprache hinweg verständigen können. Daraus ergibt sich eine bemerkenswerte Polarität:

- Kleine Kinder steigen nach der Lallphase vom Universum der Menschheitssprachen, dem Quellort aller Sprachklänge der Welt, herab in die spezielle Sprache ihrer Umgebung. Was ihnen dort entgegenkommt, arbeiten sie in ihre Leibesorganisation ein.
- Jugendliche lösen sich ein Stück weit von der Sprache, die ihre Leibesorganisation geprägt hat, und tasten sich dadurch vor zu einem übersinnlichen Wahrnehmen der universalen Menschheitssprache reiner Gedanken und Empfindungen, zum WORT DER WELT.

Das führt uns zu dem entscheidenden Punkt: Mit demselben Organ, mit dem das Ich des anderen ertastet wird, ist auch die vollkommene *Ich-Leere* der KI-gesteuerten Roboter glasklar zu erkennen, und seien die Maschinen noch so raffiniert auf Menschenähnlichkeit getrimmt. Hier wachsen Menschen heran, die

Ahrimans Täuschungen und Ablenkungsmanövern gewachsen sein werden und folglich souverän mit seinen Machenschaften umgehen können.

Die Furcht vor dieser Möglichkeit treibt die ahrimanischen Geister um, und darin dürfte der tiefere Grund zu suchen sein für ihr unablässiges Bestreben, das live gesprochene Wort von Mensch zu Mensch zu verhindern. Sie betreiben das schon seit Langem in einer solchen Massivität und Systematik, dass aufmerksame Beobachter wie etwa die Wissenschaftlerin Sherry Turkle (siehe oben S. 122 f.) bereits die Gefahr eines Absterbens menschlich erfüllter Gespräche heraufziehen sehen.

Eine existenziell wichtige Schlussfolgerung ist jetzt zu ziehen: Ob Kinder in späteren Jahren den Anfechtungen der digitalen Technik standhalten können, hängt in hohem Maße auch davon ab, dass wir Erwachsene ihre Sprachentwicklung bewusst fördern, nicht *trotz* des unentrinnbar eintretenden Sprachverfalls, sondern gerade deswegen. Denn das Sprachorgan braucht viele Jahre hindurch Anregung und Pflege durch die Erwachsenen. Aus gutem Grund forderte Steiner Sprachpflege während der gesamten zwölfjährigen Schulzeit.

Was in der Auseinandersetzung mit den ahrimanischen Mächten zählt, ist die spirituelle Kraft, die ein Mensch aufzubieten hat, und sie basiert, wie sich gezeigt hat, nicht zuletzt auf dem geistigsten Organ, mit dem wir im Alltag umgehen.

Eine Inspiration für die ganze Menschheit steht bevor

In dem Wiederaufstieg heutiger Menschen zur Sphäre des allumfassenden Welt-Wortes, das als eine überirdische Sphäre die irdischen Einzelsprachen überwölbt, bereitet sich ein großes Menschheitsereignis vor, das diejenigen wahrnehmen können, deren inneres Ohr erwacht ist, um eine Inspiration wahrzunehmen, die Rudolf Steiner 1913 angekündigt hat:

«In unserem Zeitenzyklus ist es so, dass wie durch eine Naturnotwendigkeit immer mehr auch im Menschen unbewusst solche Kräfte zur Geltung kommen, die sonst nur in den Organen des physischen Leibes und deren inneren Tätigkeiten sich ausleben.

Wenn nun im Menschen wie naturgemäß die Kraft wirkt, die er sonst im Sprechen gebraucht, dann setzt ihn diese Kraft instand, ein Geistiges wahrzunehmen, was einer Inspiration entspricht. (...) Wenn wir wahrnehmen können mit dieser Kraft, die sonst zum Sprechen verwendet wird, dann treten wir in die Sphäre ein, für die, ohne alles religiöse Vorurteil, das Johannes-Evangelium uns das richtige Verständnis gibt, indem es sagt: ‹Im Urbeginne war das Wort.› – Dieses ‹Wort› vernimmt man, wenn man das eigene Wort, die eigene Leiblichkeit so abdämpfen kann, dass man die Kraft, die sonst durch den Kehlkopf spricht, vor dem Kehlkopf aufhalten kann und sie dadurch frei wird.

Was war also das Hindernis, das machte, dass die Menschen nicht von Anfang an das Weltenwort wahrgenommen haben? Das war, dass sie sprechen lernen mussten! Aber bei der Weiterentwickelung wird in der Tat aus der Sprache etwas sehr Merkwürdiges werden. Die Sprache hat sich im Laufe der Menschheitsentwickelung doch sehr verändert. Wenn man zu ursprünglichen Sprachstufen zurückgeht, da waren die Menschen noch unmittelbar verknüpft mit der Sprache. Sogar heute noch findet man auf dem Lande, dass der Mensch dort viel mehr in ihr lebt und webt, mit ihr verwachsen ist. Er fühlt noch, wenn er ein Wort ausspricht, dass darin etwas liegt wie eine Nachbildung dessen, was er um sich herum sieht.

Je weiter die Menschheitsentwickelung voranschreitet, umso abstrakter wird das Wort, es wird nur zum Zeichen dessen, was es ausdrücken soll. Die Sprache wird immer unorganischer, immer arabeskenartiger, immer fremder dem Menschen. Woher kommt das? In diesem Fremdwerden der Sprache von der inneren Bedeutung der Worte werden bloßgelegt diejenigen Kräfte, die früher dazu verwendet wurden, die Sprache auszubilden. Das hängt wiederum damit zusammen, dass bald eine geistige Wahrnehmung kommen wird von dem Christus-Wesen, eben weil der Mensch die sprachbildende Kraft frei bekommt. In älteren Zeiten war die Sprache eng verwachsen mit dem menschlichen Organismus, jetzt beginnt sie sich von diesem zu emanzipieren. Dadurch wird die sprachbildende Kraft frei und wird verwendet werden für das Wahrnehmen des Weltenwortes, des geistigen Christus.»[229]

Hier wird der zentrale Gegner sichtbar, dem sich die ahrimanischen Mächte auf Erden gegenübersehen und dem letzten Endes ihr Kampf gilt. Denn er ist die Quelle alles Guten, und an seinem Wesen bemisst sich wahre Moralität, deren Fehlen in der Gegenwart zu einer wesentlichen Ursache verhängnisvoller Fehlentwicklungen geworden ist. Das Weltenwort ist die Kraft, die alle Menschen bei voller Wahrung ihrer Individualität miteinander verbindet. Wer sich von ihr getragen weiß, dem kann die menschentrennende und vereinsamende Wirkung digitaler Medien nichts anhaben, denn er kennt die reale Begegnung von Mensch zu Mensch auf einer höheren Ebene, wo sich das Wesen des anderen unverhüllt offenbart. Das lässt ihn sachlich-nüchtern mit den elektronischen Geräten umgehen, und mehr noch: Es gibt ihm die Freiheit, seelisch gesund moderne Technik zu nutzen, um Gutes in der Welt zu bewirken.

12. Digitalisierung der Pädagogik – der falsche Weg zu einem wünschenswerten Ziel

Zum Schluss möchte ich den Blick auf ein aktuelles Problem lenken, das demonstriert, wie leicht es den Drahtziehern im Hintergrund noch immer gelingt, der Öffentlichkeit Sand in die Augen zu streuen: Als ob es die längst erkannte Ambivalenz elektronischer Medien nie gegeben hätte, geht der neueste Trend dahin, digitale Technologie aufgrund ihrer unbestreitbar positiven Effekte auch dort einzusetzen, wo sie wegen ihrer problematischen Effekte absolut nicht hingehört, nämlich in der Pädagogik der Kindergärten und Grundschulen. Wie konnte es dazu kommen?

Die Pandemie beschleunigt die Digitalisierung

Während ich dies schreibe, ist die Pandemie Covid-19 weltweit in vollstem Gange. Sie hat die ganze Menschheit ergriffen und durchgerüttelt, sodass vielfach die Vermutung geäußert wird, die Welt werde nach dieser Pandemie eine andere sein als zuvor. Schon jetzt stehen wir vor der Tatsache, dass der im Frühjahr 2020 sowie erneut ab Dezember 2020 als Schutzmaßnahme verordnete Lockdown Teile ganzer Volkswirtschaften lahmlegte. Kurz zuvor noch prosperierende Unternehmen und Industriezweige liegen darnieder, Millionen Arbeitsplätze drohen verlorenzugehen, die Folgen für das gesellschaftliche, wirtschaftliche und kulturelle Leben sind unabsehbar.

Einer Branche indessen konnte nichts Besseres geschehen als die Wucht eines Lockdowns: Das Corona-Virus Sars-Cov-2 verhalf der Digitaltechnik zu einer neuen Rolle als Retter in der Not. Die fünf führenden Weltkonzerne Google, Apple, Amazon, Microsoft und Facebook witterten Morgenluft. Aber auch kleinere Unternehmen, die bisher eher am Rande standen, wurden überraschend zu Krisengewinnern. Ein Beispiel dafür ist die Videoplattform *Zoom*: Zu Beginn des Jahres 2020 zählte die Firma 10 Millionen Teilnehmer pro Tag, Ende Mai waren es bereits 300 Millionen Menschen, die über diese Plattform das abwickelten, was sonst nur in der direkten Begegnung von Mensch zu Mensch möglich ist. Schulen und Universitäten z.B. hielten ihren Unterricht über Zoom ab, das britische Parlament tagte auf Zoom, ungezählte Telekonferenzen boten einen Ausweg aus der Kontaktsperre.

Wurde im Alltag der Bildschirm zuvor schon ausgiebig zum Shoppen und Chatten, zum Arbeiten und zur Unterhaltung genutzt, so avancierte er jetzt zum unverzichtbaren Bindeglied zwischen Menschen, die sich nicht direkt begegnen durften. Die in diesem Buch besprochenen Warnungen kritischer Zeitgenossen vor der Gefahr der Überwältigung unserer Gesellschaft und des Einzelmenschen durch Computertechnik – sie schienen plötzlich vergessen, während die Internetverbindung als Ersatz für direkte Gespräche zunehmend als eine Lebensnotwendigkeit empfunden wurde, an der kein Weg mehr vorbeiführe. «Es ist, als hätte das Silicon Valley nur auf dieses Virus gewartet», resümierte *Der Spiegel* und beschrieb ausführlich, wie die Pandemie die Digitalisierung beschleunigt und in führenden Gremien neue Blütenträume weckt.[230]

«Ich kann nicht atmen»

Von Blütenträumen konnte derweil in weiten Bevölkerungskreisen keine Rede sein, sondern eher von einem furchtbaren Stress, von Wut und Verzweiflung. «Ich kann nicht atmen!» waren die letzten Worte des Schwarzen George Floyd, der in den USA am 25. Mai 2020 von einem Polizisten vor den Augen der Öffentlichkeit wehrlos erstickt wurde.[231] Sein Satz ging symbolträchtig um die Welt, weil er die Grundstimmung unzähliger Menschen ins Bild brachte. Unausgesprochen konnte der Satz auch für die vermutlich am schwersten geschädigte Bevölkerungsgruppe gelten: für die kleineren Kinder. Ihnen hatte man durch das monatelange Fernhalten von ihren Kindergärten und Grundschulen und sogar von Spielplätzen, von Naturerlebnissen und geselligen Ereignissen den seelischen Atem in einer Weise eingeschnürt, dass man schon von Misshandlung sprechen muss. Hinzu kam die Zwangslage der Eltern, ihrer Berufstätigkeit nachgehen zu müssen, gleichzeitig aber ihre Kinder zuhause betreuen und womöglich auch noch unterrichten zu sollen, eine Überforderung, die teilweise sogar zu physischer Gewalt in der Familie führte.

Welche Traumata und psychischen Schäden die Kinder in dieser sozialen Isolation erlitten haben, wird sich in seinem vollen Ausmaß erst im Laufe der nächsten Jahre herausstellen. Schon jetzt aber berichten Kinderärzte von dramatischen Veränderungen, die zu großer Besorgnis Anlass geben. Umso empörender ist die Ignoranz in Kreisen der Wirtschaft und Politik, die skrupellos propagieren, die Schule könne doch überhaupt in weiten Teilen auf Tele-Unterricht umgestellt werden, ebenso wie ja auch viele Berufe ins Homeoffice verlagert werden könnten. Mehr noch: Die Öffentlichkeit ließ sich überzeugen, dass endlich auch noch die Welt der Kindergärten und der Grundschulen mit Computertechnik und digitalen Medien durchdrungen werden muss, ohne Rücksicht auf die vielen wissenschaftlichen Erkenntnisse, die dagegensprechen.

Der Begründung, man verbessere damit die Zukunftschancen der Kinder, muss unbedingt widersprochen werden. Wenn das unfreiwillige Massenexperiment des Lockdowns irgendetwas Sinnvolles lehren konnte, dann war es doch die Einsicht, dass unsere Zukunft entgegen aller Propaganda keineswegs davon abhängt, dass jedes Kind zuhause und in der Einrichtung über ein digitales Endgerät verfügt, sondern davon, dass jedes Kind einen direkten Umgang mit anderen Kindern und Erwachsenen pflegen kann und freien Zugang hat zur anfassbaren, sinnlich erlebbaren Welt statt zu virtuellen Surrogaten davon. Die intensive Begegnung mit Welt und Mensch ist die Lebensluft, in der Gesundheit und Leistungsfähigkeit junger Menschen gedeihen können. Offenbar geht es den Verantwortlichen aber gar nicht um das Kindeswohl, sondern um das Wohl der Digitalindustrie, deren Ausbau sie wahrheitswidrig als einzig mögliche Antwort auf die Verheerungen der Covid-19-Pandemie preisen und das auch den besorgten Eltern einreden.

Die Öffentlichkeit hätte allen Grund, sich dem entgegenzustellen, wenn ihr bewusst würde, dass die Pandemie mit ihrem Zwang zur sozialen Isolierung eine frappante Ähnlichkeit aufweist mit der Isolation des Bildschirmnutzers, der nie die reale Welt und die realen Menschen vor sich hat, mit denen er kommuniziert. Die Einsamkeit, die wir dort vielleicht nur schwach empfinden, wurde in der Pandemie zu einer schmerzhaften physischen Erfahrung: Die Masken- und Abstandsgebote sorgten anhaltend für ängstlich gewahrte Trennung der Menschen und gipfelten in einem Lockdown, der den Umgang mit Personen außerhalb der Familie weitgehend blockierte. In die eigenen vier Wände eingesperrt, konnte die Seele nicht mehr atmen.

Jeder konnte also spüren, wie lebensnotwendig es für uns ist, nicht nur medial, sondern immer wieder auch *real* in die Welt einzutauchen und sich mit leibhaftig anwesenden Mitmenschen zu treffen. Statt aber das Menetekel als Warnung zu begreifen, soll der isolierenden Wirkung der Digitaltechnik jetzt noch mehr Raum gegeben werden, und selbst die Kinder sollen davon nicht ausgenommen sein. Die Isolierung wird mit noch mehr Isolierung bekämpft. Wie blind muss man sein, um auf diesen Betrug hereinzufallen?

Rudolf Steiners Stellung zur Technik

Wer dem auf Digitalisierung eingeschworenen Mainstream mit Kritik begegnet, sieht sich dem Verdacht ausgesetzt, er sei ein Technikfeind. Auch der Waldorfpädagogik und der ihr zugrunde liegenden Anthroposophie wurde immer wieder unterstellt, sie seien prinzipiell technikfeindlich eingestellt. Dem wahren Sachverhalt entspricht das nicht. Zwar ist nicht zu bestreiten, dass in diesem Milieu gelegentlich Äußerungen fielen, die als Technikfeindlichkeit gedeutet werden konnten. Eines aber steht fest: In Rudolf Steiners Sinne waren solche Töne ganz und gar nicht. Er wandte sich stets vehement gegen die Neigung seiner Zuhörer, mit feindlicher Gesinnung auf moderne technische Entwicklungen zu blicken. 1917 beispielsweise wetterte er in einem Vortrag vor Mitgliedern der Anthroposophischen Gesellschaft: «Diese Dinge dürfen nicht so behandelt werden, als ob man sie bekämpfen müsste. Das ist eine ganz falsche Anschauung. Diese Dinge werden nicht ausbleiben, sie werden kommen.»[232]

Ihm war es darum zu tun, dass spirituell gestimmte Menschen den herrschenden Materialismus nicht als ein Ärgernis begreifen, das die Weltordnung stört, sondern als eine historische Aufgabe, der sich die heutige Menschheit stellen muss. Das gegenwärtige Zeitalter, so äußerte er 1917 vor demselben Publikum, «ist dazu da, materialistisches Wesen herauszugestalten aus der allgemeinen Menschheitsentwickelung. Aber es muss *umso mehr spirituelles Wesen* dem entgegengestellt werden.» (Hervorhebung RP)[233]

Knapp zwei Jahre vor der Gründung der ersten Waldorfschule in Stuttgart wurde hier schon das angesprochen, was auch zum Kern der heute weltweit verbreiteten Waldorfpädagogik wurde: Es handelt sich nicht darum, junge Menschen von dem herrschenden Materialismus unserer Zeit fernzuhalten. Vielmehr sollen sie befähigt werden, sich mitten in ihn hineinzubegeben und sich mit ihm auseinanderzusetzen, jedoch mit der produktiven Zielsetzung, seine krasse Einseitigkeit durch die Entwicklung eines starken Gegengewichts auf der spirituellen Ebene zu überwinden. Nur so kann man dem Sog des Materialismus standhalten.

Steiner verschwieg nicht, was diese Auseinandersetzung konkret bedeutet: «den vollbewussten Kampf gegen das in der Menschheitsentwickelung auftretende Böse».[234] Ohne intensive Bemühungen um neu errungene Spiritualität würde man dem Bösen das Feld kampflos überlassen, denn einer geistigen Macht kann man nur mit geistigen Kräften wirksam begegnen. Freilich gab sich Steiner, wie auf S. 272 f. schon zitiert, keinen Illusionen darüber hin, wie schwierig es für die Menschheit sein wird, den vielfältigen Versuchungen zu widerstehen und sich dazu aufzuraffen, das Böse in hartem Kampf in ein Gutes zu verwandeln: «Und dennoch, dieses muss geschehen; es muss das Böse bis zu einem gewissen Grade in den Dienst der guten Weltenentwickelung gestellt werden.»

Bildungspolitik auf Abwegen

Unsere Aufgabe muss es also sein, die Kinder stark zu machen für die immensen Aufgaben, die sie in der Zukunft zu bewältigen haben. Das aber ist das Ziel jeglicher Pädagogik, die verantwortungsvoll gestaltet wird, nicht nur der Waldorfpädagogik, und so ist es eine Freude zu sehen, dass sich in der heutigen Zeit alle pädagogisch Tätigen die Stärkung der Kinder auf die Fahne geschrieben haben: Eltern, Bildungspolitiker und Erziehungswissenschaftler ebenso wie die Erzieherinnen, Lehrerinnen und Lehrer. Das ist keine Selbstverständlichkeit, wenn man an die bis ins 20. Jahrhundert reichende Gepflogenheit denkt, Kinder schon in jungen Jahren als Arbeitskräfte zu missbrauchen. Die Frage ist nur: In welcher Weise soll die Stärkung geschehen?

Es hat schon Tradition, dass jedes Mal, wenn die Frage nach dem Wie der Pädagogik neu gestellt wird, Wirtschaft und Industrie sich einmischen und ihre Interessen ins Spiel bringen. So auch dieses Mal wieder: Schon vor dem Ausbruch der Corona-Pandemie wurde die Forderung erhoben, endlich die Digitalisierung des Bildungswesens flächendeckend voranzutreiben. Die Politik machte sich das zu eigen und sprach von einer Investition in die Zukunft. In Berlin nahmen Bundestag und Bundesrat eigens eine Grundgesetzänderung vor, um den «Digitalpakt Schule» auf den Weg zu bringen, der dann im Mai 2019 mit erheblichen Finanzmitteln ausgestattet startete. Der Zweck des Projekts wurde vom Bundesministerium für Bildung und Forschung (BMBF) unter Hinweis auf die digital veränderte Arbeitswelt folgendermaßen beschrieben:

«Digitale Kompetenz ist deshalb von entscheidender Bedeutung: für jeden Einzelnen und jede Einzelne, um digitale Medien selbstbestimmt und verantwortungsvoll nutzen zu können und um gute Chancen auf dem Arbeitsmarkt zu haben; und für die Gesellschaft, um Demokratie und Wohlstand im 21. Jahrhundert zu erhalten. Schulen müssen deshalb überall auf schnelles Internet zurückgreifen können und sollten über entsprechende Anzeigegeräte wie interaktive Whiteboards verfügen. Lehrerinnen und Lehrer müssen gut qualifiziert sein, um digitale Medien nutzen und digitale Kompetenzen vermitteln zu können. Mit dem Digitalpakt Schule bringen Bund und Länder beides entscheidend voran.»[235]

Im Detail ist vorgesehen, dass jedes Kind ab der 1. Klasse über ein internetfähiges Endgerät verfügt (Laptop oder Tablet-PC). Ferner soll es in jedem Klassenzimmer W-LAN *(Wireless Local Aerea Network)* und eine elektronische Tafel geben (Smartboard).

Wer sich aber erlaubt, kritisch die Frage zu stellen, warum es zwingend notwendig sein soll, Kinder schon von der 1. Klasse an digital zu unterrichten, stößt in den offiziellen Verlautbarungen landauf und landab auf die immergleiche Argumentationslinie, die etwa so lautet: «Im Vergleich mit anderen Ländern ist Deutschland digital enorm im Rückstand. In keinem anderen Land setzen Lehrkräfte so selten Computer im Unterricht ein wie bei uns. Deutschland droht international zur digitalen Wüste zu werden, wenn nicht schleunigst aufgeholt wird. Das kann nur gelingen, wenn die Medienkompetenz unserer Kinder von klein auf gefördert wird. Andernfalls ist mit vielen Digital-Analphabeten zu rechnen.»

Von einer wirklich *pädagogischen* Begründung ist nirgends die Rede, man sucht sie vergebens. Alles Schönreden der Aktion (in die zukünftig natürlich auch die Kindertagesstätten einbezogen werden sollen) kann nicht darüber hinwegtäuschen, dass es im Kern nicht um die Kinder geht, sondern um das Gedeihen der Wirtschaft, um unseren Wohlstand. Die Bildungseinrichtungen werden als Zulieferer behandelt, die den Nachschub an fähigem Personal sicherzustellen haben.

Würde gefordert, Medienpädagogik als ein neues Schulfach einzuführen, dann wäre dagegen nichts einzuwenden. Nun soll aber auch in den allgemeinbildenden Fächern der gesamte Unterricht mithilfe digitaler Geräte durchgeführt werden und möglichst auch noch Programmieren als zweite Fremdsprache vorgeschrieben werden, ohne Rücksicht darauf, ob die Schulabsolventen später einen digitalen Beruf ergreifen oder nicht.

In diesem von der Politik fraglos übernommenen Allmachtsanspruch der Technik gegenüber der Pädagogik steckt der eigentliche Skandal des ganzen Vorgangs. Mit größter Selbstverständlichkeit wird vorausgesetzt, dass die Digitalisierung propädeutisch schon im Kindergarten zu beginnen hat und in der Grundschule systematisch fortzusetzen ist, gerade so, als ob es in der Kindesentwicklung nichts Wichtigeres zu tun gäbe. Die Naivität, mit der dieses Mantra in der Öffentlichkeit nachgebetet wird, ist erschreckend, denn mit ihm macht die deutsche Bildungspolitik nicht einen Schritt in die Zukunft, sondern einen in die Vergangenheit: Sie fällt hinter den Stand der Wissenschaft um Jahrzehnte zurück.

Als Beleg dafür sei hier eine Äußerung des renommierten Wissenschaftlers Stefan Aufenanger zitiert, seines Zeichens Professor für Erziehungswissenschaft und Medienpädagogik an der Universität Mainz:

> «PCs im Kindergarten sind ein Anreiz für Kinder, sich mit den neuen Medien auseinanderzusetzen. Je früher die Kinder die Möglichkeit haben, in diesen Institutionen mit Computer und Internet zu arbeiten, umso kompetenter und kritischer können sie mit den Medien umgehen.»[236]

Wer so etwas schreibt, so möchte man meinen, hat sich noch nie mit Jean Piaget beschäftigt, hat noch nie die umwälzenden

Resultate der modernen Hirn- und Kognitionsforschung zur Entwicklung des Kindes zur Kenntnis genommen, hat noch nie die Bestseller *Babyjahre* und *Kinderjahre* des Zürcher Pädiaters Remo Largo (1943 – 2020) gelesen und hat vor allem noch nie kleine Kinder aufmerksam beobachtet. Wie sonst könnte er annehmen, dass Kleinkinder sich mit den neuen Medien kritisch «auseinandersetzen» werden, als stünden ihnen schon die intellektuell-gedanklichen Fähigkeiten von zehn Jahre älteren Jugendlichen zur Verfügung? Wie sonst könnte er im Ernst davon ausgehen, dass Kleinkinder mit Computer und Internet «arbeiten» werden wie Erwachsene? Vollends weltfremd ist die Behauptung, in diesen frühen Jahren sei bereits eine «kritische» Medienkompetenz erreichbar, die nennenswert über das spielerische Wisch- und Drückvermögen am Screen hinausgeht. Solche Äußerungen lassen jede fachliche Kompetenz vermissen.

Was hat vermutete Zukunft in der Schule zu suchen?

Jürgen Kaube, bekannt als Journalist und Herausgeber der *Frankfurter Allgemeinen Zeitung,* hat sich jüngst in einer überaus scharfsinnigen Analyse mit den ständig wechselnden pädagogischen Zielsetzungen an deutschen Schulen auseinandergesetzt und prinzipiell dagegengewandt, den Lehrplan vollzustopfen mit Vorbereitungen auf eine Zukunft, von der wir in Wirklichkeit gar nicht wissen, wie sie aussehen wird:[237]

«Wer darum mittels Schule und Investitionen in sie versucht, die Gesellschaft zukunftsfähig zu machen, begeht einen Irrtum, wenn das durch möglichst viel zukunftsträchtige Unterrichtsinhalte bewirkt werden soll. Die Schule ist ein Ort, an dem geübt werden kann, was in jeder Zukunft nützlich ist, nicht nur in derjenigen, von der wir glauben, sie stünde unmittelbar bevor. (S. 48)

Denn genau das ist ja Zukunft, auf die Schulen vorbereiten: unbekannt. Für die Gesellschaft weitgehend unbekannt, für die Individuen weitgehend unbekannt. (S. 52)

Informatik als Schulfach kann sinnvoll sein, denn auch die Informatik ist, gut unterrichtet, ein Fall von anspruchsvollem Denken. Aber eben nur ein Fall unter vielen. Es gibt keinen Hinweis darauf, dass es sinnvoll wäre, den gesamten Unterricht einer digitalen Reform zu unterziehen.» (S. 201)

Wer wie der Autor des vorliegenden Buches 1950 eingeschult wurde, den konnten die damaligen Lehrer beim besten Willen nicht auf das vorbereiten, was ihn in den Jahrzehnten seiner Berufstätigkeit von 1970 bis 2014 erwarten würde. Denn niemand ahnte die künftige Weltherrschaft des Computers, dessen Entwicklung eben erst begonnen hatte; niemand wusste irgendetwas von einem Internet, von Smartphones, Digitaltechnik und Cyborgs.

Was folgt daraus? Wenn Industrie und Politik sich anmaßen zu wissen, wie für unsere heutigen Schulanfänger die Zukunft von 2040 bis 2080 aussehen wird, agieren sie auf dem Niveau eines Rattenfängers, der die Kinder auf Abwege führt. Sie lassen Millionen Menschen in ihren ersten zehn Lebensjahren Dinge lernen, die technisch schon nach kurzer Zeit veraltet sein werden, während das, was wirklich für die Zukunft gebraucht wird, nämlich allgemein-menschliche Fähigkeiten, mehr behindert als gefördert wird.

Kaube hebt zu Recht hervor: «Die Schule ist ein Ort, an dem geübt werden kann, was in jeder Zukunft nützlich ist.» Sie bildet Fähigkeiten aus, die für jegliches Betätigungsfeld grundlegend sind, oder anders gesagt: Sie macht junge Menschen lebenstüchtig, sodass sie später in der Lage sind, neue Gegebenheiten, von denen wir heute noch nichts wissen, zu meistern, welcher Art sie auch seien.

Noch einen Schritt weiter gehen die Autoren Gerald Lembke und Ingo Leipner in ihrem Buch *Die Lüge der digitalen Bildung*.[238] Sie durchleuchten die immer wieder vorgetragenen Argumente für die angebliche Notwendigkeit der Digitalisierung und kommen nach einem Abwägen des Für und Wider zu dem Schluss, dass die geplante Umwälzung des gesamten Bildungsgangs vom Baby bis zum Abiturienten das gesetzte Ziel nicht nur verfehlt, sondern es sogar verhindert.

Sie vertreten entschieden die These «Eine Kindheit ohne Computer ist der beste Start ins digitale Zeitalter» (These 1, S. 237). Das entspricht exakt dem, was neuerdings die führenden Köpfe des Silicon Valley, wie schon zitiert, als Richtschnur für ihre eigenen Kinder gesetzt haben. Wer wüsste besser als diese Manager, was die von ihnen entwickelten Medien bei Kindern anrichten können?! Im Übrigen verweisen Lembke und Leipner nachdrücklich auf die von führenden Wissenschaftlern längst geklärten Gesetzmäßigkeiten kindlicher Entwicklung, deren Missachtung jede Reformbemühung zunichtemachen würde.

Die ganz anderen Fundamente einer gelingenden Medienkompetenz

Worin bestehen diese Gesetzmäßigkeiten? Die beiden Autoren stützen sich hier vor allem auf die von Piaget herausgearbeiteten Charakteristika der einzelnen Entwicklungsphasen des Kindes und merken nebenbei an, dass aus gutem Grund in Deutschland Kinder unter vierzehn Jahren juristisch als nicht strafmündig gelten und dass man in diesem Alter auch keinem Heranwachsenden einen Führerschein zugestehen würde.

Die Begründung ist zutreffend: Junge Menschen beginnen in diesem Alter gerade erst, gestützt auf einen grundlegenden Umbau ihres Gehirns, allmählich die Impulskontrolle aufzubauen, die sie befähigt, Verantwortung für ihr Handeln zu übernehmen. Hier muss über Jahre hinweg eine Menge geleistet werden, bevor an eigenverantwortliches Umgehen z.B. mit dem Auto zu denken ist. Kinder schon zehn Jahre vorher in die Fahrschule zu schicken wäre absurd, weil zunächst einmal grundlegende Fähigkeiten ausgebildet werden müssen, die sich nicht am Auto erwerben lassen. Ebenso verhält es sich bei der Medienkompetenz: Die für einen wirklich verantwortungsvollen Umgang mit Medien absolut notwendigen, über technisches Können weit hinausgehenden Fähigkeiten lassen sich überhaupt nicht an Medien schulen, sondern werden in den ersten zehn bis zwölf Lebensjahren durch ganz andere Bildungsprozesse veranlagt.

Um das zu unterstreichen, wird in der Waldorfpädagogik das schwammige Allerweltswort «Medienkompetenz» gerne ausgetauscht gegen den schärfer konturierten Begriff «Medienmündigkeit», der auf die Frucht eines langen Prozesses hinweist.[239] Und wie gestaltet sich dieser Prozess? Zugespitzt könnte man sagen, dass eine wirkliche Medienmündigkeit am besten dann erreicht wird, wenn die Erfahrungen und Eindrücke, die dem Kind in den ersten zehn bis zwölf Lebensjahren gegönnt werden, von genau gegenteiliger Natur sind zu den Erfahrungen, die elektronische Medien zu bieten haben. Das mag sich lebensfremd oder gar verrückt anhören, entspricht aber den Realitäten, die auch von der modernen Hirnforschung bestätigt werden. Da ich mich über diese nichtmedialen Bildungsprozesse an anderer Stelle schon ausführlich geäußert habe,[240] belasse ich es hier bei einer kleinen Skizze.

Zwei Erfahrungsfelder sind es vor allem, die das kleine Kind für seine Entwicklung unbedingt benötigt, die es aber nicht durch elektronische Medien erlangen kann: Das eine Feld betrifft das Kennenlernen der Welt, das andere die Begegnung mit Menschen.

Konstitutiv für das Vertrautwerden des Kleinkindes mit den Tatsachen und Gegebenheiten seines physischen Umkreises sind die sogenannten Primärerfahrungen, die es am und mit dem eigenen Körper gewinnt. Erwachsene sollten sich immer vergegenwärtigen, dass in diesem Alter alle Erfahrungen *leiblich* erworben werden, indem das Kind intensiv seine Sinne betätigt und mit ihnen die Welt erkundet (Sensorik) und ebenso intensiv an der Beherrschung seiner Willkürmuskulatur arbeitet (Motorik), um sich in der Welt frei bewegen zu können. Jede Fähigkeit, die so erworben wird, schlägt sich in der Synapsenbildung des Gehirns nieder. Nur das, was sich unmittelbar sehen, anfassen, betasten, riechen, schmecken, bewegen lässt, fördert diesen Vorgang, nicht aber virtuelle Wirklichkeiten auf dem Bildschirm. Da eine gesunde, leistungsfähige Leibesbildung die Voraussetzung ist für alle weiteren Entwicklungsschritte, bewirken elektronische Medien im Kindergarten (und auch zuhause) nichts anderes als eine Deprivation.

Das zweite, nicht weniger wichtige Erfahrungsfeld für das kleine Kind sind die Live-Begegnungen mit Erwachsenen. Kein Baby kommt von Natur aus zur Aufrichtung. Es braucht dazu in seiner Umgebung aufrecht gehende Menschen. Desgleichen lernt kein Kind aus eigenem Vermögen das Sprechen, sondern nur am Vorbild sprechender Erwachsener. Kurzum: Die Erwachsenen bauen dem Kind mit ihren Fähigkeiten das Fundament zum Menschsein. Jedoch gilt dabei eine Bedingung: Sie müssen dem Kind physisch real begegnen. Bildschirmeindrücke erzielen diese Wirkung nachweislich nicht.

Eine weitere Starthilfe, die Kinder von den Erwachsenen unbedingt brauchen, ist die seelische Wärme. Wer vor Jahrzehnten die Filmdokumente aus rumänischen Waisenhäusern in der Ära Ceaușescu gesehen hat, wird sich an die furchtbaren Bilder erinnern, wie da Kinder, die ohne jede menschliche Zuwendung blieben, nur noch vor sich hinvegetierten. Seelische Wärme, Empathie und menschliches Interesse für das Kind kann ein Gesprächs-Bot oder ein Roboter zwar vortäuschen, aber niemals wirklich bieten.

Erwachsene haben somit die Aufgabe, Wegbereiter zu sein, damit Kinder in ihrem Leib ankommen und zu sich selbst finden. Diese Aufgabe an Maschinen zu delegieren kommt einer Kindesmisshandlung gleich. Denn digitale Maschinen wirken, wie oben ausgeführt, exkarnierend statt inkarnierend und werden dadurch zum Hemmschuh einer gelingenden Entwicklung.

Medienpädagogik in der Waldorfschule

Aufnahmegremien in Waldorfschulen, die Kinder zur Einschulungsuntersuchung empfangen, wissen aus eigener Anschauung, dass diejenigen Kinder, die den gesunden, kindgemäßen Entwicklungsgang durchlaufen konnten und nun voll in ihrer Leiblichkeit angekommen sind, heute nicht mehr der Normalfall sind, sondern immer mehr zur Ausnahme werden. Nur zu oft zeigt sich, dass einfache motorische Fähigkeiten (auf einem Bein stehen, über einen Balken balancieren, einen Ball gezielt werfen etc.) noch ungenügend entwickelt sind, sodass Nachholbedarf besteht, während die intellektuellen Fähigkeiten oft schon weit vorgeprescht sind. Eine der Ursachen dieser Dissoziation ist im zu frühen und zu starken Medienkonsum zu suchen, und der würde durch digitalen Unterricht nur noch verstärkt.

Die Waldorfpädagogik möchte dafür sorgen, dass solche Dissoziationen aufgelöst werden, weil sie bei längerem Bestehen die Kinder schwächen und krank machen können. Sie sieht in ihrer Praxis Steiners Hinweis bestätigt, dass nur diejenigen Bildekräfte des Körpers, die ihre Arbeit an der Leibesorganisation abgeschlossen haben und folglich frei sind für ein neues Betätigungsfeld, ohne gesundheitliche Folgen für das schulische Lernen in Anspruch genommen werden können. Andernfalls sollten sie ihre Arbeit noch fortsetzen können. Deshalb wird in der Waldorf-Grundschulzeit weiterhin an der Konsolidierung und Verfeinerung der Sensomotorik gearbeitet.

Zugleich sind die Klassenlehrerinnen und -lehrer bemüht, über Jahre hinweg eine warme emotionale Atmosphäre in der Beziehung zur Klasse aufzubauen, sodass die Kinder das schulische Lernen – frei nach Gerald Hüthers Maxime «Begeisterung statt Entgeisterung» – mit Freude aus seelischen Kräften heraus ergreifen können und nicht mit reiner Informationsübermittlung abgespeist werden, die auch eine Maschine zu bieten hätte. Wenn man so will, kann man darin eine therapeutische Arbeit sehen, die sich ebenso wenig durch Technik ersetzen lässt wie das einfühlsame Gespräch des Arztes oder Therapeuten mit dem Patienten.

Wer aus dieser Vorgehensweise den Schluss ziehen wollte, es handle sich um eine Kuschelpädagogik, welche die Kinder von der bösen Welt fernhalten wolle, missversteht das Anliegen: Die Waldorfpädagogik möchte die jungen Menschen im Gegenteil besonders stark, innovativ und lebensbejahend machen für die technisch geprägte Welt, in die sie hineinwachsen. Dazu gehört eindeutig auch die Einführung in die Welt der Medien. Da aber die Auseinandersetzung mit dieser Weltwirklichkeit enorme Ansprüche an die leibliche, seelische und geistige Gesundheit eines Menschen stellt, wie aus dem vorliegenden Buch zu ersehen war, möchte sie zuerst die genannten Grundlagen gesichert wissen, bevor man die Kinder an die Computertechnik heranführt.

In der Waldorfschule beginnt die Medienpädagogik bereits in der ersten Klasse, und zwar in kindgemäßer Weise mit den ältesten Medien der Menschheit: mit der Pflege der Sprache und zweier Fremdsprachen, mit dem Schreiben, dem Lesen und dem Rechnen. Diese Kulturtechniken sind auch für die digitale Welt unentbehrlich, lassen sich aber durch den vorläufigen Verzicht auf digitale Medien viel besser im Körper verankern. Wenn z.B. die Kinder Buchstaben nicht durch einen Knopfdruck erzeugen, sondern sie mit der eigenen Handbewegung hervorbringen, haben sie mehr gelernt als das Schreiben: Die feinmotorischen Tätigkeiten, die dazu geübt werden, wirken sich nach Auskunft der Hirnforschung positiv auf das spätere Denkvermögen aus und sind somit ein Beitrag auch zur Medienkompetenz. Ähnlich körperbezogen verfährt die Waldorfpädagogik mit dem Rechnenlernen.

Das alles bildet die Vorbereitung auf die beginnende Pubertät, in der sich der junge Mensch von der konkreten Körpererfahrung zur abstrakten Gedankenerfahrung erhebt, logisches Denken entwickelt und die Fähigkeit zu eigenem Urteilsvermögen erarbeitet. Das ist dann der Zeitpunkt, an dem eine gediegene gedankliche Durchdringung der Computertechnik und eine sachlich begründete Auseinandersetzung mit den neuen Medien einsetzen sollte, die schrittweise zu einer Medienmündigkeit führt, die sich bis in die Fragen der Moralität hinein den Herausforderungen der Technik gewachsen zeigt.

Die Waldorfpädagogik darf das Verdienst für sich beanspruchen, als wohl erste Schulbewegung im Lande ein umfangreiches Curriculum der Medienpädagogik von Klasse 1 bis 12 vorgelegt zu haben, das nicht von außen kommende Vorgaben umsetzt, sondern sich konsequent auf anthropologische und entwicklungspsychologische Erkenntnisse stützt, sich also allein am Kind orientiert.[241] Diese Leistung ist dem Medienwissenschaftler Prof. Dr. habil. Edwin Hübner zu verdanken, der einen entsprechenden Studiengang an der Freien Hochschule in Stuttgart aufgebaut hat und die Waldorfschulen darin unterstützt, dieses Curriculum in ihre Unterrichtspraxis zu implementieren.

Dass den jungen Menschen von heute eine Vorbereitung auf das digitale Zeitalter mitgegeben werden muss, darin stimmt die Waldorfpädagogik mit allen Pädagogen überein. Sie besteht aber darauf, dass dieses Projekt nicht einer Förderung der Wirtschaft zu dienen hat, sondern einer breitestmöglichen Förderung der menschlichen Fähigkeiten, damit die jungen Menschen zu urteilsfähigen, initiativkräftigen, handlungs- und gestaltungsfähigen Zeitgenossen werden. Das allein ist die Basis für eine gedeihliche Zukunft.

Zusammenfassung: Von der Sphinx zu Mephisto – die Signatur unseres Zeitalters

Der mythische Wächter an der Schwelle zur griechisch-römischen Kulturepoche war die furchterregende Sphinx. Die Lösung ihres Rätsels war nur mit einem bildlos-abstrakten Denken möglich, das zur Aufgabe für ein ganzes Entwicklungszeitalter der Menschheit wurde. Energisch forderte die Sphinx von den Menschen eine grundlegende Verwandlung: An die Stelle des ererbten imaginativ-bildhaften Denkens sollte eine diametral entgegengesetzte Fähigkeit treten, die nur mit den Kräften des Verstandes zu erringen war: Das Denken sollte sich aus seiner kosmischen Bindung lösen und ganz in die Eigentätigkeit des selbstbewussten Ich gegeben werden.

Heute stehen wir am Übergang zu einem neuen Zeitalter: Das bildlos-abstrakte Denken ist längst ausgereift, löst sich vom Menschen und wird an den Computer abgegeben. Abermals tritt an der Schwelle eine furchterregende Wächtergestalt vor die Menschheit und stellt ihr eine neue Aufgabe, und wieder wird eine grundlegende Verwandlung gefordert. Doch welcher Art ist sie?

Das Rätsel der griechischen Sphinx forderte intellektuelle Fähigkeiten. Die Aufgabe unserer Zeit ist damit nicht zu lösen. Gefordert ist die Aktivierung des Gegenpols: Nur mit den stärksten Willenskräften ist die anstehende Selbstverwandlung vom dekadent gewordenen Innen-Ich zu einem vollbewussten, kosmopolitisch geweiteten Ich zu bewältigen, vom egoistischen Selbst zu einem altruistischen höheren Selbst. Über diesen Wandel wacht der Hüter der Schwelle.

Die griechisch-römisch geprägte Menschheit ließ berechtigterweise die Schwelle zur geistigen Welt *hinter sich,* um sich ganz und gar den Angelegenheiten der materiellen Welt zu widmen. Heute aber führt der Weg zurück zu dieser Schwelle. Sie steht mit Macht *vor uns,* und wir schicken uns an, sie zu überschreiten, und sei es auch nur unbewusst.

Das ist der Moment, in dem die Mächte des Bösen über die Menschheit herfallen und alles daransetzen, den regulären Gang über die Schwelle so abzubiegen, dass die Menschen ihn nur zum Schein vollziehen, in Wirklichkeit aber der materiellen Welt verhaftet bleiben und sich somit ihrem Einflussbereich nicht entziehen. Denn nur im Irdischen haben die aus der geistigen Welt gestürzten Geister der Finsternis Gewalt.

Sie haben leichtes Spiel, solange die Mehrheit der Menschen glaubt, es gäbe sie gar nicht. Gefordert ist also ein Bewusstseinsruck, der sich daran entzünden könnte, dass dem Menschen eine Fähigkeit nach der anderen durch Maschinen abgenommen wird, sodass er sich die Frage stellen muss: Was bleibt von mir, wenn alles, was ich für das Besondere des Menschen gehalten habe, nur materiell ist und folglich maschinentauglich kopiert werden kann? Gibt es in mir ein Höheres, Nichtmaterielles, das keine Maschine sich aneignen kann?

Wenn diese brennende Frage zu der Entdeckung der geistigen Herkunft des eigenen Wesens führt, öffnet sich der materialistisch verdunkelte Blick für die Existenz der geistigen Welt. Dennoch bleibt dem Sehendgewordenen nicht erspart, sich dieser Tatsache durch eigene Aktivität immer wieder zu vergewissern, und das heißt, einen inneren Entwicklungsweg zu beginnen.

Um diesen Weg geht der Kampf, in dem wir mitten darinstehen und zu dem die Mächte des Bösen ungewollt sogar wertvolle Beiträge liefern. Es handelt sich nicht darum, das Böse zu verdammen, sondern es als Entwicklungsstimulans zu begreifen und die dadurch gewonnenen neuen Kräfte altruistisch zur Förderung des Guten einzusetzen.

Rief das delphische Orakel dem Menschen einst zu: «Erkenne dich selbst!», so müsste es heute rufen: «O Mensch, entwickle dein höheres Selbst!»

Rudolf Steiner hat die Signatur unseres gegenwärtigen Zeitalters 1914 in einem Vortrag einmal aus der Sicht des Geistesforschers, weit in die Zukunft blickend, dadurch charakterisiert, dass er sie mit der Signatur des vorangegangenen griechisch-römischen Zeitalters verglich. Die Linie, die er dabei – vor mehr als hundert Jahren – von dem griechischen Sphinx-Rätsel bis in die Neuzeit zog, liest sich wie eine Essenz dessen, was im vorliegenden Buch behandelt wurde, und ist von einer solchen Aktualität, dass ich sie meinen Leserinnen und Lesern nicht vorenthalten möchte. Sie soll daher den Abschluss meiner Ausführungen bilden, in Form eines gekürzten Auszugs, der sich auf die hier infrage kommenden Gedanken beschränkt.[242]

«Wie Ödipus mit der Sphinx, so hat der Mensch der fünften nachatlantischen Kulturepoche mit Mephistopheles fertigzuwerden. Er steht diesem Mephistopheles wie einem zweiten Wesen gegenüber. (...) Der moderne Mensch steht mit allem, was aus seinem Verstande, seiner Nüchternheit drängt, dem gegenüber, was an den Nervenprozess gebannt ist. Prophetisch konnte dieses Gegenüberstehen des Menschen dem Mephistophelischen, ich möchte sagen, dichterisch vorausgeahnt werden. Aber es wird immer mehr und mehr heraufziehen als ein Grunderlebnis, je weiter wir in der Evolution des fünften nachatlantischen Zeitraumes kommen. (...)

Es ist sehr merkwürdig, dass man in der Sagen- und Märchenliteratur, wenn man sie verfolgt, überall diese Züge finden kann. Sagen und Märchen, die so unverständig von den Gelehrten unserer Gegenwart betrachtet werden, weisen ihrer Struktur nach entweder nach dem Mephistophelischen, dem Ahrimanischen hin, oder nach dem Sphinxartigen, dem Luziferischen. Alle Sagen und Märchen rühren davon her, dass ihr Inhalt ursprünglich entweder durch das Verhältnis, das der Mensch zur Sphinx hat, erlebt worden ist oder durch das Verhältnis, das der Mensch zu Mephisto hat.

In den Sagen und Märchen finden wir mehr oder weniger verborgen auftreten entweder das Fragemotiv: das ist das Sphinxmotiv, das Motiv, dass irgendetwas gelöst werden muss, dass eine Frage beantwortet werden muss, oder das Motiv der Verzauberung, des Gebanntseins an irgendetwas: das ist das mephistophelische, das ahrimanische Motiv. Denn worin besteht das ahrimanische Motiv im Genaueren? Es besteht darin, dass, wenn wir Ahriman neben uns haben, wir fortwährend in der Gefahr sind, ihm zu verfallen, in seine Natur überzugehen, uns nicht mehr losreißen zu können von ihm. (...) Dem Mephistophelischen gegenüber empfindet der Mensch etwas wie: er muss untertauchen in dieses Mephistophelische, er muss sich ihm verschreiben, er muss ihm verfallen. (...)

So wie aber der Grieche mit der Sphinx fertig werden musste dadurch, dass er die Ich-Natur des Menschen völlig ausbildete, (...), so muss man fertig werden in unserem Zeitraum mit Mephistopheles durch die Erweiterung und Erfüllung des Ich mit jener Weisheit, die allein von der Erforschung der geistigen Welt, durch die Erkenntnis der geistigen Welt, durch die Geisteswissenschaft kommen kann. (...)

Jeder Grieche, der sein Menschentum ernst nahm, war im Grunde genommen im Kleinen mehr oder weniger ein

Sphinxbesieger. (...) Wodurch kommt er dazu? Dadurch, dass er in seine eigene Natur die Kräfte, die mit dem Nervenprozess verwandt sind, also die mephistophelischen Kräfte, aufnimmt, aber in gesunder Weise aufnimmt, sodass sie nicht nebenhergehen und ihm zum Begleiter werden, sondern dass sie in ihm sind und er durch diese Kräfte der Sphinxnatur gegenübertreten kann. Da sehen wir, wie im Grunde genommen Luzifer und Ahriman an ihrem richtigen Orte segensreich wirken, an dem Orte, wohin sie gleichsam erst versetzt sind, und dass sie, wo sie nicht stehen sollen, nachteilig wirken. (...)

Wie das Ich einerseits sich kräftigen musste dadurch, dass Ahriman-Mephistopheles in den Ödipus, das heißt, in den Griechen einzog, so ist andererseits im modernen Menschen dieses Ich zu stark geworden. Und der moderne Mensch muss von diesem Ich wieder loskommen dadurch, dass er sich in die geistigen Geschehnisse vertieft, vertieft in dasjenige, was zusammenhängt mit der Welt, der das Ich angehört, wenn dieses Ich sich bewusst wird, dass es nicht nur im Menschenleibe lebt, sondern ein Bürger der spirituellen Welt ist. Und in diesem Zeitalter leben wir. Während im vierten nachatlantischen Zeitalter der Mensch streben musste, mit aller Gewalt sich bewusst zu werden des Ich im physischen Leibe, so muss der Mensch unseres fünften nachatlantischen Zeitraumes darauf hinarbeiten, sich bewusst zu werden, dass das Ich der geistigen Welt angehört.»

Anmerkungen und Quellennachweise

Hinweis: Die Quellennachweise bieten in der Regel nur den Nachnamen des Autors und das Jahr, in dem seine Publikation erschien. Die genauen bibliografischen Angaben sind dann dem nachfolgenden Literaturverzeichnis zu entnehmen.

1 Schnabel, Ulrich (2018): Was macht uns künftig noch einzigartig? In: *DIE ZEIT,* Nr. 14/2018 vom 28. März 2018. https://www.zeit.de/2018/14/kuenstliche-intelligenz-menschen-maschine-verhaeltnis [15.11.2020].
2 Tegmark, Max (2017): *Leben 3.0. Mensch sein im Zeitalter Künstlicher Intelligenz.* Berlin: Ullstein. Siehe auch: https://futureoflife.org/ai-principles/?cn-reloaded=1 [15.11.2020].
3 Patzlaff, Rainer (2017): *Sprache – das Lebenselixier des Kindes. Moderne Forschung und die Tiefendimensionen des gesprochenen Wortes.* Stuttgart: Freies Geistesleben.
4 Steiner, Rudolf: *Geschichtliche Symptomatologie.* GA 185. Dornach (Schweiz) 1982, S. 67 f.
5 Hübner 2020 b.
6 Hübner 2015, S. 124.
7 *Der Spiegel,* 6/2020 vom 1. Februar 2020.
8 Steiner 1919 c, Fünfter Vortrag, 16. August 1919.
9 Die Chaldäer waren ein semitisch sprechendes Volk im Süden Mesopotamiens, also in dem Land, dessen Kultur ursprünglich von den Sumerern angelegt und später von den Babyloniern weitergeführt wurde. Beide Hochkulturen wurden zu Steiners Lebzeiten durch aufsehenerregende Ausgrabungen bekannt.
10 Eine kritische Darstellung der Probleme vor allem für Kinder enthält mein Buch *Der gefrorene Blick* (2013 a).
11 Im Schnitt der BRD-Gesamtbevölkerung betrug 2019 die Sehdauer 211 Minuten pro Tag. Diese Zahl gibt jedoch nicht die Wirklichkeit wieder: Nimmt man alle Nicht-Fernsehenden aus der Sta-

tistik heraus, ergibt sich 2019 für die Erwachsenen ab 14 Jahren im Schnitt eine reale Nutzungszeit von 319 Minuten pro Tag (= mehr als 5 Stunden). Quelle: Feierabend / Scolari 2020.
12 Zitiert nach Montag 2018, S. 2.
13 Laut Wikipedia stellte Apples App Store bis 2019 mehr als 1,52 Millionen (!) Anwendungen zum Herunterladen bereit. Abgerufen Januar 2020.
14 Laut der Website de.statista.com, Stand Januar 2020.
15 Im Englischen lautet die Abkürzung AI (aus «Artificial Intelligence»).
16 Hübner 2020 a, S. 11.
17 *Süddeutsche Zeitung* vom 14./15. Dezember 2019, S. 11-13.
18 Zitiert nach *meedia.de* vom 9. November 2017, Abruf 7.1.2020.
19 Aus Berichten in *meedia.de* am 11.12., *Focus.de* am 12.12. und *Kölnische Rundschau online* am 14.12.2017.
20 Pressemitteilung der Drogenbeauftragten der Bundesregierung vom 16. Juli 2015 zu den ersten Ergebnissen des Projekts BLIKK-Medien.
21 Pressemitteilung der Drogenbeauftragten der Bundesregierung am 29. Mai 2017 zu den Ergebnissen der BLIKK-Studie 2017.
22 Koch und Frees 2017. In der Studie wurde betont, dass in den 22 Stunden die Internetrecherchen für Schule oder Studium nicht mitgerechnet seien.
23 *Süddeutsche Zeitung* vom 13. November 2017.
24 Einzelheiten dazu in meinem Buch *Der gefrorene Blick* (2013 a).
25 *Süddeutsche Zeitung* vom 18. Dezember 2019.
26 *Süddeutsche Zeitung* vom 28./29. Dezember 2019, S. 6 f.
27 Ward et al. 2017.
28 Deutsche Zusammenfassung aus der online-Zeitschrift *Wirtschaftspsychologie aktuell.de* vom 15. August 2017 – Zur Wirkung des Smartphones auf Kinder vgl. den Bericht «Was das Smartphone mit unserem Gehirn macht», in: *Welt.de* 14. Juli 2019. – Eine Studie der London School of Economics and Political Science vom Mai 2015 wies nach, dass leistungsschwache Schüler bessere Leistungen erbringen, wenn in der Schule ein Handyverbot gilt. online: http://cep.lse.ac.uk/pubs/download/dp1350.pdf
29 Steiner 1919 c.
30 Adam 2018, S. 33 f.

31 *Der Spiegel*, 1/2019, 28. Dezember 2019.
32 Bei dem Omphalos, der heute Im Museum von Delphi ausgestellt ist, handelt es sich um eine spätere Nachbildung mit angedeuteten Wattesträngen aus Stein.
33 Haun und Rapold 2009.
34 Levinson 1996.
35 Rudolf Steiner machte darauf aufmerksam, dass selbst das Gedächtnis in frühen Zeiten noch außen lag: Weil die Menschen vollkommen in der Gegenwart lebten, konnten sie nichts abgesondert vom Hier und Jetzt für sich behalten. Deshalb pflanzten sie an Orten, an denen sie Wichtiges erlebt hatten, Steine auf (Menhire). Kehrten sie dorthin zurück, war ihnen das dort Erlebte wieder vollkommen präsent. Man nennt das heute «Lokalgedächtnis». Das Wort «er-innern» macht erst Sinn, wenn es einen abgesonderten Innenraum gibt, in dem Vergangenes bewahrt ist.
36 Steiner 1910, Vortrag vom 25. Januar.
37 Steiner 1910, Vortrag vom 27. Januar.
38 Beispielsweise in Steiner 1910, Vortrag vom 27. Januar.
39 Steiner 1919 b.
40 Steiner 1919 a.
41 Steiner 1919 d. Ähnlich: Steiner 1919 b.
42 Steiner 1919 b, Vortrag vom 1. Mai 1919.
43 Steiner 1906 b.
44 Steiner (1906 b) merkt dazu an: «Der Hüter der Schwelle, ein Phänomen des hellsichtigen Schauens bis in die ältesten Zeiten hinein, ist der eigentliche Ursprung all der Mythen über den Kampf des Helden mit dem Ungeheuer, des Perseus und des Herakles mit der Hydra, des heiligen Georg und des Siegfried mit dem Drachen.»
45 Steiner 1906 a.
46 Steiner 1924, im Vortrag vom 1. Januar: «Insbesondere im letzten Drittel des 19. Jahrhunderts, da sah man kaum Menschen, die im wachen Zustand an den Hüter der Schwelle herangelangten. Umso mehr aber in unserer Zeit, wo es der ganzen Menschheit auferlegt ist, in irgendeiner Form am Hüter der Schwelle vorbeizukommen, umso mehr findet man, wie gesagt, bei entsprechenden Wanderungen in der geistigen Welt, wie die schlafenden Seelen als Iche und astralische Leiber an den Hüter der Schwelle herankommen. Das sind die bedeutungsvollen Bilder, die man heute bekommen

kann: der ernste Hüter der Schwelle, um ihn herum Gruppen von schlafenden Menschenseelen, die im wachenden Zustande nicht die Kraft haben, an diesen Hüter der Schwelle heranzukommen, die an ihn herankommen, während sie schlafen.»

47 Reste davon haben sich bis heute erhalten in der brieflichen Anrede «Sehr geehrter Herr ...» oder «Sehr geehrte Damen und Herren» etc. sowie in der früher unumgänglichen Schlussformel «Hochachtungsvoll, Ihr ...».

48 *Süddeutsche Zeitung* vom 13. Juni 2019, unter der Überschrift «Verbarrikadiert im Kinderzimmer».

49 *New York Times* vom 22. Dezember 2016: «How Social Isolation Is Killing Us».

50 *Drucksache* 19/10456 (neu) des Deutschen Bundestages vom 23. Mai 2019: Antwort der Bundesregierung auf die Kleine Anfrage der Abgeordneten (es folgen die Namensnennungen), Drucksache 19/9880, zum Thema «Einsamkeit und die Auswirkung auf die öffentliche Gesundheit». online: dip21.bundestag.de

51 Hierher gehört auch das moderne Phänomen, dass Leute allein in ihrer Wohnung sterben und ihr Tod wochenlang unbemerkt bleibt. Die Japaner haben dafür ein eigenes Wort: *Kdokushi*.

52 «Wir sind zusammen allein», Interview mit Sherry Turkle, in: *Magazin der Süddeutsche Zeitung*, Heft 30/2012, online 30. Juli 2012.

53 *Süddeutsche Zeitung* vom 22./23. Juni 2019. Der Artikel berichtet u.a. ausführlich vom Besuch in einem «Sexlabor» in Kalifornien, das für jeden Geschmack eine passende Roboterin bereithält.

54 Steiner 1917, Vortrag vom 6. November 1917.

55 Steiner 1917, Vortrag vom 6. November 1917.

56 Aus praktischen Gründen wurde später die Stromzufuhr in Oberleitungen verlegt oder (wie bei der Berliner S-Bahn) in eigene Stromschienen neben den Gleisen.

57 Ab 1935 wurden auch Benzin- oder Dieselmotoren als sog. «Unterflur-Motoren» in Schienenbussen, Lastkraftwagen und Omnibussen verwendet. Die Deutsche Bahn fuhr bei den ICE-Zügen der Serien 1 und 2 noch mit Lokomotiven (sog. Triebköpfen) am Anfang und Ende der Wagenreihe, deren Design allerdings den übrigen Wagen angeglichen war. Erst 1994 stellte sie mit der ICE-3-Generation konsequent auf elektrischen Unterflur-Antrieb um, sodass auch

hier, wie hundert Jahre zuvor in Siemens' Straßenbahn, die treibende Kraft (wenigstens äußerlich) der Sichtbarkeit entzogen wurde.
58 *Der Spiegel,* 48/2000, S. 275.
59 Ein Projekt der Universität Houston (Texas). *Der Spiegel* 17/2006, S. 137.
60 «Die kleinsten Motoren der Welt». Ein Bericht in der *Süddeutschen Zeitung* vom 6. Oktober 2016.
61 Es ist beachtenswert, dass sowohl der MARK 1 wie auch der ENIAC noch nicht das Binärsystem nutzten, das Zuse in der Z 3 trotz des elektromechanischen Equipments schon erreicht hatte.
62 Diese Angaben sind der Website «MittelstandsWiki» vom 27. Februar 2019 zum Stichwort «Glasfaser Teil 1» entnommen. Die Deutsche Telekom wird darin mit der Äußerung zitiert, Glasfaser sei «das physikalisch schnellste Übertragungsmedium der Welt – bis zu eine Million Mal schneller als herkömmliche Kupferkabel». Mit der aktuellen Technologie erreiche das Lichtwellenleiternetz eine Datenübertragungsrate bis 1000 Mbits/s.
63 Ausführliche Berichte dazu bei Patzlaff 2013 a und 2017.
64 Die Behauptung mancher Gegner der Anthroposophie, es handele sich bei dieser Imagination nur um eine Halluzination, widerlegt Steiner ausführlich in GA 303, Vortrag vom 26. Dezember 1921.
65 Steiner 1920.
66 Eine ausführliche Darstellung dieses Literaturgenres bietet Wikipedia unter dem Stichwort *Fantasy*.
67 Wikipedia, Stichwort *Star Wars*. Abgerufen April 2020.
68 Wikipedia, Stichwort *Harry Potter*. Abgerufen April 2020.
69 Enthalten in Platons Werk *Der Staat* (griech. *Politeia*), am Beginn von Buch 7.
70 Der Regisseur Jon Favreau bekannte nach der Premiere des Films, dass *eine* Szene des Films doch echt in Afrika gedreht worden sei, und zwar die Landschaft am Anfang. Er habe das mit Absicht gemacht, um zu testen, ob es irgendjemand merkt. Das scheint freilich nicht der Fall gewesen zu sein, die Fotorealistik des Gesamtwerks war betörend perfekt.
71 Quellennachweis: Abbildung 7: erstellt am 19. Juni 2006, frei zugänglich in Wikipedia Stichwort *Morphing*. Von dort auch Abbildung 8: currently publicly available at http://paulbakaus.com/wp-content/uploads/2009/10/bush-obama-morphing.jpg

72 Entnommen aus Raina 2019.
73 Anfang 2020 war in Deutschland geplant, dass bei der Beantragung eines Personalausweises oder Reisepasses das Passfoto künftig direkt bei der zuständigen Behörde unter Aufsicht eines Beamten angefertigt werden muss, um Betrug durch Morphing bei Passbildern zu unterbinden. Kriminelle könnten dieses Verfahren nutzen, um aus Fotos zweier verschiedener Personen ein gemeinsames Passfoto zu generieren, das folglich die Gesichtszüge beider Personen enthält. Durch die Übereinstimmung der Gesichtszüge und markanter Stellen kann der Ausweis theoretisch von beiden Personen zur Identifikation benutzt werden. Nach Kritik von Fotostudios möchte das Bundesinnenministerium auch in Zukunft Passbilder von Fotografen zulassen, wenn diese auf sicherem Wege online der Behörde übermittelt werden. Aus: Wikipedia, *Morphing*.
74 *Der Spiegel,* 30/2002, S. 90 ff.
75 *ZDF-online* vom 19. Juli 2019.
76 *Süddeutsche Zeitung* vom 19. Juli 2019.
77 Einzelheiten dazu in Wikipedia unter *Vienna Symphonic Library*. Abgerufen April 2020.
78 *Der Spiegel,* 13/2008, S. 159 f.
79 *Der Spiegel,* 22/2002, S. 176 f.
80 Dworschak 2017.
81 Wikipedia «Adobe Voco». Abgerufen April 2020.
82 Erwähnt sei noch, dass auch Gesangsstimmen täuschend echt im Computer geklont werden können. Die 2011 gegründete spanische Firma Voctro Labs verblüffte schon Anfang 2016 das Fachpublikum mit einem angeblich singenden Donald Trump, der schwungvoll und mit Vibrato eine Jazzballade vortrug. Zahlreiche gewinnbringende Anwendungsmöglichkeiten ergaben sich daraus, z.B. für das Umdichten bekannter Songs zu Werbezwecken oder für das Aufpeppen einer mittelmäßigen Sängerstimme zu dem Schmelz eines Opernsoprans.
83 *Süddeutsche Zeitung* vom 26./ 27. Juli 2017.
84 *Der Spiegel*, 23/2018, 2. Juni 2018, S. 98.
85 Der Begriff ist angelehnt an das in der Computertechnik gebräuchliche Fachwort *Deep Learning,* eine Bezeichnung für maschinelles Lernen mit künstlichen neuronalen Netzen.

86 Scherschel 2018, ferner Kühl 2018.
87 *Der Spiegel*, 23/2018, 2. Juni 2018.
88 *Mixed.de* vom 18. September 2019.
89 *Spiegel online*, 25. April 2019. Die *Washington Post* konnte die Fälschung sofort nachweisen, weil sie über das Original verfügte.
90 Rini 2019.
91 Warzel 2018.
92 «Alternative Fakten» – sofort in aller Munde – wurde zum Unwort des Jahres 2017 gekürt.
93 Näheres dazu bei Wikipedia «Mephistopheles».
94 Steiner 1917.
95 Steiner 1917.
96 Eine ausführliche Studie zu den zahlreichen Ausprägungen der totalen Immersion findet man bei Huhtamo 2008.
97 Der Name stammt aus dem Zukunftsroman *Neuromancer* von William Gibson (1984).
98 Der Fachausdruck für dieses Gerät lautet: *Head Mounted Display* (HMD).
99 Die 1995 von der National Academies Press in den USA veröffentlichte Studie «Virtual Reality – Scientific and Technological Challenges» nannte folgende Krankheitsbilder, die vor allem bei Flugsimulatoren auftreten: Störungen der Auge-Hand-Koordination, Kopfschmerz und Übelkeit (analog zur Seekrankheit), Flashbacks = unkontrollierte Nachbilder aus der virtuellen Trainingsumgebung, die mit der Realität interferieren.
100 Patzlaff 2013 a. Gemeint sind hier die Ergebnisse, die ein Arzt des Gesundheitsamtes Göppingen regelmäßig bei der Einschulungsuntersuchung vorfand. Die Bilder aus seiner Publikation sind in meinem Buch auf S. 117 zu finden.
101 Amann & Martens 2008.
102 Botvinick & Cohen 1998.
103 Armel & Ramachandran 2003.
104 Lenggenhager et al. 2007.
105 *Gehirn & Geist,* Heft 11/2007, S. 14.
106 Ehrsson 2007. Einen Bericht über Ehrssons weitere Forschungen zu «Körperillusionen» gibt Young 2012.
107 Armel & Ramachandran 2003.
108 Der Begriff «Avatar» war in der Literatur schon länger bekannt.

Rosedale scheint einer der Ersten gewesen zu sein, der ihn in das Genre der Computerspiele einführte, wo er heute gang und gäbe ist.
109 Steiner 1911.
110 Young 2012. Hervorhebungen von mir.
111 Ebd.
112 *Süddeutsche Zeitung* vom 6./7. Oktober 2012.
113 Laut *Süddeutsche Zeitung* vom 19. Januar 2015.
114 Beispielsweise in der Radiosendung «Ballern mit der Maus – Wie gefährlich sind Computerspiele?», SWR 2 am 26. August 2007.
115 Bergmann & Hüther 2006, S. 25.
116 *Süddeutsche Zeitung* vom 6./7. Oktober 2012.
117 Aus einer charakterisierenden Zusammenfassung in Wikipedia, Stichwort «Dementoren». Abgerufen Mai 2020.
118 Wie zu erwarten, haben Wissenschaftler bereits nachgewiesen, dass diese Art emotionaler Vernachlässigung die Entwicklung des Kindes beeinträchtigt: McDaniel & Radesky 2018. Ärzte stießen ferner im Zusammenhang mit der Ablenkung der Erwachsenen durch das Smartphone auf eine neue Art von Verletzungen an Kindern: Wagner et al. 2019.
119 Methodisch stützte sich die Untersuchung auf die wissenschaftlichen Kriterien der niederländischen *Social Media Disorder Scale*.
120 Einzelheiten dazu in der DAK-Pressemitteilung vom 1. März 2018.
121 Markowetz 2015, Montag 2018.
122 Interview mit Prof. Markowetz in der *FAZ online* am 1. Okt. 2015.
123 Wikipedia, Stichwort «Handyabhängigkeit», Aufruf Mai 2020.
124 Dazu ein Bericht von Petra Kaminsky, «Was das Smartphone mit dem Gehirn macht», in: *welt.de,* 15. Juli 2019.
125 Ward 2017.
126 *welt.de* vom 18. Dezember 2019.
127 Montag 2018 bietet dazu in seinem Büchlein S. 9 zwei Fotos.
128 *ntv.de* vom 24. Juli 2019. Quelle: Pascale Trouillard, AFP.
129 Steiner 1925, Kapitel «Von der Natur zur Unternatur».
130 Im griechischen Original war von einem «Pithos» die Rede, einem aus Ton gebrannten Gefäß, wie es die Griechen zur Aufbewahrung von Wein, Öl und Lebensmitteln benutzten. Erst in der Renaissance wurde daraus durch einen Übersetzungsfehler eine Büchse.

131 Grassegger & Krause 2016.
132 Laut den Angaben von AllFacebook.de, abgerufen Juni 2020.
133 *tagesschau.de* vom 13. Mai 2020.
134 *Süddeutsche Zeitung* vom 27. Mai 2020.
135 Das National Center for Missing & Exploited Children (NCMEC) ist eine private gemeinnützige Organisation in den USA, die von der dortigen Regierung unterstützt wird.
136 *Der Spiegel,* Nr. 20, 9. Mai 2020, S. 39-41. Auch in diesem Artikel nennen die Berichterstatter zutreffend den eigentlichen Urheber: Der Obertitel lautet «Im Raum des Bösen». Doch bleibt das eine wohlfeile Metapher, denn sie behandeln den Vorgang wie einen bedauerlichen Betriebsunfall im Zuge der Digitalisierung.
137 *Süddeutsche Zeitung,* 4. November 2019 sowie *wdr.de* vom 11. Februar 2020: «WhatsApp-Problem: Gewalt und Pornografie in Klassenchats».
138 Weidenbach 2020.
139 Weidenbach 2020.
140 *Kaspersky daily* 5. März 2020: «Stalking 2.0: Wenn das Smartphone zur digitalen Wanze wird». online: kaspersky.de
141 In: *Süddeutsche Zeitung Magazin,* Nr. 20, 15. Mai 2020, S. 11-15.
142 Allgemein zum Thema Identitätsdiebstahl vgl. Bundesamt für Sicherheit in der Informationstechnik, Bericht «Die Lage der IT-Sicherheit in Deutschland 2019», S. 8 ff. online: bsi.bund.de
143 Bundesamt für Sicherheit in der Informationstechnik, Pressemitteilung vom 2. April 2020.
144 *sueddeutsche.de* vom 24. Januar 2020.
145 Einen ausführlichen Bericht gab das an der Aufklärung beteiligte *zdf.de* in der Sendung «heute», 11. Februar 2020.
146 *Süddeutsche Zeitung* vom 16. Juli 2008.
147 *zdnet.de* vom 11. März 2020 Stichwort «Necurs».
148 Bundesamt für Sicherheit in der Informationstechnik, Pressemitteilung vom 17. Oktober 2019.
149 *kaspersky.de,* Pressemitteilung vom 15. Oktober 2019 und *securlist.com* vom selben Tag.
150 *tagesschau.de* vom 5. Mai 2020.
151 *heise.de,* News 7/2018.
152 Interview mit Alex Stamos, ab 2015 Sicherheitschef bei Facebook, trennte sich 2018 im Dissens von dem Konzern und wurde Pro-

fessor für Internationale Sicherheit und Zusammenarbeit an der Universität Stanford. In: *Süddeutsche Zeitung*, 4. März 2020.
153   *AllFacebook.de* von Philipp Roth, 30. April 2020.
154   Der Konzern bietet neuerdings an, dass der Nutzer die Verknüpfung eingehender Daten mit seinem Konto abschalten kann. Zuckerberg nannte das eine «neue Form von Transparenz und Kontrolle». Jedoch ergab eine genauere Prüfung durch Fachleute, dass Facebook die Daten offenbar weiterhin in seinem Speicher belässt. Quelle: *Süddeutsche Zeitung* vom 30.1.2020. Im Juni 2020 untersagte der deutsche Bundesgerichtshof (BGH) Facebook die bisherige Praxis des Datensammelns vorläufig und verlangte Alternativen.
155   Aus: LMZ Landesmedienzentrum Baden-Württemberg, online: lmz.bw.de, Stichwort «Filterblase».
156   ARD-Forschungsdienst 2019 (s. Literaturverzeichnis).
157   *Süddeutsche Zeitung*, 8. Januar 2020.
158   ZEIT ONLINE: zeit.de vom 7. Januar 2020.
159   *Der Spiegel*, 5/2020, 25. Januar 2020, Artikel «Falsche Freunde».
160   Wurm 2018.
161   Wurm 2018 und basecamp.digital: «KI mit EQ: Künstliche Intelligenz erkennt Emotionen, damit Nutzer sich wohlfühlen.» Artikel vom 9. Mai 2019.
162   Kuksov 2019.
163   «KI erkennt Emotionen in Audioaufnahmen». mintellity.com, 28. August 2019.
164   Ebd.
165   McCurrie 2016.
166   Kosinski & Wang 2018, Preprint 2017. In einer Gegenstudie stellten Fachkollegen laut *Wirtschaftspsychologie aktuell* vom 6. Februar 2018 dar, dass die Unterschiede nicht auf der Struktur des Gesichts beruhen, sondern auf der Art der Selbstdarstellung (z.B. Makeup).
167   Luerweg 2018.
168   *Süddeutsche Zeitung* vom 23. September 2019. Näheres zum Konzept und den Veranstaltern der Ausstellung, Kate Crawford und Trevor Paglen: online unter moussemagazine.it
169   Kuksov 2019.
170   *Gehirn & Geist*, 1/2019, S. 44.
171   Man betrachte nur einmal die Liste der Terroranschläge, die Wikipedia für 2020 erstellt hat.

172 *Der Spiegel,* Nr. 40/2017, 30. September 2017, S. 50.
173 *heise online,* 12. Oktober 2018.
174 Hill 2020.
175 *Süddeutsche Zeitung* vom 21. Januar 2020.
176 *Süddeutsche Zeitung,* 25./26. Jan.r 2020, Titel «Gesichtsverlust».
177 *Frankfurter Allgemeine Zeitung,* online faz.net, Bericht von Alexander Armbruster, aktualisiert am 15. Juli 2018. Zum selben Thema auch *Süddeutsche Zeitung* vom 18. Juli 2018.
178 *Der Tagesspiegel,* online 5. Dezember 2019.
179 *Der Tagesspiegel,* online 5. Dezember 2019.
180 Marti 2020.
181 *Der Spiegel,* 40/2017, S. 49.
182 Wölbert & Krempl 2020.
183 *golem.de* vom 7. November 2018: «Chinesische Polizei setzt System zur Gangerkennung ein». Ferner *mixed.de* vom 8. November 2018. Mittlerweile ist die Forschung so weit gediehen, dass sogar elementare Emotionen am Gang erkennbar sind: *mixed.de* vom 2. April 2020: «Diese KI soll Emotionen am Gang erkennen».
184 Brien 2020.
185 *tagesschau.de,* Das Erste im ARD-Mittagsmagazin vom 25. Februar 2020, Titel: Coronavirus in China – Überwachung digital und analog.
186 Laut einem Bericht von Bagger 2020.
187 Laut einer im Dezember 2019 veröffentlichten Studie der deutschen Organisation AlgorithmWatch, zitiert in Wölbert & Krempl 2020.
188 Wölbert & Krempl 2020.
189 *Der Spiegel,* 48/2019, 23. November 2019, S. 90.
190 *tagesschau.de* vom 25. Januar 2020.
191 *heise.de news* 1/2020, vom 25. Januar 2020.
192 *tagesschau.de* vom 17. Februar 2020. Wichtige Einzelheiten wurden durch «geleakte» Dokumente aus dem Inneren der chinesischen Verwaltung bekannt («China Cables»).
193 Interview mit Adrian Zenz, in: *Der Spiegel,* 48/2019, 23. November 2019, S. 86-90.
194 Einen detailreichen Abriss der Geschichte des Androiden als Idee seit dem Altertum und als technische Realisation in der Neuzeit gibt Edwin Hübner 2015 in Kapitel 7 seines Buches, S. 148 ff.

195 Hübner 2015, S. 157. Videos dazu findet man im Internet.
196 Das Material stammt aus der Aufstellung, die Wikipedia mit Stand vom 29. November 2019 bietet. Aufruf Juni 2020.
197 *SPIEGEL Wissenschaft online* vom 17. November 2017. Dort wird darauf hingewiesen, dass hinter dem Projekt die Forschungsagentur DARPA des US-Verteidigungsministeriums steckte, die den Roboter in Krisengebiete und an Orte schicken will, «die für den Menschen zu gefährlich sind – etwa havarierte Atomkraftwerke.» Verschwiegen wird dabei, dass dieses Projekt zugleich die Grundlage abgibt für die Entwicklung von Kampfrobotern. Siehe die nächste Anmerkung.
198 Der Vorgang erinnert an Steiners eindringliche Darstellungen, wie die vom Erzengel Michael verwaltete kosmische Intelligenz im Laufe der Jahrhunderte auf die Erde kam, in den menschlichen Intellekt einzog und dort immer mehr von Ahriman ergriffen wurde (GA 237). Es muss uns zu denken geben, dass dieselbe Robotertechnik, die angeblich zum Wohl des Menschen entwickelt wird, sich auch zu einer menschheitsbedrohenden Vernichtungswaffe gestalten lässt: In den USA (und sicher nicht nur dort) drängen die Militärs auf die Entwicklung von Kampfrobotern, die autonom agierend Menschen töten können. Das zeigt uns, wohin es führen kann, wenn der Mensch die prinzipiell moralfreie Maschine glaubt zu seinem Diener machen zu können. Das durch und durch materialistische Menschenbild wird im humanoiden Roboter materielle Realität, die sich selbstständig macht und ihrerseits die Weltherrschaft anstrebt. Ich verweise hier auf die grundlegende Studie von Edwin Hübner über den Transhumanismus (Hübner 2020 b).
199 Details dazu listet Wikipedia auf unter dem Stichwort «Cyborg».
200 Service 2013.
201 Dambeck 2014.
202 *Der Spiegel*, 49/2013, Titelgeschichte.
203 Dambeck 2014.
204 Meckel 2018.
205 Steiner 1917, Vortrag vom 25. November 1917.
206 Kurzweil 2013.
207 Meckel 2018.
208 Steiner 1917, Vortrag vom 25. November 1917.

209 Steiner 1917. Erster Passus aus dem Vortrag vom 18. November 1917, zweiter Passus aus dem Vortrag vom 19. November 1917.
210 Wie zu erwarten, stellte sich bald heraus, dass die Sprachassistenten leicht auch zur Wanze im Wohnzimmer werden können. In der Fernsehsendung «Kontraste» meldete Das Erste am 11. April 2020: «Amazons digitaler Sprachassistent Alexa hört ständig mit und Konversationen mit dem Gerät werden als Audio- und Textdateien unbegrenzt gespeichert. Was datenschutzrechtlich problematisch ist, wird nun noch heikler, denn das Innenministerium möchte, dass Ermittler Alexa künftig für ihre Arbeit nutzen können. Deutsche Nachrichtendienste können schon heute über ihre Partner in den USA auf Alexa-Abhörmaterial zugreifen.» (rbb-online.de) Auch das wieder ein klassischer Fall eines Trojanischen Pferds.
211 Aus: Wikipedia, Stichwort Joseph Weizenbaum. Abgerufen Juni 2020.
212 Er schildert das in seinem Buch *Das wiedergefundene Licht*.
213 Steiner 1919 b, Vortrag vom 13. Juli 1919.
214 Ausführlich dazu Patzlaff 2019.
215 Steiner 1923.
216 Makin et al. 2020.
217 Näheres dazu bei Patzlaff 2017 in Kapitel 1.
218 Genauere Angaben zu dem Folgenden bei Patzlaff 2017, Kapitel 6.
219 Bauer 2005.
220 Details bietet Patzlaff 2017 im Kapitel 9.
221 Quelle: http://www.seas.ucla.edu/spapl/projects/mripix/figg6.html
222 Quelle: http://www.u.arizona.edu/~bstory/mrgallery.html 1997.
223 Inzwischen ist die Technik so weit fortgeschritten, dass man sich nicht mit Momentaufnahmen begnügen muss, sondern den Vorgang auf Videos auch live beobachten kann. Besonders lehrreich ist hier ein 2014 von der Universität Glasgow erstelltes Video von einer ganzen Serie von Lauten, die visuell und akustisch einzeln vorgeführt werden: https://www.youtube.com/watch?v=FeGj9W9Zp-MA&index=35&list=PLKGCiuMS-nxoyh3I9dFG3kJyP4E-9zAyXB.
Auf einem Video von 2010 sieht man live einige MRT-Aufnahmen von Gesang und Sprache: https://www.youtube.com/watch?v=M2OdAp7MJAI. Mehrere sehenswerte Videos von

2013 findet man unter https://www.youtube.com/watch?v=4-rYuyQU92A (Stand: 10/2016).

224 Entnommen aus: Ventura, Sandra M. Rua / Freitas, Diamantino, Rui S. / Ramos, Isabel Maria A.P. / Tavares, Joao Manuel R. S. (2015): 3D Vocal Tract Reconstruction Using Magnetic Resonance Imaging Data to Study Fricative Consonant Production. in: *Research Gate* Chapter Jan. 2015 https://www.researchgate.net/publication/274006152

225 Dieser Befund ist in Analogie zu den von Johanna Zinke untersuchten «Luftlautformen» zu erwarten, wo dies eindeutig nachweisbar war. Siehe die nächste Anmerkung.

226 Aus Zinke 2003.

227 Dass die gesprochenen Laute Formen in der Außenluft plastizieren, ist eine Entdeckung Steiners, die von Johanna Zinke durch Tausende von Fotos bestätigt wurde und von Dr. Serge Maintier auch wissenschaftlich mit moderner Technik analysiert wurde. Beide Quellen siehe Literaturverzeichnis.

228 Ausführlich dazu Patzlaff 2018 und 2019.

229 Steiner 1913.

230 *Der Spiegel*, 23/2020, 30. Mai 2020: «Und es hat Zoom gemacht», S. 72 ff.

231 Das Video dazu ist bei YouTube.com abrufbar.

232 Steiner 1917, Vortrag vom 25. November 1917.

233 Steiner 1917, Vortrag vom 18. November 1917.

234 Steiner 1917, Vortrag vom 19. November 1917, ebenso das nachfolgende Zitat.

235 Zitiert nach der Website des BMBF zum Stichwort «Digitalpakt Schule». Abruf 28. Oktober 2020.

236 Zitiert nach Lembke & Leipner 2015, S. 81.

237 Kaube 2019.

238 Lembke & Leipner 2015.

239 Der Ausdruck «Medienmündigkeit» anstelle von «Medienkompetenz» wurde erstmals von Paula Bleckmann verwendet im Titel ihres 2012 erschienenen Buches (siehe Literaturverzeichnis).

240 Patzlaff 2013 a und 2017.

241 Hübner 2015.

242 Steiner 1914.

Literaturverzeichnis

Alter, Adam (2018): *Unwiderstehlich. Der Aufstieg suchterzeugender Technologien und das Geschäft mit unserer Abhängigkeit.* Berlin Verlag, München 2018. Titel der amerikanischen Originalausgabe 2017: Irresistible. *The Rise of Addictive Technology and the Business of Keeping Us Hooked.*

Amann, Rolf / Martens, Dirk (2008): Synthetische Welten: Ein neues Phänomen im Web 2.0, in: *Media Perspektiven,* 5/2008, S. 255-270.

ARD-Forschungsdienst (2019): Auswirkungen von Echokammern auf den Prozess der Meinungsbildung, in: *Media Perspektiven,* 2/2019, S. 82-85. Zusammenfassung: S. 88.

Armel, K. Carrie / Ramachandran, Vilayanur S. (2003): Protecting sensations to external objects: evidence from skin conductance response, in: Proceedings of the Royal Society, *Biological Sciences* 270 (1523), 2003, S. 1499-1506.

Bagger, Jo (2020): Biometrie: Das Gesicht lässt sich nicht abschalten, in: *c't Magazin für Computertechnik,* 14/2020, online publiziert von heise.de am 19.6.2020.

Bajbouj, Malek (2019): Die Vermessung der Gefühle, in: *Gehirn & Geist,* 1/2019, S. 39-44.

Bauer, Joachim (2005): *Warum ich fühle, was du fühlst. Intuitive Kommunikation und das Geheimnis der Spiegelneurone.* Hamburg.

Bergmann, Wolfgang / Hüther, Gerald (2006): *Computersüchtig. Kinder im Sog der modernen Medien.* Düsseldorf, 3. Auflage.

Bleckmann, Paula (2012): *Medienmündig. Wie unsere Kinder selbstbestimmt mit dem Bildschirm umgehen lernen.* Stuttgart.

Botvinick, Matthew / Cohen, Jonathan (1998): Rubber hands ‹feel› touch that eyes see, in: *Nature,* 391, 1998, S. 756.

Brien, Jörn (2020): Coronavirus: Gesichtserkennung in China funktioniert jetzt auch mit Masken, in: t3n.de, News vom 28.2.2020.

Dambeck, Holger (2014): Auf dem Weg zum Mischwesen. in: *Technology Review. Das Magazin für Innovation,* 26.2.2014, hg. heise online.

Dworschak, Manfred (2017): Hier spricht der Klon, in: *Der Spiegel,* 22/2017, S. 104 f.

Ehrsson, H. Henrik (2007): The experimental induction of out-of-body experiences, in: *Science,* 317 (5841), 2007, S. 1048.

Feierabend, Sabine / Scolari, Julia (2020): Was Kinder sehen. Eine Analyse der Fernsehnutzung Drei- bis 13-Jähriger 2019, in: *Media Perspektiven,* 4/2020, S. 181-195.

Grassegger, Hannes / Krause, Till (2016): Im Netz des Bösen, in: *Süddeutsche Zeitung Magazin,* Nr. 50 vom 16.12.2016.

Gugggenberger, Bernd (1997): *Das digitale Nirwana.* Hamburg.

Haun, Daniel B. M. / Rapold, Christian J. (2009): Variation in memory for body movements across cultures, in: *Current Biology,* Volume 19, 15th December 2009, pp. R1068-1069.

Hill, Kashmir (2020): The Secretive Company That Might End Privacy as We Know It, in: *New York Times,* 18.1.2020.

Hübner, Edwin (2015): *Medien und Pädagogik. Gesichtspunkte zum Verständnis der Medien. Grundlagen einer anthroposophisch-anthropologischen Medienpädagogik.* Stuttgart, edition waldorf.

Hübner, Edwin (2020a): Denken und Künstliche Intelligenz, in: *Erziehungskunst,* März 2020, S. 10-15.

Hübner, Edwin (2020b): *Menschlicher Geist und Künstliche Intelligenz. Die Entwicklung des Humanen inmitten einer digitalen Welt.* Stuttgart.

Huhtamo, Erkki (2008): Unterwegs in der Kapsel. Simulatoren und das Bedürfnis nach totaler Immersion, in: *montage AV,* 17.2.2008 (Übersetzung aus dem Amerikanischen), online unter diarep.org. Aufruf Mai 2020.

Kaube, Jürgen (2019): *Ist die Schule zu blöd für unsere Kinder?* Berlin.

Koch, Wolfgang / Frees, Beate (2017): ARD/ZDF-Onlinestudie 2017: Neun von zehn Deutschen online, in: *Media Perspektiven,* 9 / 2017, S. 434-446.

Kosinski, Michal W. / Wang, Yilun (2018): Deep Neural Networks Are More Accurate Than Humans at Detecting Sexual Orientation From Facial Images, in: *Journal of Personality and Social Psychology,* Febr. 2018, Vol. 114, Issue 2, pp. 246-257.

Kühl, Elke (2018): Auf Fake News folgt Fake Porn, in: *Die Zeit,* 26.1.2018.

Kuksov, Igor (2109): Verstand und Gefühl: Möchten wir eine KI, die Gefühle beherrscht?, in: Offizieller Blog von kaspersky.de, 25.11.2019.

Kurzweil, Ray (2013): *Menschheit 2.0.* Berlin. Englischer Originaltitel: *The Singularity Is Near.*
Lembke, Gerald / Leipner, Ingo (2015): Die *Lüge der digitalen Bildung. Warum unsere Kinder das Lernen verlernen.* München.
Lenggenhager, Bigna / Tadi, Tey Metzinger, Thomas / Blanke, Olaf (2007): Video Ergo Sum: Manipulating Bodily Self-Consciousness, in: *Science,* 317 (5841), 2007, S. 1096-1099.
Levinson, Stephen C. (1996): Relativity in spatial conception and description, in: J. Gumperz & S. Levinson (eds.): *Rethinking Linguistic Relativity.* Cambridge University Press, pp. 177-202.
Luerweg, Frank (2018): Digitale Spuren des Selbst, in: *Gehirn & Geist,* 11/2018, S. 12-19.
Maintier, Serge (2014): *Sprache – die unsichtbare Schöpfung in der Luft. Forschung zur Aerodynamik der Sprachlaute (mit DVD-Beilage),* hrsg. von Rainer Patzlaff, Hamburg.
Makin, Joseph G. / Moses, David A. / Chang, Edward F. (2020): Machine Translation of Cortical Activity to Text With an Encoder-Decoder Framework, in: *Nature Neuroscience,* April 2020, 23 (4), pp. 575-582.
Markowetz, Alexander (2015): *Digitaler Burnout. Warum unsere permanente Smartphone-Nutzung gefährlich ist.* München.
Marti, Anna (2020): *Überwachung in China: Alles unter Kontrolle. Die Menschenrechtler von Human Rights Watch üben schwere Kritik an Chinas Überwachungsstaat.* Hrsg. Friedrich-Naumann-Stiftung online: freiheit.org, 15.1.2020.
McCurrie, Mel (2016): Predicting First Impressions with Deep Learning, in: *ResearchGate,* October 2016.
McDaniel, B. T. / Radesky, J. S. (2018): Technoference: Parent Distraction With Technology and Associations With Child Behavior Problems, in: *Child Development,* Jan. 2018, 89 (1), S. 100-109.
Meckel, Miriam (2018): Brainhacking: Der Spion in meinem Kopf, in: *DIE ZEIT,* Nr. 16 vom 11.4.2018.
Montag, Christian (2018): *Homo Digitalis. Smartphones, soziale Netzwerke und das Gehirn.* Springer Fachmedien. Wiesbaden.
Patzlaff, Rainer (2013a): *Der gefrorene Blick. Bildschirmmedien und die Entwicklung des Kindes.* Stuttgart. Erstauflage 2000, erweiterte und aktualisierte Ausgabe 2013.
Patzlaff, Rainer (2013b): Die Früheinschulungskampagne im Kontext der Bildungsdebatte in Deutschland, in: *Themenheft Schulreife.* Hrsg.

Pädagogische Sektion am Goetheanum, Dornach (Schweiz) 2013, S. 3-11.
Patzlaff, Rainer (2015): Kindheit im Sog der Beschleunigung. Chancen und Gefahren von Bildungsreformen am Beispiel des Übergangs Kindergarten – Schule in Deutschland, in: *RoSE – Research on Steiner Education,* Vol. 6/Special issue 2015 (online: www.rosejourn.com).
Patzlaff, Rainer (2017): *Sprache – das Lebenselixier des Kindes. Moderne Forschung und die Tiefendimensionen des gesprochenen Wortes.* Stuttgart.
Patzlaff, Rainer (2018 u. 2019): Jugendsprache – Kontrapunkt zum Spracherwerb des Kindes. Teil I: Betrachtung von außen, in: *Medizinisch-Pädagogische Konferenz,* Heft 86, 2018, S. 26-36. Teil II: Betrachtung von innen, in: Heft 87, 2019, S. 48-60.
Patzlaff, Rainer (2019): *WORT(W)ENDE. Die Geburt der modernen Lyrik im 20. Jahrhundert.* Frankfurt am Main.
Raina, Rudra (2019): Face-Morphing using Generative Adversarial Networt (GAN), in: *The Startup,* Nov. 4, 2019. online: Medium.com
Retzbach, Joachim (2018): Die Filterblase im Kopf, in: *Gehirn & Geist,* 12/2018, S. 20-22.
Rini, Regina (2019): Deepfakes Are Coming. We Can No Longer Believe What We See, in: *New York Times,* 10.6.2019.
Scherschel, Fabian A. (2018): Deepfakes: Neuronale Netzwerke erschaffen Fake-Porn und Hitler-Parodien, in: *Heise.de,* 25.1.2018.
Service, Robert F. (2013): The Cyborg Era Begins, in: *Science,* 7.6.2013, Vol. 340, Issue 6137, pp. 1162-1165.
Steiner, Rudolf (1906a): *Die Welträtsel und die Anthroposophie.* GA 54, Vortrag vom 8.3.1906.
Steiner, Rudolf (1906b): *Kosmogonie.* GA 94, Vortrag vom 1.6.1906.
Steiner, Rudolf (1910): *Das Ereignis der Christus-Erscheinung in der ätherischen Welt.* GA 118, Vorträge vom 25.1.1910 und vom 27.1.1910.
Steiner, Rudolf (1911): Die psychologischen Grundlagen und die erkenntnistheoretische Stellung der Anthroposophie. (Vortrag vom 8.4.1911 in Bologna), in: *Philosophie und Anthroposophie.* GA 35.
Steiner, Rudolf (1913): *Die Welt des Geistes und ihr Hereinragen in das physische Dasein.* Vortrag vom 10.6.1913. GA 150.

Steiner, Rudolf (1914): *Der Zusammenhang des Menschen mit der elementarischen Welt.* GA 158. Dornach, 4. Vortrag vom 20.11.1914.
Steiner, Rudolf (1917): *Individuelle Geistwesen und ihr Wirken in der Seele des Menschen.* GA 178, Dornach, Vorträge vom 18., 19. und 25.11. 1917.
Steiner, Rudolf (1919a): *Vergangenheits- und Zukunftsimpulse im sozialen Geschehen.* GA 190, Vortrag vom 11.4.1919.
Steiner, Rudolf (1919b): *Geisteswissenschaftliche Behandlung sozialer und pädagogischer Fragen.* GA 192.
Steiner, Rudolf (1919c): *Die Erziehungsfrage als soziale Frage. Die spirituellen, kulturgeschichtlichen und sozialen Hintergründe der Waldorfschul-Pädagogik.* GA 296, Vortrag vom 16.8.1919.
Steiner, Rudolf (1919d): *Der innere Aspekt des sozialen Rätsels.* GA 193, Vortrag vom 12.9.1919.
Steiner, Rudolf (1920): *Geisteswissenschaft als Erkenntnis der Grundimpulse sozialer Gestaltung.* GA 199, Vortrag vom 11.9.1920.
Steiner, Rudolf (1923): *Gegenwärtiges Geistesleben und Erziehung.* GA 307, Vortragszyklus in Ilkley (Yorkshire), 14. Vortrag vom 17.8.1923.
Steiner, Rudolf (1924): *Die Weltgeschichte in anthroposophischer Beleuchtung und als Grundlage der Erkenntnis des Menschengeistes.* GA 233, Vortrag vom 1.1.1924.
Steiner, Rudolf (1925): *Anthroposophische Leitsätze.* GA 26.
Wagner, Richard et alii (2019): Smartphone-Related Accidents in Children and Adolescents: A Novel Mechanism of Injury, in: *Pediatric Emergency Care,* online publiziert 22.3.2019.
Ward, Adrian F. / Duke, Kristen / Gneezy, Ayelet / Bos, Maarten W. (2017): «Brain Drain: The Mere Presence of One's Own Smartphone Reduces Available Cognitive Capacity», in: *Journal of the Association for Consumer Research* 2, no. 2, April 2017, p. 140-154.
Warzel, Charlie (2018): He Predicted The 2016 Fake News Crisis. Now He's Worried About An Information Apocalypse, in: *BuzzFeed News,* 11.2.2018.
Weidenbach, Bernhard (2020): Jugendliche – Erfahrungen mit Cybermobbing 2019, in: de.statista.com, Aufruf Mai 2020.
Wölbert, Christian / Krempl, Stefan (2020): Der maschinenlesbare Mensch. Gesichtserkennung in Europa auf dem Vormarsch, in: *c't Magazin für Computertechnik,* 7/2020, S. 14, online publiziert von heise.de am 17.3.2020.

Wurm, Michaela (2018): Startup Audeering: Intelligente Audioanalyse. KI erkennt Emotionen per Sprachanalyse, in: *CRN.de,* 2.10.2018.

Young, Ed (2012): Meister der Täuschung, in: *Gehirn & Geist,* 10/2012, S. 52-55.

Zinke, Johanna F. (2003): *Luftlautformen sichtbar gemacht. Sprache als plastische Gestaltung der Luft.* Hrsg. von Rainer Patzlaff, Stuttgart, 2. Auflage 2003.

Edwin Hübner

Menschlicher Geist und Künstliche Intelligenz
Die Entwicklung des Humanen inmitten einer digitalen Welt
431 Seiten, gebunden mit Schutzumschlag

In der gegenwärtigen Entwicklung der Künstlichen Intelligenz, bei der Fähigkeiten des menschlichen Denkens mehr und mehr auf Computer übertragen werden, bindet sich der Mensch immer stärker an ein sich selbst steuerndes, autonom lernendes System. Mit den damit verbundenen Utopien des Transhumanismus, das menschliche Bewusstsein an ein universal vernetztes Computerwesen anzuschließen, wird auch das Überleben des Menschen in seiner bisherigen Form infrage gestellt. Kann sich der menschliche Geist im Zeitalter der KI weiterentwickeln und zu sich selbst finden oder wird er von der Maschinenintelligenz übernommen? Kann sich der Mensch als geistiges Wesen in der Zukunft behaupten?

VERLAG FREIES GEISTESLEBEN

Rainer Patzlaff

Sprache – das Lebenselixier des Kindes
Moderne Forschung und
die Tiefendimensionen des
gesprochenen Wortes
557 Seiten, gebunden

Eine umfassende Darstellung der Sprachentwicklung des Kindes bis zum Schulalter – mit faszinierenden Einblicken in die neueren Forschungsergebnisse und konkreten Hinweisen zur Förderung der sprachlichen Fähigkeiten. Durch seinen ganzheitlichen Ansatz erschließt Rainer Patzlaff auch ein vertieftes Verständnis für das Wesen, die Entstehung und die Bedeutung von Sprache.
Dem Wesen des Kindes kommen wir nur näher, wenn sich unser informationsorientiertes Verhältnis zur Sprache wandelt. Der Autor richtet deshalb den Blick auch auf die wenig bekannten Tiefendimensionen der Sprache, die sich bis in die unbewussten Körperprozesse erstrecken. Erst durch sie wird das Wunder des kindlichen Spracherwerbs begreiflich.

VERLAG FREIES GEISTESLEBEN